Confia no Senhor e faze o bem.
Assim habitarás na terra e te alimentarás em segurança.
Deleita-te também no Senhor e ele te concederá o que deseja o teu coração.
Entrega o teu caminho ao Senhor, confia nele e ele tudo fará.
E ele fará sobressair a tua justiça como a luz e o teu direito como o meio-dia.

Salmo 37.3-6

MANUAL DE MÉTODOS E TÉCNICAS DE PESQUISA CIENTÍFICA

MANUAL DE MÉTODOS E TÉCNICAS DE PESQUISA CIENTÍFICA

12ª edição, revista e atualizada

IZEQUIAS ESTEVAM DOS SANTOS

Editora Impetus

Niterói, RJ
2016

Editora Impetus Ltda
Rua Alexandre Moura, 51 – Gragoatá – Niterói – RJ
CEP: 24210-200 – Telefax: (21) 2621-7007

PROJETO GRÁFICO: SBNIGRI ARTES E TEXTOS LTDA.

EDITORAÇÃO ELETRÔNICA: EDITORA IMPETUS LTDA.

CAPA: WILSON COTRIM

REVISÃO DE PORTUGUÊS: CARMEM BECKER

IMPRESSÃO E ENCADERNAÇÃO: SMARTPRINTER SOLUÇÕES EM IMPRESSÃO

S237t

Santos, Izequias Estevam dos
Manual de métodos e técnicas de pesquisa científica / Izequias Estevam dos Santos – 12. ed. rev. e atual. – Niterói, RJ: Impetus, 2016.
368 p.: 64 il.; 17 x 24 cm

ISBN: 978-85-7626-887-1
Inclui bibliografia.

1. Pesquisa-Metodologia 2. Redação Técnica.

CDD-001.42

www.impetus.com.br

Dedicatória

A Deus, fonte de toda criação, sustentação e domínio, o Alfa e o Ômega.

Aos meus pais, Maria Luiza e Torcato Estevam, responsáveis pela minha existência.

À Professora Luiza Vieira e Agripino Nunes que, como visionários, estenderam para mim suas mãos ajudando-me em todas as dificuldades e até adotando-me como filho.

Aos meus filhos Izete Pauer, William Douglas e Daniel Hudson, pelos quais dediquei a vida e por eles sempre fui recompensado.

Aos meus netos, Giordano Bruno, Jônatas Levi, Milene Collares, Fernanda Luísa, Lucas Schneider e Samuel Schneider, os mais legítimos perpetuadores da minha descendência neste planeta.

Ao Ângelo Éder e Nayara Pimentel que por amor optaram serem meus filhos por adoção, e por eles se materializa a promessa de perpetualidade dos meus genes.

In memoriam, dedico a Josete e ao Guilherme Mateus. Ela, com quem compartilhei a vida por quase 40 anos. Ele, que cedo partiu sem viver a vida no que ela tem de sublime e desencantos.

O Autor

AGRADECIMENTOS

Aos que ousaram me ouvir como professor, com os quais compartilhei saberes e tirei lições para as minhas reflexões dentro e fora das salas de aula.

Aos professores e profissionais que optaram por utilizar e indicar esta obra para seus alunos como ferramenta de trabalho.

A minha esposa Tatiana que comigo vem rompendo "em fé" todas as batalhas que a vida nos oferece, e pela sua inestimável ajuda na atualização desta nova edição.

Agradeço aos funcionários da Editora Impetus que, incansáveis e de forma carinhosa, se relacionam comigo na feitura desta obra e em outros trabalhos.

UMA HOMENAGEM MUITO ESPECIAL (IN MEMORIAM)

"A morte é uma vírgula entre a vida e a eternidade."
(autor desconhecido)

Para Josete, esposa, companheira, auxiliadora, conselheira, intercessora e cúmplice de todas as minhas aventuras. Pudesse, eu passaria os anos que me restam viver relacionando todos os adjetivos que você possuiu tão somente para me fazer feliz.

Este é o soltar de um grito que está preso dentro do meu peito a sufocar-me. É o confessar que minha alma e todo o meu ser estão presos, entre o abismo e uma dor de tamanho montanhoso; é o gemido aflito de quem e para quem se dizia forte. É o lamento pela sua perda que faz presente em mim a solidão e a saudade. Não, eu descobri que forte era você, mas também, pela razão e pela fé, desvendei que você se preparou primeiro para me deixar. E terminou por me trair, deixando-me só e triste.

Eu quisera neste tempo fazer minha a canção chorosa do poeta ao dizer: "É mentira, não morri! Nem morro, nem hei de morrer nunca mais!" Eu daria a minha vida para você viver, mas recusaria morrer antes de você. Iria, garbosamente, perfilar ao seu lado e passar toda a vida a sua sombra acolhedora. Não seria eu nem você. Seríamos como fomos nos trinta e sete anos, sete meses, três dias e três horas: um só corpo e uma só alma.

Mas não posso. Nada disso é possível a um mortal, quase morto e derrotado pela dor da perda de um grande e único amor. Mesmo assim, se me fosse dado o dom de mudar as coisas, alteraria o cântico solitário do poeta e diria para o mundo escutar e sorrir comigo: é mentira, Josete, você não morreu... nem haverá de morrer... nem tampouco um dia morrerá. Esta é a verdade de um coração enraivecido pela tomada do presente. Estas são as verdadeiras mentiras e enganos, registrados apenas como mágoa e queixa de um homem que olha para o infinito e não acha sua amada; descobre que Josete agora é eternidade.

Mas porque creio na divina promessa compartilhada com você em vida, posso cantar com voz nostálgica a vontade de me juntar a você nos céus: Josete, você nunca mais morrerá nem sofrerá as dores deste mundo! Josete, você viverá eternamente! Um dia, não sei quando nem onde, nos veremos em uma dimensão espiritual e assim viveremos a eternidade.

Você foi o melhor que existiu em mim! Sem você eu seria um tronco sem galhos, sem folhas, sem flores e sem vida. Hoje, depois que partiu, só, vivo ao sussurrar do vento da vida, um "caniço agitado pelo vento". Você foi o portal que me serviu de guia onde quer que eu estivesse, como uma estrela de primeira grandeza a iluminar todo o meu ser. Na alegria sorriu comigo, na tristeza choramos juntos, nas horas decisivas aconselhou-me, nas minhas ausências, e diuturnamente, orou para meu sucesso. Tudo mais você fez para sermos felizes.

Eu prometo fazer o que sempre juramos, caso ficasse para trás, caso perdesse a carruagem de subida para o lar eterno: quem ficar, aguenta a barra! Deixo ao mundo o canto do poeta da dor e da alegria que em um dia de pungente saudade, no distante Tocantins dos anos noventa, ao sentir a sua alma se apegar a mim, então escrevi: Josete, amo-te como a abelha ao néctar. Mergulho-te em meu ser como o beija-flor trissa velozmente em busca do perfume. Quero-te sumida em todo o meu ser como o orvalho que se perde na terra!

Enfim, você será a minha eterna lembrança enquanto viver. Vou sempre com a alma derramada, o coração quebrantado, e anelando encontrá-la, orar: obrigado, Senhor Deus, pelo tempo que me deu Josete e conceda-me força e vigor para viver o futuro.

Parque da Colina (Niterói), 2/3/2002

Apresentação

Em geral, apresentações de livros são feitas por pessoas que tenham afinidade com o autor, e que possuem um currículo que as autorizem a falar sobre o conteúdo da obra apresentada.

Embora a experiência na área acadêmica pudesse justificar minha presença aqui, o fato é que a afinidade com o autor da obra é, neste caso especial, uma dificultação. Não é fácil apresentar um livro do próprio pai.

É que, por vezes, eu me sinto como se fosse, eu mesmo, um de seus livros. Claro que fui "escrito" em coautoria e que a vida foi fazendo rabiscos nas minhas páginas, que vieram primeiro em branco e depois foram sendo carinhosamente escritas, – com boas lições, tanto pelo autor da obra ora apresentada quanto pela sua leal e constante companheira, a quem ele chama de esposa; enquanto a mim, de mãe.

Já li que livros são formas pelas quais os homens se perpetuam na face do planeta e já disse também que é a forma pela qual podemos fazer amizade com pessoas, em outros lugares ou tempos. Filhos também fazem isso, só que dotados de maior independência, o que poderia desnaturar os criadores originais, os pais, mas, em compensação, são dotados de vida própria, criando uma interação bastante interessante.

Portanto, nas lições que me ensinaram, no carinho e sacrifício sempre dedicados, Izequias e Josete foram me escrevendo, e sou por isso muito grato.

E, por capricho bom do destino, aqui estou apresentando uma outra obra do Professor Izequias.

Não há como separar de todo o homem da obra. O homem deixa sempre sua marca, seja boa ou má, por onde vai passando. E isto já se vê nas pegadas que deixamos na praia...

Contudo, não é só na areia que deixamos nossas pegadas. Isso acontece em cada coisa pequena ou grande que fazemos.

Para entender melhor a obra olhe, pois, o homem.

O homem é filho de lavrador, de plantador de cana-de-acúçar, inhame e batatas. Foi lavrador até lá pelos quase 20 anos quando logrou terminar o primeiro grau, feito gigantesco para quem vendia melado no lombo de mula e só estudava após o pôr do sol, já que a lavoura e a enxada não podiam ser deixadas em segundo plano.

Seu estudo foi roubado nas horas da noite quando, à luz da lamparina e ouvindo o canto dos pássaros noturnos, trocava o sono pela esperança, o descanso pelo conhecimento.

Foi nessa troca, em que a força de vontade e a determinação eram as anfitriãs de um futuro melhor, que se forjou o acadêmico, o Professor, o Mestre, o Doutor em Educação. Foi com vários quilômetros a pé até o ginásio, dia a dia. Foi com cadernos emprestados e com bolsas de estudo, muitas vezes solicitadas a quem nunca se viu antes, já que meninos pobres, raramente, têm por eles quem peça algum incentivo para conseguirem estudar.

Foi meu pai quem me ensinou que quando se quer alguma coisa, deve-se procurar quem possa fazê-lo, bater na porta e, com coragem e humildade, dizer o que quer; assim como foi ele quem me ensinou que "tempo não se tem, tempo se faz". Foi com ele, a quem acompanhava ainda menino às aulas que ministrava na Faculdade de Formação de Professores, hoje unidade da Uerj, que comecei a querer seguir a carreira do Magistério, do ensino. Assim como foi com ele (e minha mãe tomando conta...) que fui obrigado a estudar pelo menos duas horas por dia desde pequeno.

Portanto, o livro que ele e Josete escreveram, eu mesmo, não foi livro fácil de forjar nem impresso com palavras mas sim com exemplos. Porque aquele que ensina sem fazer não faz nada senão iludir.

Ele mesmo, assim como minha mãe, são professores. Não são professores que lá chegaram por estradas com calçamento. Foram vindo até os dias presentes por estradas com algumas flores, sim, mas com pedras e espinhos. E isso nem sempre sabe quem o vê nos cursos de graduação e pós-graduação, onde chega para criar, coordenar ou ministrar aulas. Doutor, Professor Titular da Uerj aposentado, Coordenador e Professor em vários cursos no Brasil e no exterior, autor de livros, autor de filhos, autor de sobrinhos, os quais tomou na mesma roça em que, décadas antes, lavrou; sobrinhos a quem deu estradas mais bem calçadas do que as que teve ele mesmo que, foice em punho, ia abrindo para começar uma picada. Um sobrinho ainda está estudando; uma sobrinha está na França, onde é funcionária dos Correios; outra é professora também com duas matrículas no Estado do Rio de Janeiro. Houve sobrinhos que não quiseram saber de estudo e estão na lavoura ou desempregados. Mas tiveram a oportunidade de passar por uma trilha que já tinha sido aberta e que seria um pouco mais fácil, embora também trabalhosa. Mas quem faz uma estrada não pode fazer com que outros a trilhem, já que cada qual tem que ter sua própria vontade. A trilha porém fora preparada para os que quisessem andar por ela.

O autor deste livro é, portanto, um construtor. Constrói sonhos, estradas, professores e também livros. Usa como vergalhão a vontade e como cimento o exemplo. E crê profundamente no trabalho, na competência e no amor ao país para ir virando o concreto, o que faz como ninguém.

A obra a ser apresentada é, assim como eu mesmo, apenas um reflexo do criador.

Eu, um reflexo tosco, pessoa que não caminhou nem parte do que o autor deste livro, pois poucos conheço que puderam ir tão longe quanto ele. Eu mesmo, embora perto dele, sei que caminhar assim é porfia apenas para homens especiais, como é o seu caso e da minha mãe, mulher que o acompanhou vários anos e hoje já descansa no Paraíso.

A obra também é reflexo dele, só que melhor (eu interagi mais com outras coisas). A obra foi trabalhada mais nos livros, escritórios e salas de aula onde o autor pontifica, aprende e ensina. É obra em que se ensina o que deve ser feito, como e porquê. A obra segue e ensina os padrões técnicos que muitas vezes distinguem o acadêmico que conclui com êxito seus projetos daquele que se perde, na falta da informação correta.

Embora discorrendo sobre tema considerado por muitos como árido, o livro resolve, de forma clara, os problemas específicos de que trata, sem os quais não pode o estudante - qualquer que seja o nível que esteja atuando - ser respeitado como quem conhece e segue os padrões devidos e obter sucesso.

Desde a faculdade até o doutorado, a presente obra é manual de consulta obrigatório e que ensina, de forma precisa e simples, o que fazer, como, quando e porquê. Com rigor técnico e clareza será de grande auxílio para aqueles que a lerem e consultarem.

Fico grato a meu pai pela oportunidade de apresentar esta obra, e a Deus por ter me colocado no caminho com ele e Josete.

Ao leitor, desejo que possa aprender com as lições deste Professor singular, de quem este livro é mais uma boa aula.

William Douglas Resinente dos Santos
Juiz Federal, Professor Universitário e
Presidente do Conselho Editorial

SUMÁRIO

Técnicas de Estudo e Aprendizagem

Capítulo 1

Técnicas de Estudo e Aprendizagem

Compõem as técnicas de aprendizagem ou procedimentos didáticos, ou ainda as formas de produzir conhecimento – a leitura, o hábito de estudar, o exercício de resumir e a análise de texto. Quem não domina as técnicas dessas atividades com relativa competência e tranquilidade dificilmente conseguirá concluir algum trabalho científico. Ademais, em qualquer atividade humana existe a necessidade de um ordenamento do processo de aprendizagem, mesmo naqueles saberes que independem de uma educação formal. Todavia, são os estudantes de qualquer nível de ensino, os profissionais liberais e especialmente aqueles que se dispõem a seguir uma carreira acadêmica, e de pesquisadores, que precisam muito mais estruturar um sistema de estudos para poder, com tranquilidade, eficiência e segurança obter o êxito desejado.

Estando na posição de tomar a decisão de ordenar o processo de aprendizagem, qualquer estudioso terá de se reposicionar frente a si próprio para saber e conhecer os seus próprios limites de competência, de incompetência, do que domina e do conhecimento que não domina. Terá, por outro lado, de se olhar de frente o mundo que poderá escalonar desde os seus vizinhos da comunidade próxima até todo mundo existente com suas belezas e suas mazelas, o que fazer e que saberes são indispensáveis aprender para o seu dia a dia.

Ainda mais, qualquer pessoa precisa hoje, ao se predispor a aprender de forma regular e continuada, de ter uma ideia clara, mesmo que superficial, de como as sociedades chegaram ao nível atual e como os conhecimentos foram produzidos e organizados e qual a perspectiva futura de tudo isso a que se chama de mundo, ou tempos modernos ou tempos pós-modernos.

A primeira atitude é se conscientizar de que só ter vontade é muito pouco, é indispensável pagar um tributo e manter constantemente uma ação organizada, constante e permanente, isto é, tornar claro o pensamento de William Douglas "sem o esforço da busca torna-se impossível a satisfação da conquista." O desejo da vitória precisa da coragem e disposição para buscar algo, e esse desejo brota de dentro para fora. Ele não é imposto. Ele jorra quase que da própria alma da pessoa e somente os visionários vencem e atingem os louros da vitória.

1.1 LEITURA

Ler significa tomar conhecimento de razoável quantidade de elementos, distinguindo a quantidade, a importância, a representatividade e, por fim, optar pelos mais adequados a sua intenção. Toda e qualquer leitura só é válida se o leitor conseguir aperceber-se do que foi lido e for capaz de comentar o seu conteúdo. Todos precisam ler e, já afirma o provérbio popular, que "quem não lê, mal vê, mal fala, mal ouve, mal pensa e mal faz". É pela leitura que mais se aprende e mais se produz conhecimento.

Há várias classificações de leitura e entre elas estão a de **distração**, a de **cultura geral** ou **informativa** e a de **aproveitamento** ou **formativa**. O primeiro tipo não se reveste de preocupação, é apenas passatempo. A segunda fornece cultura geral sem profundidade e se refere à leitura de revistas, jornais, livros, periódicos e leituras de interesse temporário e local. O terceiro tipo visa aprofundar conhecimentos e exige maior dedicação do leitor, já se aproximando do estudo.

Segundo Javier Lasso de la Vega, "toda leitura envolve um certo reconhecimento, uma organização, uma elaboração e um valor que variam de acordo com cada leitor e o material lido".

A leitura só tem valor se o leitor for capaz de entender, avaliar, explicar, discutir e aplicar o que leu. Estas habilidades podem ser desenvolvidas pela repetição ou comentário em voz alta ou baixa do que leu, ou escrevendo o que leu em forma de resumo ou comentário.

O leitor eficiente é aquele que evita a falta de concentração, inconstância, passividade, indolência e distração; ao contrário, busca objetivo determinado, tem gosto em ler, sabe o que lê, discute o que leu, pode repetir o texto lido, possui várias velocidades de leitura, lê sempre.

De acordo com Martins (1990, p.12), o processo de leitura segue o roteiro seguinte:

1) "Faça uma leitura do título, do índice, da introdução, dos resumos no final dos capítulos, das orelhas, isto é, proceda a uma **leitura de reconhecimento**.

2) Faça uma segunda leitura rápida do livro todo, selecionando o melhor de acordo com o propósito do seu trabalho. Busque a compreensão da ideia geral do autor. Não assinale. Trata-se de **leitura seletiva**.
3) Conhecido o conteúdo do livro ou do capítulo, você deverá lê-lo refletidamente, concentrando-se nos aspectos que julgar mais importantes. Durante esta leitura resolva as dúvidas e transcreva em fichas os trechos mais importantes, registrando os termos mais significativos. Assinale (sublinhe) palavras ou frases que considere essenciais. Trata-se de **leitura crítica ou reflexiva**.
4) A última etapa da leitura de um texto é a **leitura crítica e interpretativa**, isto é, partindo-se das intenções do autor, busca-se interpretá-las e criticá-las em função dos objetivos propostos.

Duas direções nortearão o estudante desejoso de ter um aprendizado regular e constante sem atropelos, seja o estudo de uma simples disciplina, seja o preparo para produzir um saber mais aprofundado no sentido de caminhar para a produção, propriamente dita, de um saber sistemático e organizado. Certo é que qualquer que seja o objetivo, por menor e mais simples, obriga a tomada de uma postura em cujo contexto esteja presente um sentido lato (mais consistente e perene de decidir mudar ou melhorar). Tomada esta decisão, automaticamente virá a etapa do estabelecimento de critérios, tais como o estabelecimento do objeto de estudo e do seu objetivo. Considerando que o objeto responde à indagação: que fazer? Ou, o que vou estudar? Propondo-se a classificar a questão e importância do estudo, necessidades de realização da tarefa, a relevância e vantagens que virão com o estudo.

Saber o que se deseja ou precisa executar já representa um avanço. É o início do primeiro passo. O objetivo do estudo a ser feito virá responder a duas indagações: para quê? Para quem?

No bojo desse raciocínio deverá ser buscado o porquê da relevância do estudo, considerando que, ao saber esse porquê do estudo, a motivação tende a aflorar. Em prosseguimento, surge naturalmente a indagação de como será realizado o estudo que se traduz na metodologia, ou seja, quais caminhos serão seguidos para executar o trabalho.

Daí em diante, o estudante ou simples leitor terá de reunir todas as ferramentas necessárias para realizar a etapa com tranquilidade e sem o perigo de perder e não chegar ao fim da jornada proposta. Então, eis as ferramentas que devem constar: lápis, canetas de várias cores, marca-texto, dicionário e os livros ou textos que servirão de base para o trabalho.

O esquema a seguir indicado visualiza com clareza a importância da leitura.

QUEM NÃO LÊ:

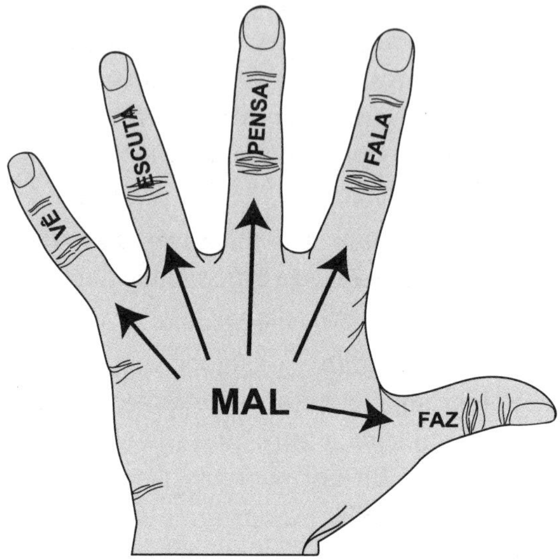

É no dizer de Collares

> [...] Ademais o discurso do conhecimento produzido de forma organizada só é concebido e tem validade se for feito por escrito. E quem não sabe ver muito não sabe escutar com paciência, não sabe pensar com sabedoria e sensatez, não sabe fazer com humildade e competência e não sabe falar na hora adequada e oportuna, por certo não produzirá conhecimento organizado porque em sua vivência não processou a construção do seu conhecimento individual.

Aí está a necessidade de se integrar e interagir as faces do ver, escutar, pensar e fazer, com vistas a produzir conhecimento capaz de servir de resposta para a sociedade e antes mesmo para o próprio estudante, profissional ou simples leitor.

1.2 ESTUDO

O estudo é o segundo passo na produção de conhecimento a que todo estudante ou profissional liberal está sujeito, para o qual devem ser ultrapassadas as fases seguintes:

a) justificar porque está frequentando um curso ou levando a cabo uma tarefa intelectual;

b) iniciar o estudo pelas partes mais fáceis, buscando a seguir o que é mais complexo e difícil;

c) vencer o limite da indisposição para o estudo;

d) estudar com afinco e disposição de aprender, enraizando o hábito da disciplina;

e) planejar o tempo, ser responsável, buscar local agradável e silencioso para estudar;

f) organizar-se com materiais e instrumentos para realizar um bom estudo (lápis, corretor de texto, marcador de texto, dicionários, fichas, enciclopédia e livros diversos sobre a disciplina em apreço);

g) ter atitude participativa: discutir, escrever, relatar o que estudou; seguir métodos e técnicas para comunicar o que estudou.

O esquema a seguir (MARTINS, 1990, p. 13) indica esquematicamente o processo de estudo:

a) procure uma boa razão que justifique sua participação no curso em que está matriculado;

b) comece a estudar as coisas mais agradáveis. É preciso vencer o limite do "não gostar de estudar";

c) estude para aprender. Vença suas limitações. Habitue-se ao estudo;

d) tenha uma atitude responsável e participativa;

e) planeje seu tempo para atividades escolares;

f) diariamente reserve um espaço para seus estudos. Sempre há o que estudar;

g) frequentemente organize o material de estudo;

h) estude em local "tranquilo, silencioso e privativo".

A atividade de estudar se refere à relação estudante-escola-professor, contudo, pode existir estudo sem que obrigatoriamente o estudante esteja matriculado em um curso. De qualquer forma, o processo de estudo exige uma ação severa, constante, segura e planejada de alguém que tenha um objetivo bem definido.

Dois processos de estudo se destacam: o individual e em grupo. Quanto ao individual, a Universidade de Ohio nos Estados Unidos da América estruturou um sistema baseado na seguinte sigla: S Q 3 R, onde:

S	=	SURVEY	=	PESQUISE
Q	=	QUESTION	=	PERGUNTE
R	=	READ	=	LEIA
R	=	RECITE	=	RECITE
R	=	REVIEW	=	REVEJA

Este modelo de estudo pode ser aplicado por qualquer estudante e em qualquer área. O estudo precisa ser precedido por uma pesquisa que, no caso, é a leitura exploratória quando se lê rapidamente: orelhas das capas, dedicatória, agradecimentos, prefácio, introdução, resumos dos capítulos e a conclusão. Em seguida sugerem questionamentos que devem ser feitos imediatamente à pesquisa: de quê trata o livro ou texto?; o que sei do assunto?; o assunto atende aos meus objetivos?; o que já aprendi do livro ou texto?, etc. Tais perguntas podem ser feitas em voz baixa, em voz alta, por escrito, pelo próprio leitor ou como se fossem do autor ao leitor. Após uma leitura mais reflexiva, feita detidamente de cada parte do livro, inclusive citações e notas de rodapé, marque as partes mais importantes, anote palavras-chave, transcreva em fichas citações literais do autor, resumos e comentários próprios. Torne a ler, quantas vezes forem necessários, os trechos não entendidos.

Feita essa leitura, passa o estudante a recitar o que foi lido em voz alta ou mentalmente para melhor gravar, repetir o que leu, discutir as ideias do autor e o conteúdo da obra. Em seguida deve ser procedida uma revisão do texto lido, com a repetição, leitura dos apontamentos e redação com suas próprias palavras.

O estudo em grupo é decorrente do individual. Nele o estudante colabora, contribui, dá alguma coisa. E ninguém pode dar o que não tem. No grupo se discutem pontos de concordâncias e de discórdia, apresentam-se pontos de vista e são tomadas posições quanto às colocações dos colegas. O estudo em grupo é consequência natural do acúmulo de conhecimento e saber individual.

Nunca se deve juntar um grupo de estudos sem que antes se tenha feito a leitura e o estudo de forma individual do conteúdo a ser tratado pelo grupo. Se isso acontecer haverá certa exploração onde a falta de compromisso com o estudo individual fará com que todo o grupo seja explorado e que não haja troca de experiências. O estudo em grupo é o momento em que o saber individual dos seus membros será socializado.

1.3 RESUMO CONFORME AS NORMAS DA ABNT

Os resumos de textos de trabalhos acadêmicos, relatórios de pesquisa e publicações em geral têm suas regras de redação e apresentação normalizadas pela ABNT.

Seguem-se ao resumo as palavras-chave de expressiva representatividade no texto, devendo ser bem selecionadas para possibilitar que o texto seja bem visualizado, lendo-se o resumo.

1.3.1 Tipos de resumos e conceituação

Resumo crítico ou resenha: em geral é elaborado por especialistas que fazem análise crítica de um documento. Esse tipo de resumo é também chamado de recensão, quando ele é feito analisando-se tão somente uma edição dentre várias de um determinado documento.

1.3.1.1 Resumo indicativo

É o resumo que não traz elementos qualitativos e quantitativos. Indica apenas pontos destacados do documento. Esse tipo de resumo não evita que o seu leitor tenha de recorrer ao texto original.

1.3.1.2 Resumo informativo

Contém esse tipo de resumo dados sobre objetivos, metodologia, resultados e conclusão do documento, buscando evitar que seja necessário recorrer ao texto original.

1.3.2 Finalidades do resumo

O resumo tem por finalidade visualizar os objetivos, o método, os resultados alcançados e a conclusão do texto. A extensão e a ordem dos ítens ficam na dependência do tipo de resumo ser do tipo informativo ou indicativo e da maneira de como cada tópico é tratado no texto original.

1.3.3 Regras básicas

Se o resumo não estiver inserido no corpo do trabalho deve ser antecedido pela referência bibliográfica do documento original. É composto de frases concisas, escritas de maneira afirmativa sem enumeração dos tópicos ou divisões do texto, escrito em parágrafo único. Deve-se cuidar para que a primeira frase seja bem significativa na explicação do tema principal do texto e o verbo deve ser usado na voz ativa, terceira pessoa do singular. Finaliza o resumo as palavras-chave que sejam representativas no texto, sendo antecedidas pela sentença palavras-chave, separada por dois pontos e encerradas por ponto.

1.3.4 Tamanho do resumo

Nas monografias, teses, dissertações e relatórios técnico-científicos, ele deve conter entre 150 e 500 palavras. Nos artigos de periódicos, seu tamanho deve ter entre 100 e 250 palavras. Nos resumos destinados a determinadas indicações que sejam breves, deve ter entre 50 e 100 palavras.

Nos resumos críticos não é necessário, por suas especificidades, ater-se ao limite de tamanho.

1.3.5 Evitar nos resumos

Escrever símbolos e contrações que tenham uso comum e corrente; o uso de fórmulas, equações, diagramas que sejam dispensáveis (se aparecerem, precisam ser definidos na primeira vez que são escritos).

1.4 RESUMO E ANÁLISE DE TEXTO

Para as atividades de resumir e de análise de texto o mais prático é escolher um modelo de cada e mantê-los ao seu alcance, utilizando-os sempre que necessitar, visto serem de capital importância para qualquer um que vá laborar no campo do saber organizado.

Para o resumo, atentar tão somente para as suas etapas: eleição do tema, estabelecimento dos objetivos, dimensionamento dos aspectos que irá estudar, escolha do tipo de resumo, levantamento dos materiais de pesquisa, ler, anotar, analisar, interpretar. Após, escrever a introdução e a conclusão. Finalmente, organizar graficamente o trabalho e a bibliografia consultada, digitar, revisar e apresentar.

1.5 SINOPSE DE RESUMO

a) Resumir é:

- condensar o que foi extensamente escrito;
- reduzir, abreviar, concentrar, limitar;
- sintetizar, com visão de conjunto;
- uma técnica utilizada na busca de elementos para trabalhos científicos e escolares;
- sintetizar, compendiar, sumariar;
- sumário simples, breve, resumido.

b) Abrangência:

- pode ocorrer com todo tipo de conhecimento humano;
- com qualquer tipo de trabalho escrito;
- é possível em qualquer tipo de obra e área da ciência.

c) Requisitos:

- ter aptidão e conhecimento de como ler e estudar;
- ter capacidade de estudar com expressão crítica, reflexiva e analítica.

d) Roteiro:

- o roteiro é de livre escolha do estudante; existem vários tipos.

e) O Resumo pode ser:

- somente crítico, em relação às ideias expostas na obra examinada;
- reflexivo: em relação às teses constantes do texto lido e o autor;
- global: critica, analisa e reflexiona.

A análise do texto, segundo o Professor Jaciro Campanante, da Unesp, pode ser dividida em cinco etapas:

1) Fontes e bibliografia: consulta das obras indicadas pelo autor, quaisquer que sejam elas;
2) Metodologia: procurar estudar a metodologia usada pelo autor e se são pertinentes ou não;
3) Dificuldades: verificar tudo o que o autor colocou como dificuldade para trabalhar;
4) Reflexão crítica: analisar e interpretar o tema, julgar o texto, ver a validade e a coerência;
5) Sugestões temáticas: dizer o que pode ser encontrado na obra.

1.6 SINOPSE DE ANÁLISE DE TEXTO

Para se fazer um resumo é necessário saber analisar o texto. A análise se prende ao fim ou objetivo a que se destina o estudo. Desenvolve-se pela explicação, descrição, avaliação.

a) Procedimentos: leitura atenta até entender o que diz o texto e ser capaz de repetir ou escrever o que leu. Reler tantas vezes quantas forem necessárias. Seguir as técnicas de leitura e estudo.

b) Evitar descrever os problemas e ideias como estão no texto. Observar as técnicas de citações. Redigir com clareza, técnica e lógica.

c) Tipos: há vários. Escolha um e utilize-o sempre que necessário.

1.7 É TEMPO DE APRENDER A APRENDER

Fechando o presente capítulo, são listados alguns pontos julgados mais importantes para estudantes e profissionais que precisam continuar lendo e estudando, seja para cumprir tarefas escolares ou para realizar trabalhos no seu cotidiano profissional.

O termo *aprender a aprender* está sendo utilizado por ser mais motivador e por tocar mais fundo no estudante chamando-o a um posicionamento pessoal a partir dele próprio, considerando que avançar no seu projeto de vida depende de uma atitude que parta do interior para o exterior do estudante. E o profissional, já no mercado de trabalho, precisa seguir aprendendo para se sentir sempre atualizado e inserido no processo da educação continuada.

Vale alertar a estudantes, profissionais e estudiosos de um modo geral que para tornar o ato de *aprender a aprender* um processo contínuo há de se possuir e alimentar sempre a motivação e a vontade interior que se exterioriza em atos e ações bem direcionados aos objetivos preestabelecidos.

Significante é relembrar que nos estudos anteriores à universidade e nos de graduação pouco ou nada foi ministrado sobre técnicas de busca de material, técnicas de seleção, de leitura, de estudo e de escrever. Ou seja, não houve ensinamentos e o estudante entrou e saiu com um diploma de graduação, licenciatura ou de bacharel sem saber *aprender a aprender*.

Aprender a aprender, como ato continuado e perene, é privilégio de quem é visionário a respeito de seu papel de elo entre gerações e de ponto de referência entre pessoas. Assim, é imperativo deixar de lado os maus hábitos adquiridos nas escolas anteriores como decorar, copiar, plagiar, preguiça de ler, preguiça de estudar, de refletir, de analisar, de escrever e de apresentar o que escreveu.

E o momento bem adequado para romper todos os paradigmas anteriores é o instante em que surge a obrigatoriedade de escrever um trabalho utilizando-se de métodos e técnicas, seja ele no interesse pessoal, seja para aquisição de algum título ou para avaliação em alguma disciplina.

No fecho deste tópico, registro o convite para reflexão com o texto bíblico que lembra a todos que se colhe o que se planta e se sega na proporção do que foi semeado.

> "Quem semeia pouco, pouco também ceifará; e aquele que semeia em abundância, em abundância também ceifará" (2 Co. 9:6).

A seguir são listados alguns tópicos que são importantes serem lembrados sempre, seja antes de começar os estudos, seja durante o desenrolar de um curso, seja depois do encerramento de algum estudo, seja ainda no descortinar de cada novo dia de vida. Assim, têm-se relacionado: atitudes iniciais antes do estudo; implicações envolvidas no ato de *aprender a aprender*; ferramentas do *aprender a aprender*; superação precedente ao estudo; exigências do estudo; do que depende o estudo e seguir interrogando a si mesmo.

1.7.1 Atitudes iniciais do estudante:

- Conscientizar-se da necessidade de aprender a aprender;
- Ter certeza de que é capaz de aprender usando ferramentas apropriadas;
- Estar ciente de que toda conquista tem um custo, um preço a pagar;

- Saber que o sacrifício de aprender tem um tempo curto para terminar;
- Ter certeza de que os benefícios do aprendizado têm duração e satisfação duradouras;
- Saber que um curso mal feito traz prejuízos pessoais sem possibilidades de reparos;
- Que os prejuízos se estenderão à empresa, à família e parte da sociedade;
- Conscientizar-se de que título acadêmico por si nada significa; é posição de incompetentes e descompromissados com a sociedade;
- Ninguém pode construir por você os seus saberes. A construção dos seus conhecimentos é tarefa sua;
- Ter bem clara a importância da tarefa para sua formação profissional;
- Vencer os limites da indisposição para estudar;
- Estudar para aprender e não apenas para ser aprovado, enraizando o hábito da autodisciplina.

Para William Douglas em: *Como passar em provas e concursos*, são atitudes iniciais do estudante:

- Motivação-(Você mesmo-Deus-Família-Segurança-Servir-Avançar.);
- Compromisso-(Persistir-Disposição-Constância-Propósito.);
- Autodisciplina-(Domínio próprio-Autodomínio.);
- Organização-(Planejar-Priorizar.);
- Acuidade-(Percepção aguçada-Perspicaz-Sagaz.);
- Flexibilidade-(Individualidade-Simplicidade-Realidade.);
- Consciência do projeto-(Tempo-Trabalho-Duração-Resultados.).

1.7.2 Implicações do aprender a aprender

- Ter definido um projeto de vida no qual esteja incluso a tarefa atual;
- Desenvolver um aguçado espírito de curiosidade além do senso comum;
- Ter, cultivar e vivenciar o espírito de renúncia diante das muitas opções;
- Ser isento de preconceitos contra pessoas, autores, escritos e instituições;
- Manter sempre ativo o pensamento reflexivo e lógico;
- Não abrir mão de ser humilde e modesto agindo sempre com simplicidade.

1.7.3 São algumas ferramentas do aprender a aprender

- Busca de material direcionado com as necessidades imediatas;
- Seleção de material adequado nas áreas específicas e afins ao estudo a ser feito;
- Organização do material levantado em ordem de prioridade;

- Leitura exploratória de todo o material já selecionado;
- Estudo individual com apontamentos dos trechos de interesse;
- Escrito de um plano de trabalho sob a forma de projeto – é o pensar antes;
- Executar a pesquisa e fazer a montagem conforme as regras metodológicas;
- Apresentação do trabalho na forma solicitada.

1.7.4 Estudar exige

- Uma ação constante, severa e segura nos preparativos e durante a tarefa;
- Trabalho permanente e controlado de forma constante;
- Ação planejada e bem organizada antes de começar o estudo;
- Manter-se atento aos os objetivos estabelecidos no projeto do trabalho.

1.7.5 O ato de estudar depende de

- Alocação de tempo para o estudo, independente das ocupações cotidianas;
- Organização das atividades gerais individuais, familiares, religiosas e do trabalho;
- Entendimento claro, objetivo e pensado do que precisa e vai fazer;
- Pensar refletidamente e aguçar o senso de observação;
- Assistir às aulas e transitar bem na relação-aluno-escola-professor;
- Acompanhar participativamente das aulas, encarando-as como necessárias;
- Ser responsável e conhecer os seus limites: o que sabe, o que não sabe.

1.7.6 Perguntar e responder a si mesmo durante o estudo

- Sei o que quero para minha vida no futuro?
- Estou pensando refletidamente na minha tarefa ou estou apenas esperando o tempo passar?
- Estou sabotando a mim mesmo ou estou sendo responsável e reconhecendo que o "meu maior inimigo sou eu mesmo"?
- Estou me enganando, fazendo outras atividades desnecessárias ao invés de estudar?
- Estou me esforçando para reagir contra as tarefas do meu estudo?
- Estou me esquecendo do resultado a mim reservado no futuro?

1.8 IMPORTÂNCIA DAS NORMAS TÉCNICAS

Um bom início nos estudos deve ser marcado pelos cuidados em observar as normas técnicas existentes para se produzir conhecimento organizado ou sistematizado. A obediência ao padrão correto de escrever, formatar o texto, fazer citações, notas de rodapé, se observadas coerentemente, valorizam o estudo dando-lhe legitimidade, legalidade e o grau de cientificidade proporcional ao nível correspondente de estudo em que o mesmo foi elaborado. Isso permitirá que o trabalho seja apresentado, defendido e lido pelos leitores com grande grau de compreensão.

O estudante, profissional liberal ou qualquer profissional ou pessoa envolvida com atividades de investigação científica se obriga a conhecer bem as normas técnicas emanadas da Associação Brasileira de Normas Técnicas (ABNT), única entidade responsável pela normalização técnica em todo o país. Ela foi fundada em 1940 como organização sem fins lucrativos e seus objetivos e ações se estendem desde o campo da produção científica até a economia, comunicação e segurança, buscando gerando meios eficientes na troca de informações, redução de custos, redução de variedade de produtos, procedimentos, gerando confiabilidade na relação fabricante, comerciante, clientes, proteção do consumidor,regulamentação sobre produtos e serviços entre países. É filiada a vários organismos internacionais de regulamentação técnicas, como Associação Mercosul de Normalização (AMN), Comissão Panamericana de Normas Técnicas (COPANT), International Organization for Standardization (ISO), além de outras.

No que respeita à produção de conhecimento organizado no âmbito das instituições de ensino, organizações de incentivo à pesquisa e profissionais que desenvolvem estudos e trabalhos de investigação científica, assim como estudantes dos níveis de graduação e pós-graduação em geral são:

NBR 14724:2011, válida a partir de 17.04.2011

TÍTULO:

Informação e documentação – **TRABALHOS ACADÊMICOS**. Apresentação.

OBJETIVO:

Especifica as normas gerais para elaboração e apresentação de trabalhos acadêmicos como tese, dissertação, monografia e trabalho de conclusão de curso (TCC), além de regular também aos trabalhos de intra, e extraclasse e os intedisciplinares, todos comuns aos cursos de graduação e de disciplinas nos cursos de pós-graduação.

NBR 15287:2011, válida a partir de 17.04.2011 **TÍTULO:** Informação e documentação - **PROJETO DE PESQUISA**. Apresentação. **OBJETIVO:** Normaliza as regras gerais para a elaboração, apresentação de relatório de pesquisa. Estabelece e define os elementos que compõem a estrutura do projeto e do relatório de pesquisa.
NBR 10719:2015, válida a partir de 25.06.2015 **TÍTULO:** Informação e documentação - **RELATÓRIO TÉCNICO E/OU CIENTÍFICO**. Apresentação. **OBJETIVO:** Esta norma regulamenta a elaboração e apresentação de relatórios técnicos e/ou científicos, exceto os relatórios de atividades, relatórios administrativos e outros.
NBR 10520:2002, válida a partir de 29.09.2002 **TÍTULO:** Informação e documentação - **CITAÇÃO EM DOCUMENTOS**. Apresentação. **OBJETIVO:** Especifica as características exigidas para a apresentação de citações em documentos escritos quanto à forma, e quando ocorrem dentro do texto em parágrafo destacado e nas notas de rodapé.
NBR 10526:1988, válida a partir de 30.10.1988 **TÍTULO:** Informação e documentação - **EDITORAÇÃO E TRADUÇÕES**. Apresentação. **OBJETIVO:** Especifica as condições exigidas para identificação e apresentação de textos traduzidos em publicações impressas.

NBR 6027:2012, válida a partir de 11.01.2013

TÍTULO:

Informação e documentação – **SUMÁRIO**. Apresentação.

OBJETIVO:

Esta Norma estabelece os requisitos para apresentação de sumário de documentos que exijam visão de conjunto e facilidade de localização das seções e outras partes.

NBR 6024:2012, válida a partir de 01.03.2012

TÍTULO:

Informação e documentação – **NUMERAÇÃO PROGRESSIVA DAS SEÇÕES DE UM DOCUMENTO**. Apresentação.

OBJETIVO:

Esta NBR especifica as formas de um sistema de numeração progressiva das seções de um documento em sequência lógica; ela se aplica a qualquer tipo de documento com exceção de documentos que possuem sistematização própria como dicionários, vocabulários ou aqueles que não necessitam de sistematização.

NBR 6023:2002, válida a partir de 29.09.2002

TÍTULO:

Informação e documentação – **REFERÊNCIAS**- Elaboração.

OBJETIVO:

Esta NBR estabelece todas as regras de elaboração e apresentação de referências em documentos impressos, resumos, resenhas, resenções e outros, exceto as descrições usadas em bibliotecas.

NBR 6022: 2003, válida a partir de 30.06.2003

TÍTULO:

Informação e documentação – **ARTIGO EM PUBLICAÇÃO PERIÓDICA CIENTÍFICA IMPRESSA**. Apresentação.

OBJETIVO:

Estabelece as normas e condições para elaboração e apresentação de artigo em publicação periódica impressa.

NBR 6028:2003, válida a partir de 29.12.2003 **TÍTULO:** Informação e documentação - **RESUMO**. Apresentação. **OBJETIVO:** Estabelece as regras para redação e apresentação de resumos.
NBR 6021:2015, válida a partir de 26.06.2015 **TÍTULO:** Informação e documentação - **PUBLICAÇÃO PERIÓDICA CIENTÍFICA IMPRESSA**. Apresentação. **OBJETIVO:** Estabelece as normas para apresentação dos elementos que constituem a estrutura física de uma publicação periódica científica impressa. Orienta o processo de produção editorial e gráfica da publicação com o fim de facilitar a sua utilização pelos usuários.
NBR 12225:2004, válida a partir de 30.07.2004 **TÍTULO:** Informação e documentação - **LOMBADA.** Apresentação. **OBJETIVO:** Estabelece as regras para apresentação de lombadas e aplica-se a documentos em caracteres latinos, gregos ou cirílicos. Suas regras são utilizadas por editores, encadernadores, livreiros, bibliotecas e respectivos clientes.
NBR 6029:2006, válida a partir de 30.04.2006 **TÍTULO:** Informação e documentação- **LIVROS E FOLHETOS**. Apresentação. **OBJETIVO:** Se destina aos editores, autores e usuários. Estabelece as normas e princípios dos elementos que compõem o livro e folheto.

NBR 6034:2004, válida a partir de 31.01.2005 **TÍTULO:** Informação e documentação – ÍNDICE. Apresentação. **OBJETIVO:** Estabelece as regras para apresentação e critérios básicos para elaboração de índices. No que couber se aplica aos índices automatizados.
NBR 5892:1989, válida a partir de agosto de 1989 **TÍTULO:** Norma para **DATAR.** **OBJETIVO:** "Esta norma fixa as condições exigíveis para indicação da data de um documento ou acontecimento".
NBR 6033:1989, válida a partir de agosto de 1989 **TÍTULO:** Ordem **ALBAFÉTICA.** **OBJETIVO:** Estabelece os critérios para apresentação da ordem alfabética em listas, índices, catálogos, bibliografias e trabalhos de mesma natureza.
NBR 6032:1989, válida a partir de agosto de 1989 **TÍTULO:** Abreviação de títulos de periódicos e publicações seriadas. **OBJETIVO:** Esta NBR estabelece as condições exigidas para uniformizar as abreviaturas de títulos de periódicos e publicações seriadas.
NBR 9577:1986, válida a partir de setembro de 1986 **TÍTULO:** Emprego de **NUMERAÇÃO DE SEMANAS.** **OBJETIVO:** "Esta norma prescreve o método de numeração das semanas de um ano do calendário Gregoriano, estabelece o dia no qual a semana tem início e define a primeira semana do ano.

NBR 6025:2002, válida a partir de 30.10.2002.

TÍTULO:

Informação - REVISÃO DE ORIGINAIS E PROVAS.

OBJETIVO:

Estabelece sinais e símbolos a serem usados na revisão de originais e de provas. Estabelece também as convenções para os procedimentos de correção e marcação de emendas em originais e provas.

As normas técnicas se completam na elaboração de um trabalho acadêmico como artigo, comunicação, projeto de pesquisa, relatório ou qualquer outro tipo de trabalho impresso onde são usados elementos de várias normas. As produções escritas em que as normas técnicas são observadas têm credibilidade, legitimidade e cumprem as exigências estabelecidas para um trabalho ser apresentado em eventos científicos a serem publicados.

Fechando esse assunto relativo à necessidade de se observar criteriosamente as normas técnicas, vale lembrar que um trabalho feito sem cumprir este requisito quase que se iguala ao abandono da Ética e do rigor científico que se espera de qualquer pessoa que se proponha a produzir pesquisas, sejam quais forem os ramos do conhecimento humano.

Conhecimento

Capítulo 2

Conhecimento

INTRODUÇÃO

Por conhecimento se entende o ato ou efeito de conhecer ou uma crença verdadeira e justificada, segundo Platão. O termo conhecimento tem origem no latim, cognoscere, que significa "ato de conhecer". O conhecimento é permeado por dois elementos: o sujeito e o objeto. O sujeito "cognoscente" significa aquele que é capaz de adquirir conhecimento ou o que tem capacidade de conhecer. O objeto "cognescível" significa tudo aquilo que se pode conhecer.

O objetivo deste capítulo é tratar de alguns aspectos que cercam o termo conhecimento sem qulquer ideia de esgotar o tema, que é bastante vasto e complexo. Pretende-se fornecer aos leitores em geral, e aos estudantes de cursos de graduação e de pós-graduação, saberes que possam facilitar o manejo no planejamento, execução e apresentação de trabalhos de pesquisas. Serão tratados sobre Teoria do Conhecimento, as diferenças entre conhecer e saber, formas de conhecer, tipos e características do conhecimento e busca da verdade.

2.1 TEORIA DO CONHECIMENTO

O campo de estudo da Teoria do Conhecimento é matéria filosófica. Para tratar do assunto necessário será descobrir, em primeiro lugar, a definição de Filosofia. O vocábulo "Filosofia" procede do grego e significa "amigo da sabedoria", podendo também ser entendido como desejo de saber, sede de conhecer ou de acumular conhecimentos. Definir Filosofia não é tarefa muito fácil e a prova disso é buscar como os filósofos a definiram. Para os estóicos e epicuristas, a Filosofia é uma "aspiração à virtude ou à felicidade". Para Platão e Aristóteles, é a "Ciência pura e simples". Uber Weg, em seu tratado de Filosofia, diz textualmente: "Filosofia é a Ciência dos princípios".

As divergências em conceber-se uma definição mostram a necessidade de se encontrar um caminho, uma forma, ou seja, um método para conceituar Filosofia, e o processo foi o de situar-se no contexto histórico e entendê-la como um processo histórico.

Contudo, o conceito não pode surgir simplesmente de uma visão histórica dos fatos e das coisas. É preciso ter uma visão ampla de tudo: do objetivo e do subjetivo, do factual e do abstrato. O filósofo esforça-se por universalizar a sua visão, escrever e explicar a sua tese. Foi assim que Aristóteles viu a Filosofia, como uma Ciência Universal a que denominou de "Filosofia Primeira". A Filosofia é, portanto, de conceituação ampla e significa uma "auto-reflexão do espírito" sobre o comportamento, ou seja, a maneira de ação sobre a capacidade, a atitude e as funções volitivas nos campos teórico e prático.

Apenas para efeito didático, costumam-se dividir a Teoria do Conhecimento em geral e especial. A primeira pesquisa as referências do pensamento ao objeto de forma geral e ampla, enquanto a segunda cuida de investigar a conceituação fundamental de como nosso pensamento se refere aos objetos.

Embora não se possa esquecer das contribuições dos pré-socráticos, dos socráticos, de Platão e de Aristóteles sobre a Teoria do Conhecimento na Antiguidade e na Idade Média, foi em tempos mais modernos que John Locke, com sua obra *Ensaio Sobre o Entendimento Humano*, deu forma, corpo e vida à Teoria do Conhecimento, em 1690.

No ano de 1765 é publicada a obra *Novos Ensaios Sobre o Entendimento Humano*, na qual Leibnitz refuta muitos dos princípios de Locke. Contudo, traz novos ensinamentos sobre o assunto.

Contribuíram também nos estudos sobre a Teoria do Conhecimento George Berkeley, com a sua obra *Tratado dos Princípios do Conhecimento Humano*, editado em 1710, e David Hume com seu *Tratado da Natureza Humana*, publicado entre 1739 e 1740 e em uma outra obra intitulada *Investigação sobre Entendimento Humano*, vinda a público em 1748. Por fim, Immanuel Kant surge como o verdadeiro fundador da Teoria do Conhecimento pelos princípios expostos em 1781, na obra *Crítica da Razão Pura*. É seu sucessor, Fichte, que pela primeira vez tratou em público da Teoria do Conhecimento como Teoria da Ciência.

A Teoria do Conhecimento teve na Antiguidade expoentes como os pré-socráticos, Heráclito, nascido na Jônia (Turquia) em 544 a.C. e falecido em 484 a.C., com suas ideias sobre a "luta dos contrários" e sobre "É da luta que nasce a harmonia". Todas as coisas mudam constantemente e, como todos os pré-socráticos, entendia que deveria compreender a multiplicidade das coisas. Parmênides, que viveu entre 540 e 470 a.C., na cidade de Eleia (atual Itália), defendeu a tese do ser imóvel, único, imutável, infinito. Não negava o movimento do mundo visível, onde tudo tem nascimento, vida e morte, além de poder mudar de lugar e ter grande multiplicidade. Desta Teoria surgiu a identidade entre o ser e o pensar, mais tarde denominado por outros filósofos como o "princípio de identidade".

Dos sofistas, as contribuições à Teoria do Conhecimento podem ser encontradas na organização de currículos de estudos, organização de ensino, desenvolvimento da aritmética, geometria, astronomia e música. Eram os sofistas professores que de forma espontânea e desinteressada proferiam os seus discursos. Poucos foram considerados aproveitáveis. Embora o vocábulo "saphos" significasse sábio, professor de sabedoria, o sentido pejorativo foi usado maldosamente pelos opositores dos sofistas. Os principais sofistas foram Pitágoras, Abdera, Górgias (de Leôncio), Hippias de Elis, Trasímaco, Pródico, Hipódamo e outros, que viveram e influenciaram a Teoria do Conhecimento no século V a.C.

Ainda na Antiguidade as contribuições para a Teoria do Conhecimento ficaram por conta de Sócrates e de seus fiéis discípulos Xenofonte e Platão. Sócrates, que viveu entre 470 e 399 a.C., não deixou escritos, mas se sabe por meio dos seus seguidores que parlamentava com ricos e pobres, nobres e escravos, velhos e moços. De sua máxima "só sei que nada sei", dialogava com os seus interlocutores e tratava preferencialmente da moral, da justiça, da coragem, da covardia e da piedade.

Platão (428–347 a.C.) deu sua contribuição à Teoria do Conhecimento por meio da Dialética Platônica, onde tratava da justiça, caridade, prudência e forçava o interlocutor a chegar à verdade, isto é, dar a resposta pedida. Além disso, trouxe outras contribuições na sua obra *A República*.

Aristóteles (384–322 a.C.) contribui com suas teses sobre Céu e Terra, Substância, Essência e Acidente. Além disso, deu outras contribuições com sua Filosofia de fundo teológico, sua Metafísica e seu cosmos.

Na Idade Média a Teoria do Conhecimento recebeu as contribuições da Patrística e da Escolástica. A primeira teve como representante Santo Agostinho, que viveu entre 354 e 430. A segunda teve como expoente máximo Santo Tomaz de Aquino.

A Patrística nasceu no período em que o Império Romano estava decadente, a partir do século II. Foi um movimento dos padres que utilizam peças da Filosofia de Platão para converter os pagãos ao Cristianismo. Foi uma ligação amistosa entre a razão e a fé que durou toda a Idade Média e teve como lema a máxima de Santo Agostinho: "Creio para que possa entender." Todas as teses eram escritas de forma a divulgar as doutrinas cristãs e todas subjugavam o homem aos propósitos divinos. Era pregado que o conhecimento do homem procede de Deus, em especial o conhecimento das verdades eternas. Mesmo depois da morte de Santo Agostinho, que viveu no final da Antiguidade, continuaram seus ensinamentos, assim como a influência da Patrística, que se estendeu até o século VIII.

A Escolástica é a filosofia cristã que se desenvolveu a partir do século IX. Experimenta o apogeu no século XII e cai no descrédito no século XIV. Esse movimento dá continuidade à união entre razão e fé, sempre considerando esta superior àquela. Continua sendo importante o ideal platônico, enquanto que as ideias de Aristóteles eram vistas com desconfiança até o século XIII, após o que passam a prevalecer. Após o século XI surgem, na Europa, as universidades, que aprimoram o gosto pelo estudo do racional e se transformam em centros de discussões e produção de ideias, indo influenciar no surgimento dos ideais que começam a fazer ruir a Escolástica. As teses defendidas por Galileu Galilei, René Descartes, Francis Bacon e outros acabam por prevalecer frente aos ensinamentos da Escolástica, que premia a Filosofia e a religião, mas desprestigia a Ciência.

Na Idade Moderna a questão do conhecimento deixa de centralizar-se no objeto e passa a considerar o sujeito como questão principal do saber humano. Esse período que tem início no século XVI toma corpo no século XVII e vem até os dias de hoje, com as questões do conhecimento sendo tratadas em duas correntes: a do racionalismo e a do empirismo.

O racionalismo teve como representante exponencial René Descartes, nascido em 1596 e falecido em 1650. O racionalismo cartesiano deriva do latim "cartesius". As contribuições ao conhecimento foram feitas por meio das obras *Meditações Metafísicas* e *Discurso do Método*. Seu trabalho baseou-se em três pressupostos: o "cogito", "Deus" e o "mundo". O ponto de partida de Descartes era a busca da verdade que não pudesse ser colocada em dúvida. Assim, esta foi transformada em método para questionar tudo, estudar e observar.

Com o *cogito* foi formulada a máxima "penso, logo existo" que se constituiu no cerne do pensamento desse sábio. Deus existia e comandava tudo como ser perfeito. O mundo existe como matéria e é dirigido de forma perfeita por Deus. A consequência desses pensamentos cartesianos foi a estruturação do conhecimento científico dissociado dos conhecimentos filosóficos e religiosos.

O empirismo, decorrente do vocábulo grego "empeiria" e que significa experiência, buscava estimular o fator experimental no processo de formulação do conhecimento. Essa corrente teve como representantes Francis Bacon (1561–1626), John Locke (1632–1704), David Hume (1711–1776), Immanuel Kant (1724–1808), representantes do idealismo, do materialismo, do materialismo mecanicista e do materialismo dialético.

2.2 CONHECER E SABER

Conhecer e saber são vocábulos que têm origem no latim, "sapere" e "cognascere", respectivamente. São sinônimos e estão intimamente relacionados com o termo conhecimento. Enquanto saber e conhecer significam ter a posse de informações, ter noção e ideia de algo que se relaciona com o mundo envolvido, o conhecimento significa prática de vida, consciência de si mesmo e ato ou efeito de saber e conhecer de forma metódica e organizada.

Ambos os vocábulos podem ser entendidos no sentido "lato", quando se referem apenas ao conhecimento superficial e desorganizado da realidade, e no sentido "estrito", quando significam conhecimento metodizado, organizado e racionalizado de qualquer ciência ou parte dela.

O saber envolve experiência, maturidade, prudência, competência e honestidade, como atributos que devem servir de base para todo estudioso. Para Platão, saber "é ter habilidade para o exercício das ações de forma constante e racional, sem riscos de insucessos".

O saber, como categoria metodológica, provoca o desaparecimento de preconceitos, mitos, lendas, superstições e misticismo. É, portanto, a superação de obstáculos. Assim, o saber busca a verdade, a razão, e proporciona a prova de fatos e teorias. Por ele é possível alcançar a revelação do que é e do que não é Ciência. Somente o saber organizado confere cientificidade ao discurso.

2.3 FORMAS DE CONHECER

Ao defrontar o mundo exterior com o seu "eu" interior, o homem se expressa por meio de processos cognitivos e assim, lenta e gradativamente, ele conhece e domina os fenômenos naturais, metafísicos, bem como os produzidos no contato com o ambiente e as instituições. Nesse contato, o homem passa a conhecer e compreender o real. Dada a complexidade da vida moderna, o ato de conhecer surge de maneira natural e o ser humano nem se dá conta da sua enorme complexidade ou cogita mesmo de saber a conceituação ou significado do termo conhecer.

O ato de conhecer o que é real a permear o dia a dia de cada ser humano ocorre pela intuição e pela razão e é comunicado pelo discurso. Pela razão o homem tem a faculdade de raciocinar, dar valor, ponderar e julgar. Já o discurso significa a peça arrumada do que foi produzido pela mente, por intermédio da razão.

A intuição pode ser definida como uma visão repentina, inesperada ou súbita. Significa ver, perceber, discernir, ter percepção clara e imediata. A intuição significa o primeiro passo para formar, formular ou produzir conhecimento e saber. É por ela que tem início o processo que redunda em invenção ou descoberta em qualquer ramo da atividade humana. A intuição pode ser sensível, inventiva e intelectual. A sensível se refere ao conhecimento que imediatamente se tem pelos órgãos dos sentidos, tais como o calor, o frio, o som de um instrumento. A intuição inventiva é aquela possuída pelo cientista, quando subitamente formula uma hipótese ou um problema. Ela sempre está a exigir soluções rápidas e criativas. Finalmente, a intuição intelectiva se refere à ação captada diretamente do objeto ou fenômeno observado e estudado. É o "eu" pensante referido por René Descartes.

O conhecer advindo por meio da razão é composto de muitos elementos que facilitam o julgamento, enquanto que o conhecer discursivo é mediato e se dá por meio de conceitos. Nele, o pensamento é operado por etapas, encadeamento de formulações e raciocínios que conduzem a uma solução ou resposta.

O saber metodizado é fruto da permanente interação entre intuição e razão. O que é vivenciado, o que apenas é teórico ou conceitual, entre o concreto e o abstrato.

2.4 TIPOS DE CONHECIMENTO

O conhecimento tem início quando ocorre um certo encantamento no ser humano ao contemplar a natureza, o Universo, as coisas ou os fatos que o cercam. Esse encantamento e curiosidade dá início ao processo do conhecimento, de discernimento, que termina por produzir o saber de forma metódica e organizada. Ao materializar-se, este saber e conhecer toma a forma do senso comum, da Ciência, da Filosofia, da religião, que correspondem aos tipos de conhecimentos distintos: o senso comum ou conhecimento empírico; o conhecimento religioso; o filosófico; o científico. Estes são os tipos mais comuns de conhecimento, muito embora alguns autores considerem um quinto tipo, o mítico.

Os tipos de conhecimento são diferentes uns dos outros por características específicas e pelos objetos de estudo.

2.5 CONHECIMENTO POPULAR OU SENSO COMUM

O conhecimento popular, vulgar, empírico ou senso comum é o que deu embasamento a todos os outros. Surgiu no início da caminhada empreendida pelo ser humano e seguirá enquanto ele existir. Está presente inclusive nas áreas das demais formas de conhecer. Para Ander-Egg, as características do conhecimento popular são: "superficial, sensitivo, subjetivo, assistemático e acrítico."

É <u>superficial</u> porque não se aprofunda nas observações, acredita no que viu e na maneira como foi contado o fato. É <u>sensitivo</u> porque se contenta com as aparências e emoções do cotidiano. É <u>subjetivo</u> porque é a própria pessoa que organiza o saber e as experiências, tanto aqueles que as obtêm por vivência, quanto os que as aprenderam por "ouvir dizer". É assistemático porque não sistematiza as experiências e ideias, nem tampouco a forma como as adquiriu e nem as tentativas de validá-las. Finalmente, é acrítico porque sendo verdadeiro ou não, sempre recebe críticas.

O conhecimento empírico não explica o "porquê" da ocorrência dos fatos ou fenômenos. Ele se basta por si só, porque se refere à sobrevivência do homem e por isso não desfalece nunca. Ele se funda na memória e na associação. A memória registra fatos e coisas vivenciados de acordo com a capacidade de cada um, retém, repete e reproduz os conteúdos das experiências vividas.

Os elementos componentes da memória são: fixação de lembranças, conservação ou retenção do observado, revocação (ou ato ou efeito de chamar para trás, mandar de volta), reconhecimento e localização. Já a associação faz a ligação entre todas as ideias de forma automática. Estes dois elementos, a memória e a associação, são responsáveis pela atualização das experiências humanas no conhecimento popular.

Barros e Lehfeld chamam de conhecimento sensível o senso comum e relacionam como características as mesmas já indicadas. Apenas usam as terminologias destituídas de método, como assistemático e, impregnado de projeções psicológicas, como acrítico.

O início dos processos de observação sistemática ou organizada provocou a primeira ruptura no Conhecimento Popular ou Senso Comum, dando origem ao Conhecimento Religioso ou Teológico.

2.6 CONHECIMENTO RELIGIOSO OU TEOLÓGICO

O conhecimento religioso ou teológico sempre foi direcionado no sentido de se compreender a realidade do homem e do Universo. Não demonstra e nem experimenta. Explica tudo pela fé e revelação divina. É totalmente absoluto. Neste conhecimento o método é reflexivo e lógico. É possível diferenciar neste tipo de conhecimento a fé da Teologia. Esta se refere a uma reflexão lógica sobre tudo o que compõe o mundo no campo do estudo da vida terrena e eterna, enquanto a fé se refere à revelação de Deus ao homem.

O conhecimento religioso ou teológico se apóia em doutrinas bíblicas, onde a verdade não é questionada, a evidência de verdadeiro é plenamente aceita pela fé. É valorativo, é inspiracional, porque o que se crê é transmitido por revelação sobrenatural. Assim não há o que questionar se é verdade ou mentira e se são considerados infalíveis. Por isso este conhecimento é infalível. Da mesma forma ele é sistemático porque explica o surgimento de tudo de forma ordenada, com princípio, meio e fim. Tudo é explicado como obra e domínio de um Criador Supremo. Não é verificável. O acreditar ou não acreditar se encerra de forma compulsória e absoluta.

Este conhecimento é o mais antigo, depois do senso comum. Derivou do conhecimento mítico e se confunde com ele na explicação do princípio de tudo. Nesta fase mítica dois ramos de interpretação se estabelecem. Um admitia a existência de vários deuses para explicar o bem, o mal, os fenômenos e as coisas. O outro admitia um só Deus soberano, criador e sustentador de tudo e de todos e tudo, escrito, falado e registrado, era transmitido por revelação de Deus.

O ponto central do conhecimento religioso é a Bíblia, e é nela que os cientistas têm centralizado todas as críticas, principalmente no que diz respeito às origens, ou seja, a arché de tudo. Para muitos, ela contém mentiras, histórias lendárias, mitos ou invenções fantasiosas. Para muitos outros, porém, ela contém a verdade e entre a Bíblia e a ciência não existe um abismo. Tudo concorda e se harmoniza. A Bíblia, a base do conhecimento religioso, não é um tratado de ciência, mas tudo o que nela foi questionado pelos cientistas já foi comprovado e tudo dela, queiram ou não os sábios, será provado.

Embora a grande maioria dos autores afirme que no conhecimento religioso o fiel não pesquisa à procura da evidência e da verdade, o certo é que em um primeiro plano tudo é inquestionável, vem de Deus; mas em um segundo plano o que se vê é um número cada vez maior de cientistas entendendo que as explicações sem os ensinamentos bíblicos para as origens parecem não ser reais e são de difícil comprovação. Dessa forma, muitos estão, sem postergar a Ciência, examinando a Bíblia para chegar às evidências científicas.

O conhecimento religioso ou teológico foi o primeiro esforço para explicar a origem, objetivo e destino do ser humano sobre a terra e representou um avanço em relação à fase anterior, quando as observações eram desorganizadas e transmitidas na quase totalidade pela tradição oral.

2.7 CONHECIMENTO FILOSÓFICO

O conhecimento filosófico surgiu no momento em que houve vontade de separar as explicações míticas e religiosas das explicações pela razão intelectual pura. Este conhecimento teve início nas colônias gregas nos séculos VII e VI a.C., e depois chegou à Grécia Continental, daí se espalhando por outras partes do mundo. A Filosofia permeia toda a vida humana e é a base de todo o conhecimento, inclusive da Ciência, que nela se originou.

A palavra Filosofia foi usada primeiramente por Pitágoras, sendo composta dos vocábulos "*Philos*", que significa amigo, e "*Sophia*", que se refere a sabedoria.

Os primeiros filósofos viveram nos séculos VII e VI a.C. nas colônias da Grécia (Ásia Menor, Itália, Sicília). Foi a fase ou período pré-socrático, agrupado em várias escolas como: Jônica (Tales, Anaximandro, Anaxímenes, Heráclito, Empédocles); Itália (Pitágoras); Eliática (Xenófanes, Parmênides, Zenão);

Atomista (Leucipo, Demócrito). Os escritos dessa época já desapareceram. Restam apenas fragmentos ou referências feitas por outros filósofos. Escreviam em prosa e verso, comuns nos relatos de epopéias e temas místicos.

Dos pré-socráticos, Hesíodo já mostrava a preocupação em explicar o mundo. Ele relatava o princípio do mundo como COSMOGONIA e o princípio dos deuses como TEOGONIA. Era a gênese da atual Cosmologia. Procurava ele explicar a racionalidade do Universo. Da confusão inicial, o "caos", surge um "cosmos" (mundo ordenado).

Os pré-socráticos procuravam achar o princípio (a *arché*) de todas as coisas, isto é, de que são constituídas as coisas. Cada um explicava essa *arché* a seu modo, a totalidade e a multiplicidade. Assim, para Tales, o princípio é a água; para Anaxímenes, o princípio é o ar; para Demócrito, é o átomo; e para Empédocles, o princípio é constituído de quatro elementos: terra, água, ar e fogo. Esta última tese foi aceita até o século XVII.

A ruptura entre mito e Filosofia tem início com o surgimento dos filósofos a partir dos séculos VII e VI a.C. É o início da ruptura entre a explicação dogmática dos mitos (misticismo, magias) e da revelação (fé). É a separação entre mitos e razão. Entretanto, os primeiros filósofos ainda explicavam suas teses com base em fatos místicos. A ruptura significou novas atitudes em relação ao saber recebido dos místicos. A Filosofia usa a razão e a intuição intelectual e refuta a interferência divina na explicação dos fenômenos. Busca coerências internas e define rigorosamente os conceitos.

O nascer da Filosofia se vincula também à Ciência. As primeiras preocupações dos filósofos foram com a explicação do mundo e da natureza. O filósofo, no início, foi o cientista incipiente da Antiguidade. É por meio dos filósofos que a Ciência teve formulado o seu método. Dela se separou nesse momento, ou seja, no século XVII, quando a Teoria Heliocêntrica tomou o lugar da Teoria Geocêntrica. Embora a discussão dessas teses tenham começado no século XVI, somente no século XVII foram plenamente aceitas.

Entre as características do conhecimento filosófico estão a de ser valorativo, pois suas experiências se baseiam em hipóteses que não permitem ser comprovadas. O conhecimento surge da experiência e não da experimentação. Não é verificável porque, ao contrário do que pode ocorrer no conhecimento científico, as hipóteses filosóficas não podem ser confirmadas nem refutadas. Infalível e exato, pois como são enunciados os seus postulados, não podem ser submetidos a testes de laboratório. É sistemático porque os estudos são elaborados de forma organizada e as realidades são explicadas de maneira coerente. É, finalmente, racional porque os fatos são logicamente correlacionados. A principal característica do conhecimento filosófico é o trabalho da razão pura para questionar e explicar os problemas da vida e do homem, e ter a faculdade de discernir entre o certo e o errado apenas pela razão e inteligência.

Pode-se afirmar que o conhecimento filosófico começou a ser estruturado no momento em que os pensadores descobriram que a explicação do mundo, da vida e da morte poderia ser feita também pela razão. Estava em curso a ruptura que indicava que tudo em torno do homem poderia ser explicado também pela razão e não apenas pela fé no sobrenatural, ou seja, pela religião.

2.8 CONHECIMENTO CIENTÍFICO

Nem todo conhecimento é científico. Para que isso ocorra, são indispensáveis dois requisitos: primeiro, que o campo do conhecimento seja delimitado, bem caracterizado e formulados os assuntos que se deseja investigar; segundo, que existam métodos adequados de pesquisa para o estudo desejado. Sem estas duas características básicas, o conhecimento não é científico.

São classificados como saber científico os estudos produzidos na Psicologia, na Astronomia, na Química, na Biologia, na Física e em outros campos porque estas disciplinas possuem métodos próprios de pesquisa e também objeto peculiar de investigação.

Cada Ciência possui o seu método de trabalho para conhecer determinado aspecto da vida e do mundo. Assim, a Física, a Astronomia, a Geologia e a Química pesquisam a matéria inanimada e são denominadas Ciências Físicas. Já as ciências da vida, como a Filosofia, a Biologia, a Zoologia e a Botânica, cuidam do estudo das variadas formas de vida.

Estudam o comportamento e a vida social do homem as Ciências Sociais, como a Sociologia, a Psicologia, a Língua, a Linguística e a História. Estas são as chamadas Ciências Humanas e se encarregam de investigar os aspectos culturais e intelectuais do ser humano. A produção do saber científico não se dá de forma isolada em qualquer uma das ciências. Elas se interagem. Dessa forma, a Ecologia depende dos estudos desenvolvidos pela Química, Física, Sociologia e pelas Ciências Políticas. Os biólogos se servem das pesquisas da Genética, da Física e da Química. Os estudiosos da Agronomia necessitam do saber produzido pela Botânica e pela Química. Isoladamente, pouco ou nada é produzido no campo do conhecimento científico.

Entre as características do conhecimento científico está a de cuidar de fenômenos regulares, onde as causas e os efeitos se sucedem entre fatos isolados ou grupos de fenômenos. Da Física vem o exemplo do calor que dilata os corpos, onde aquele é a causa e este o efeito. O conhecimento só atinge grau de cientificidade se forem registradas as semelhanças entre fenômenos e se forem classificados de conformidade com as propriedades comuns.

Outra característica do conhecimento científico é a maneira como expressa os seus resultados em leis, teorias e generalidades. Pela lei, é feita a demonstração da indispensável relação entre os fenômenos, sua regularidade e suas normas. Exemplo disto são as leis de Robert Boyle (comportamento dos gases), de Isaac Newton (gravitação dos corpos celestes), e outros.

Por teoria se entende o produto final de um estudo, contendo todas as comprovações necessárias para ser dada como verdade irrefutável.

Por generalidade ou princípios entende-se a variação de fatos ou fenômenos entre as ciências humanas e sociais e as ciências da natureza. Por exemplo: "As moléculas de um determinado elemento permanecem inalteradas durante séculos", afirmam as segundas; enquanto nas primeiras se torna impossível formular leis no tempo e no espaço. Por esse motivo, nas ciências da natureza são estabelecidos princípios e leis e nas ciências humanas e sociais os resultados são formulados por meio de generalidades.

A estrutura metodológica da atividade científica exige um método ou um conjunto de métodos para possibilitar que fatos ou fenômenos sejam pesquisados sistematicamente. De início é acumulado o maior número de informações sobre o estudo. Em seguida são feitas experiências para saber em que condições ocorrem e quais os fatores que influenciam tais fenômenos. Posteriormente passa-se a investigar a regularidade de ocorrência e previsão de sua repetição. É com base neste último dado que são formuladas as hipóteses que poderão ser confirmadas ou não. Se forem comprovadas, transformam-se em princípios ou leis.

Indispensáveis ao trabalho científico são: a formulação do problema, o planejamento da investigação, a coleta de dados, a análise sistemática das informações e as conclusões alcançadas de forma coerente e reflexiva.

O conhecimento científico tem as seguintes características no âmbito das ciências factuais, segundo Bunge (1974a, p. 15-39): racionalidade, objetividade, precisão e clareza, factualidade, comunicabilidade, sistematização, acumulação, falibilidade, transcende os fatos, analítico, geral, explicativo, dependente de investigação sistemática, preditivo, aberto e útil.

Trujillo Ferrari (1974, p.11) sintetiza as características dos quatro tipos de conhecimento da seguinte forma:

CONHECIMENTO POPULAR	CONHECIMENTO CIENTÍFICO	CONHECIMENTO FILOSÓFICO	CONHECIMENTO RELIGIOSO (TEOLÓGICO)
Valorativo	Real (factual)	Valorativo	Valorativo
Reflexivo	Contingente	Racional	Inspiracional
Assistemático	Sistemático	Sistemático	Sistemático
Verificável	Verificável	Não verificável	Não verificável
Falível	Falível	Infalível	Infalível
Inexato	Aprox. Exato	Exato	Exato

O conhecimento não é restrito, não pertence a determinadas classes de pessoas ou raças, nem de determinada região geográfica – é universal. Da mesma forma o conhecimento não é mero divertimento ou lazer, algo apenas para não se ficar parado. Ele se destina a solucionar problemas. Por isso é essencial a todo ser humano, inexistindo qualquer pessoa que dele prescinda.

Por outro lado, o conhecimento exige que a situação vivida seja devidamente explicada, que o fenômeno seja entendido, porque ocorreu, qual a regularidade e qual a sua consequência. Para isso precisa haver estudo, explicação, descrição, observação e experimentação quanto ao que se quer saber e, sobretudo, o que existe no Universo. Outro fator indispensável é a racionalidade que deve conter as explicações e o discurso quando o conhecimento está sendo transmitido.

O ser humano, no uso de suas faculdades como a razão, a inteligência e o livre-arbítrio, pode não produzir conhecimento mas apenas dele se utilizar. Pode ainda questionar o conhecimento. Dentro dessas três posições, o homem pode existir e viver de forma participativa e criativa, estudando, escrevendo, produzindo saber, ou pode tão-somente usar saberes já produzidos e nada construir. Nesse caso, passa pela vida, mas vive pouco. Pode, ainda, por conhecer saberes diversos, posicionar-se, questionar, ou seja, pode viver de forma crítica, sendo útil à coletividade.

Qualquer que seja a posição do ser humano, ele está a conviver com várias formas ou tipos de problema, os quais foram codificados de forma lenta e constante durante toda a história da humanidade e são tratados dentro dos diversos tipos de conhecimento já estudados.

Com o conhecimento religioso e filosófico, tudo era explicado pela fé inspiracional e pela razão intelectual, contudo, pensadores de ambas as correntes começaram a entender que poderia haver explicação também por meio de processos rigorosos de observação e experimentação, independente de que aspecto da vida se referiam os estudos. O conhecimento científico representou uma ruptura no seio dos pensadores religiosos e filósofos.

2.9 A BUSCA DA VERDADE

A busca da verdade tem sido uma saga da humanidade, cujo início se deu quando da criação do homem, deparando-se ele com todos os seus mistérios e belezas. Neste momento primevo, o ser humano três vezes se questionou: de onde vim, por que estou aqui e qual é o meu destino. Neste exato momento, iniciou-se um processo longo, às vezes silencioso, mas permanente da busca da verdade. Estas perguntas continuaram a soar em toda humanidade e elas alimentam todas as inquietações do homem, fazendo-o buscar sempre a verdade. Tais perguntas continuarão a ser feitas para sempre, por quanto tempo existir o mundo e o ser humano.

Nesta busca, o homem fez conhecer os vocábulos que se integram e permeiam todo tipo de investigação, como a verdade, a certeza, a evidência e o erro.

A verdade, porque ele incansavelmente precisa conhecer com exatidão a realidade anterior, a atual e a futura de forma exata e real, com grande dose de sinceridade e boa-fé. A certeza para buscar o certo e o verdadeiro, com segurança e qualidade para que o fato estudado exprima a verdade sem dúvida.

A evidência completa o todo necessário para que a descoberta seja vista como verdade incontestável, seguramente certa e que pode ser testada.

Completa o círculo irradiador da fundamentação do que é verdadeiro o erro, a ignorância e a dúvida, sem os quais o homem teria desistido de procurar diuturnamente respostas para as verdades que deseja obter. São estes elementos que revolucionam, perturbam e tornam perplexa a mente e o coração do homem, para ele estar sempre buscando novas experiências.

A verdade pode ser expressa em dois gêneros: a verdade ontológica e a verdade lógica. Aquela se refere ao ser de todas as coisas, é conhecer as coisas como elas são, existem, como verdade na inteligência. Esta se refere à verdade no juízo que se faz de alguma coisa.

A busca da verdade envolve e cria uma predisposição em conhecer o que é verdadeiro, através da formulação de raciocínios lógicos, se desdobrando disto quatro estados de projeção mental: a ignorância, a dúvida, a opinião e a evidência.

A ignorância ocorre pela completa ausência de saber sobre determinado objeto: é um estado de negação, isto é, negativo. Pode este estado de ignorância ser visível ou invisível, de conformidade com o poder e o querer de cada um em superar este estado. Dessa vontade, seguem a ignorância culpável e a desculpável, de acordo com o desejo de ver e poder tornar a ignorância nula.

A dúvida significa um produto de equilíbrio entre afirmar e negar, podendo ser espontânea (falta de estudo pró e contra), refletida (resulta de estudo do que é contra e a favor), metódica (dúvida sobre o que é tido como certo, usando-se método) e universal (considera tudo como errado, são os cépticos).

A opinião é o que se afirma com medo de errar. São afirmações feitas de forma a permitir que se possa negar. Depende da probabilidade matemática e da probabilidade moral.

A certeza é a informação firme de admitir engano. É fundamentada pela evidência, esta que pode ser vista pelos aspectos de seu fundamento (lírica, moral) e pela forma como é alcançada (imediata ou mediata e intrínseca).

O erro é o contrário da verdade lógica, é, portanto, o ato de não se conformar com a verdade ou juízo relativo das coisas. Entre as causas do erro estão: a causa lógica (fraqueza natural, falta de atenção, falta de memória) e a causa moral (vaidade, interesse, egoísmo e preguiça). Conquanto o erro é componente da natureza humana, é possível evitá-lo com medidas lógicas e morais. Pelo lógico se trabalha metodicamente e pelo controle da imaginação. Pelo moral, amor e apreço são relevantes pela verdade buscada com perseverança e imparcialidade.

Um dos mais elevados anseios e inspiração do ser humano ao longo de sua existência na Terra, foi a busca da verdade. Para alcançar este objetivo ele tem usado diversas formas e fontes por meio das quais define como eram as coisas e como tudo acontecia. Entre tais fontes estão a intuição, a autoridade, a tradição, o bom-senso e a Ciência.

2.9.1 Intuição

Conhecimento claro, imediato e direto da verdade sem o auxílio do raciocínio (GIL, 1988, p. 15). Pela intuição, no ano 2400 a.C., admitiu-se que todas as coisas eram formadas de partículas indivisíveis, movendo-se no vácuo. São os átomos e moléculas hoje conhecidos pela Ciência.

No século XI a.C., Galeno desenhou um gráfico do corpo humano, indicando as partes que poderiam ser tocadas sem danos fatais. Hoje se sabe que isso é verdade.

A intuição como fonte do conhecimento e conclusão para se chegar à verdade é incorreta e deficiente. Entretanto, não se pode abrir mão dela nos procedimentos científicos, mormente na formulação de hipóteses e na busca daquilo que está sendo investigado. Muitas vezes a intuição faz voltar do inconsciente para o consciente do cientista a resposta que procura. O químico Konkulé dormitava perto de sua lareira quando percebeu átomos se movimentando em filas sinuosas: instantaneamente uma fila transmudou-se em anel. Imediatamente desenhou o que viu. A estrutura molecular do Benzeno, em anel hexagonal, hoje conhecida, obedeceu ao que foi desenhado por Konkulé.

A intuição é a mais antiga forma de se chegar à verdade. Os antigos por ela tentaram explicar a vida, a morte, as coisas, os fatos e fenômenos, muitas vezes misturando aspectos religiosos. Nesse ponto a intuição, mesclada com a religiosidade, deu como resultado as magias e as revelações.

Pode-se afirmar que a intuição abriu caminho para a formalização ou estruturação dos conhecimentos religiosos e filosóficos. A intuição fundada no racionalismo e na razão intelectual cimentou as bases do conhecimento filosófico, enquanto que, quando voltada para os aspectos relacionados com o sobrenatural, formatou o conhecimento religioso. Como consequência natural, destes dois meios do conhecimento, evoluiu-se ao conhecimento científico.

A intuição pode ser considerada a primeira ideia que se tem a respeito de um problema a ser resolvido. Às vezes é expresso no popular "eu acho", que terá de ser seguido de estudos para solucionar em definitivo a questão. A intuição é, portanto, um atributo do cientista ou do estudioso e não uma forma de verdade. É, em resumo, um caminho ou um dos elementos para se chegar à verdade.

2.9.2 Autoridade

A verdade conhecida por meio de autoridade se funda em livros milenarmente escritos como a Bíblia, o Corão e outros tratados de fé, sendo também baseada em escritos e doutrinas pessoais no passado, cujas teses são aceitas como verdadeiras, tais como Santo Tomaz de Aquino, Karl Marx, Freud, Santo Agostinho e outros. Tais escritos servem de fundamento para estudos e pareceres e foram aceitos sem restrições. Todavia, na atualidade essas teses da verdade pela autoridade são questionadas por meio de estudos experimentais e pela aplicação de seus pressupostos na prática. A autoridade como fonte de verdade nos diversos campos da atividade humana como na religião, na política e na Ciência, ao longo da história, gerou prejuízos, muitas mortes e muita miséria, além do atraso para a Ciência e a tecnologia.

Foi o próprio Santo Tomaz de Aquino que disse textualmente "que de todos os argumentos o mais frágil é o da autoridade".

2.9.3 Tradição

É a transmissão da sabedoria acumulada no passado por meio da palavra sem a escrita. Este tipo de fonte de verdade, por um lado, é tranquilizado, pois transparece que no passado havia mais eficiência nos sábios e povos. Contudo, ele esconde hábitos, costumes, lendas e tabus, que muitas vezes são aceitos e usados por mera indolência, preguiça e comodismo. A tradição impede a evolução do pensamento e preserva a pouca profundidade e a possibilidade de novas descobertas.

2.9.4 Bom-senso

Conquanto é tido por muitos como fonte de verdade, o bom-senso é válido na realidade como importante atributo que o sábio deve possuir. Pode por vezes existir o testamento de determinadas ideias em nome do bom-senso sob a alegação de respeito, mas pode ser também por falta de coragem em se avaliar a questão. Por outro lado, pode ser interpretado como preconceitos e interpretações errôneas de fatos e coisas que não são verdadeiros.

A respeito desse tipo de verdade, Descartes afirma: "*O bom-senso é a coisa do mundo melhor partilhada, pois cada qual pensa estar tão bem provido dele que mesmo os que são mais difíceis de contentar em qualquer outra coisa, não costumam desejar tê-lo mais do que o têm.*" Na Idade Média, na Europa por exemplo, afirmava-se que pessoa com febre não tinha piolho na cabeça.

2.9.5 Ciência

A Ciência iniciou seu processo de busca da verdade no século XVII, com a estruturação do método científico. Por ela a verdade tem de ser buscada de forma metódica. A ciência se utiliza dos meios usados para a busca da verdade desde que coloquem à prova qualquer afirmação em quaisquer campos do conhecimento humano. Assim é que a intuição e o bom-senso para a Ciência nada mais são do que atributos indispensáveis ao pesquisador, enquanto que a autoridade é característica de quem trabalha de forma organizada, criativa e despretensiosa na busca de explicação para as questões, invocando tão-somente o seu saber e não a força.

2.10 RESUMO DE BUSCA DA VERDADE

Busca da verdade
- Intuição
- Autoridade
- Tradição
- Bom-senso
- Ciência

INTUIÇÃO
- Pelo uso da mente;
- Utilizado até a atualidade nas ciências;
- **Demócrates**: em 2400 a.C., admitiu que tudo era feito pelo uso da mente;
- Utilizado até a atualidade nas ciências;
- **Demócrates**: em 2400 a.C., admitiu que tudo era feito de pequenas partículas invisíveis e indivisíveis (átomos);
- **Galeno**: no século XI a.C., desenhou o corpo humano, indicando as partes que poderiam ser tocadas sem danos fatais;
- **Kokunlé:** viu átomos se movimentando em filas sinuosas, transformando-se rapidamente em anel: desenhados por ele, é hoje a estrutura da molécula do benzeno.

AUTORIDADE	Livros milenarmente conhecidos (Bíblia, Corão, tratados religiosos); Teses e doutrinas de pessoas do passado (Santo Agostinho, Santo Tomaz de Aquino); Verdades não questionadas; De todo argumento o mais frágil é a autoridade (Santo Tomaz de Aquino).
TRADIÇÃO	Alta confiança nos sábios e autoridades; Induz à formação de tabus, hábitos e costumes inadequados; **Tradições e dogmas** são aceitos por indolência e preguiça; Impede avanços, descobertas e profundidade de saberes.
BOM-SENSO	Um atributo que o sábio deve possuir; Fatos, teses aceitas pelo bom senso, têm a alegação de respeito e disciplina; Denota a falta de coragem e sabedoria para questionar; Europa (Idade Média), piolho cura febre.
CIÊNCIA	Pelo estudo metódico e sistemático; Pelo uso de técnicas, métodos e trabalho organizado e sistematizado; Pelo respeito às regras e exigências ao que é alheio; Pelo interesse em saber a verdade; Para servir mais que para ser servido; Pelo bem comum da sociedade.

Ciência, Lei, Fato e Teoria

Capítulo 3

Ciência, Lei, Fato, Teoria

INTRODUÇÃO

O vocábulo "Ciência" pode ser entendido num sentido *lato sensu*, aberto (significando conhecimento, saber) e, no sentido *stricto sensu*, fechado (quando significa um determinado tipo de conhecimento), isto é, o conhecimento que registra fatos, observa-os e demonstra ou experimenta-os pelas suas causas determinantes.

A Ciência, no que respeita a sua natureza, se compõe de duas dimensões: a dimensão "compreensiva (contextual ou de conteúdo)" e a dimensão "metodológica (operacional)". Estas dimensões são inseparáveis e englobam aspectos de caráter lógico e técnico (Lakatos). A logicidade da Ciência reside na observação racional e sistemática e no controle dos fatos, nas suas experimentação e explicação metódica, ou seja, consiste nos procedimentos e exercícios intelectuais do cientista.

O aspecto técnico ou metódico da Ciência se refere ou se traduz nos processos de manipulação ou de estudo dos fenômenos que são objeto de observação e interpretação. São os instrumentos dos quais o estudioso se serve para alcançar os objetivos.

3.1 CONCEITO

Muitos são os conceitos de Ciência, pois cada estudioso a vê pela ótica do seu entendimento. Entre os conceitos mais conhecidos estão os seguintes:

- "Estudo de problemas solúveis, mediante método científico;"
- "Acumulação de conhecimentos sistemáticos;"

Outras definições enfocam os aspectos de proposição para se chegar à verdade, por meio de técnicas, explicação dos fatos e a regularidade de sua ocorrência, por meio da experimentação, assimilação do saber, leis e fatos da natureza através da investigação, ou seja, do trabalho metódico. Outros direcionam sua explicação sobre Ciência pelas conclusões demonstradas de forma organizada e técnica sobre determinado objeto, proposições, percepções e experiências formuladas e organizadas por meios seguros de observação e experimentação. Existem ainda os que defendem um conceito que expressa para a Ciência requisitos ou características de conhecimento racional, sintético, exato, verificável, falível e temporariamente certo.

Para Trujillo Ferrari, a Ciência se caracteriza por ser um conjunto de atitudes e atividades racionais, direcionadas para sistematizar o conhecimento devidamente delimitado, medido, calculado, para permitir a verificação.

Ander-Egg, ao definir ciência, focaliza os aspectos de racionalidade, certeza, probabilidade, método, sistematização, verificação, objeto e natureza.

Dentro desses parâmetros a Ciência como, conhecimento racional, exige uso de métodos e, como sistema conceptual de hipóteses e definições, se diferencia das sensações e imagens que prescindem da necessidade de bases fundamentais. A Ciência não se constitui de verdades e certezas absolutas e eternas. Ela é certa e provável e está sempre pronta a ser questionada. O que importa é o fato de resistir ou não à prova. Seu produto é o conhecimento certo e provável. Da mesma maneira, o resultado da Ciência não é concebido ao acaso. É sempre obtido por meios técnicos, por processos metódicos de ação e nunca de forma aleatória e desorganizada. Toda afirmação é sistemática e logicamente ordenada, organizada e passa a ser apreciada como um sistema de ideias, uma teoria.

3.2 CIÊNCIA E TECNOLOGIA

O vocábulo tecnologia vem da palavra grega "*techne*" e significa arte ou habilidade. Está a indicar com relevância a praticidade de sua atividade e enfoca a alteração do mundo e não a sua compreensão. Conquanto a Ciência busque essencialmente a verdade, a tecnologia objetiva a alteração e a eficiência. A Ciência buscada através de métodos e processos metodológicos e científicos, formula as leis e princípios, enquanto a tecnologia, utilizando-se de todos os resultados da Ciência, desenvolve aparelhos os quais, sem desobedecer aos princípios científicos, modificam o mundo e buscam fazer a natureza submeter-se ao homem. Tecnologia é, em si, uma atividade bastante complexa pois cuida dos inventos, construções de máquinas e aparelhos. Cria, aperfeiçoa, transforma materiais, força e ajuda na organização do trabalho. Busca aumentar a eficiência das atividades humanas com vista a produzir o bem comum como objetivo final do Estado. A tecnologia tem no seu executor uma ação intencional, racional e sempre visualizando um objetivo a ser atingido através de um plano. Tem ela o objetivo de inovar, criar, revolucionar e, como meta, realizar algo novo por meio daquilo que objetivou. Em qualquer tipo de atividade a tecnologia se utiliza de juízo teórico e prático, saber sistemático e de certo grau de especialização.

No que respeita aos conceitos de tecnologia, o Dicionário Aurélio, diz: "Conjunto de conhecimentos, especialmente princípios científicos, que se aplicam a um determinado ramo de atividade." O *Dicionário da Língua Portuguesa* (Ed. Melhoramentos) define tecnologia como "Ciência ou tratado acerca dos ofícios e das artes em geral". Aplicação dos conhecimentos científicos à produção em geral. Tecnologia, derivada de "*techne*", para Aristóteles era "idêntico a um estado de capacidade para fazer, envolvendo um verdadeiro exercício de raciocínio". Hugo de Saint-Victor definiu tecnologia como uma espécie de conhecimento que está presente em todos os métodos e processos de produção. Comumente, a tecnologia é definida tão somente como uma Ciência Aplicada, o que não significa que ela seja sempre certa, pois a tecnologia, embora na maioria das vezes use os conhecimentos das ciências, pode gerar invenções que tragam benefícios, sem que tenham por base experiências científicas.

A posse dos conhecimentos constitutivos da tecnologia e das instruções e objetos de trabalho, bem como o manuseio de tais instrumentos, não significa que o usuário seja dono dos conhecimentos e saber da própria tecnologia. Ocorre, inclusive, o fato de se possuir apenas as "instruções" para operar e produzir determinado bem.

Para efeito de classificação, podem ser citadas a tecnologia de processo, aquela que se utiliza de conhecimentos para desenvolver processo de produtos ou aperfeiçoar os processos daqueles já existentes; a tecnologia de produto, entendida como um conjunto de conhecimentos para criar novos produtos ou simplesmente aperfeiçoar produtos já existentes; a tecnologia de operação, que cuida de otimizar as condições de funcionamento de uma unidade produtiva.

Com o desenvolvimento político, de soberania, de domínio e de poder, que permeia todos os aspectos relacionados com a Ciência e a tecnologia no panorama das relações internacionais, a Ciência e a tecnologia deixaram de ser assunto isolado da área do desenvolvimento. Surgiu uma série de termos que carecem de conceituação para facilitar os estudiosos. Assim, são definidos alguns dos vocábulos comuns na Ciência e tecnologia. Por pesquisa se entende o trabalho ordenado, sistemático e racional com vista a produzir conhecimentos, podendo haver experimentação ou não. A pesquisa é o desenvolvimento do processo que se inicia na formulação do problema a ser estudado, e vai até a apresentação e divulgação dos resultados.

Permeia a temática da Ciência e tecnologia o problema da produção do saber e do conhecimento científico, que possui todo um conjunto de características, tais como: ser real ou factual, contingente, sistemático, verificável, falível e aproximadamente exato. Este conhecimento científico é obtido através de um processo denominado pesquisa ou investigação científica, cujas etapas se denominam Metodologia Científica, utilizada por todas as ciências.

A produção de tecnologia necessita de pré-requisitos como: identificação clara do problema a ser resolvido, definição dos meios necessários, técnicas e materiais a serem usados, e quais os procedimentos gerenciais que serão indispensáveis ao projeto.

Não é uma trajetória fácil e os resultados não são sempre positivos. Há casos em que os cientistas trabalham ano após ano para chegar a uma resposta satisfatória, porém o resultado não é conseguido. Estão aí os exemplos das tecnologias para a cura do câncer, da lepra, da Aids, da febre amarela e outros.

Pré-requisito importantíssimo na produção de tecnologia são as pesquisas básicas, que precisam ser incentivadas para que, no momento adequado, sejam usadas como elementos na produção de respostas, para a tecnologia ser finalmente produzida. Para isso indispensável é trazer estas pesquisas, ou os seus resultados, do campo teórico para o campo prático, transformando-a em pesquisa aplicada.

Outro ponto importante na produção de tecnologia é o período do desenvolvimento experimental, quando testes indicam o que é positivo e o que deve ser refeito, ou seja, o que deu certo e o que deu errado. Este processo conhecido por Pesquisa e Desenvolvimento (P&D) se compõe da pesquisa aplicada e do desenvolvimento experimental, que fecham o ciclo de produção de tecnologia.

Nesse ponto, concluindo todo processo de conhecimento e identificação do problema e o preparo dos requisitos técnicos, isto é, da pesquisa experimento, é possível passar à outra etapa, chamada de Engenharia e Produção. É o fim dos trabalhos de campo ou de laboratório e o início do processo de produção, quando são preparadas as matérias-primas, máquinas, técnicas e operários capacitados para a produção.

Fechado o ciclo da produção, tem início a fase de distribuição e comercialização, que deve ter em mente o preparo do consumidor bem como uma medida para saber se a aceitação é ou não satisfatória.

As fases ou etapas da produção de tecnologia seguem uma ordem sequencial e se integram e interagem, não havendo partes isoladas. Durante todo o processo medidas de correção de rota devem ser tomadas, quando todos os aspectos são avaliados para evitar surpresas desagradáveis.

São indispensáveis à produção de tecnologia o apoio dos setores público e privado. Em países como Itália e Japão, em 1990 o setor privado aplicou cerca de 30 e 70%, respectivamente, dos totais de investimentos em Ciência e tecnologia. No Brasil o investimento do setor privado em ciência e tecnologia foi inferior a 10%.

Quanto aos investimentos do setor público, enquanto o Brasil, no início dos anos 90, investiu em Ciência e tecnologia 0,37% do PIB, os países mais desenvolvidos neste mesmo período aplicaram 2 a 3% do PIB.

No Brasil os órgãos principais que atuam na produção de tecnologia são: a Financiadora de Estudos e Projetos (Finep), o Conselho Nacional de Desenvolvimento Científico e Tecnológico (CNPq) e a Fundação Coordenação de Aperfeiçoamento de Pessoal de Nível Superior (Capes), além de algumas fundações estaduais de pesquisas como a Fundação de Amparo à Pesquisa do Estado de São Paulo (Fapesp), a Fundação de Amparo à Pesquisa do Estado do Rio de Janeiro (Faperj), a Fundação de Amparo à Pesquisa do Estado do Rio Grande do Sul (Fapers) e outras.

Sendo um processo não muito simples e longo, a produção de tecnologia deve ser cercada de muitos recursos e cuidados para lograr êxito.

Definição de termos em ciência e tecnologia:

ABSORÇÃO – O que é assimilado, envolvido, anexado, possuído, incorporado em conhecimentos e valores. Para que o país se desenvolva internamente e crie instrumentos que o livrem da pressão e da opressão das nações desenvolvidas, é indispensável a absorção de tecnologia. Contudo, a simples presença de empresas estrangeiras não significa que absorção esteja ocorrendo.

CIÊNCIA – Segundo Aurélio Buarque de Holanda Ferreira, em seu Dicionário, "Ciência é informação, conhecimento, notícia, saber que se adquire pela leitura e meditação, instrução, conjunto organizado de conhecimento sobre determinado objeto, em especial os obtidos mediante observação dos fatos e um método próprio". De conformidade com o Dicionário da Língua Portuguesa Melhoramentos, "Ciência é conhecimento exato e racional de coisa determinada". As definições são as mais variadas, pois os escritores tentam defini-las de forma completa. Na realidade todas as definições se mostram imperfeitas dada a complexidade do tema. Desta forma, Ciência é: "acumulação de conhecimentos sistemáticos"; "conhecimento certo do real pelas suas causas"; "estudo de problemas solúveis mediante método científico"; "forma sistematicamente organizada de pensamento objetivo"; "corpo de conhecimentos consistindo em percepções, experiências, fatos certos e seguros". Para Ander-Egg, Ciência é "um conjunto de conhecimentos racionais, certos ou prováveis, obtidos metodicamente, sistematizados e verificáveis, que fazem referência a objetos de uma mesma natureza". Diferente desta definição abrangente de Ander-Egg é a de Trujillo Ferrari em sua obra intitulada Metodologia da Ciência, para o qual "ciência é todo um conjunto de atitudes e atividades racionais, dirigidas ao sistemático conhecimento com o objeto limitado, capaz de ser submetido a verificação".

COMERCIALIZAÇÃO – Em Ciência e tecnologia a comercialização visa evitar os comportamentos indesejados como o roubo, a falsificação e a cópia.

Comercialização existe, porque a Ciência e a tecnologia se comportam em nossos dias como um verdadeiro bem econômico, sendo portanto uma mercadoria, estando sujeita a compra, venda, troca, cessão etc.

DESENVOLVIMENTO EXPERIMENTAL - Serve para amenizar o hiato existente entre a pesquisa e a produção, pelo isolamento vivido nas universidades, centros de pesquisas e o setor produtivo. No campo da industrialização, pode ocorrer a construção de modelos e protótipos. Nas ciências humanas, transformam conhecimentos produzidos oriundos da pesquisa em programas práticos.

ENGENHARIA - Entende-se por Engenharia o conjunto de atividades que envolvem os processos, diagramação, esquemas, até Engenharia de Construção. A Engenharia se utiliza dos conhecimentos produzidos nas universidades, institutos e centros de pesquisas e visam a aumentar a competência na execução dos serviços, de forma ampla, no setor industrial. Para isso, a Engenharia exige atividades de planejamento, concepção básica e o estudo de viabilidade.

ENGENHARIA DE PROJETO - É a execução física do empreendimento e tem como fases integrantes o Projeto de Engenharia Básica, detalhamento, compra; Engenharia de Construção e Montagem. A Ciência e a tecnologia necessitam, para funcionar de forma articulada, da existência de serviços científicos, que auxiliem a pesquisa e o desenvolvimento experimental, tais como: informação técnico-científica, serviços de biblioteca, coleta sistemática de dados sobre recursos naturais, econômicos, sociais, geológicos, serviços de normalização, Metrologia, de qualidade industrial, serviços de propriedade industrial etc.

INOVAÇÃO - Introduzir modificações, renovar o que é obsoleto, aperfeiçoar tecnologia para produção de um bem, com repercussão na vida da sociedade.

INVENÇÃO - No mundo industrial é o patenteamento de algo novo que pode ser copiado por outrem. É a produção de uma nova ideia, materializada em desenhos e produtos.

KNOW-HOW - Significa ter o domínio de conhecimentos técnicos, culturais e administrativos e de métodos e processos avançados de produção em um ou mais ramos da atividade humana. Denota ter poder, suplantar, dominar e ter ingerência sobre outrem. A compra de *know-how* nem sempre significa a criação de condições para a independência. Tais compras inibem o surgimento da capacidade inovadora.

LICENÇA DE FABRICAÇÃO/UTILIZAÇÃO DE PATENTE - Permissão para uso de marcas, patentes e registro de produtos por empresas e pessoas físicas.

P & D - Pesquisa e desenvolvimento não estiveram ligados de forma racional em toda a evolução histórica da Ciência e da tecnologia. Vez por outra houve ligações esporádicas. Mostram, a pesquisa e o desenvolvimento, o surgimento de uma maneira de pensar, antes de estruturar a forma de agir produtivamente.

P, D & E – Constitui o conjunto de atividades associadas às aplicações práticas do conhecimento científico sendo, portanto, a pesquisa aplicada.

PATENTE – O que está rigorosamente certo: título oficial de uma concessão ou privilégio; registro de uma invenção ou coisa nova. O patenteamento é largamente usado no campo da industrialização para produtos novos, invenções e descobertas. Seu objetivo é a preservação e sua meta, a proteção contra o uso indevido e sem recompensas, ou seja, sem a comercialização. C & T: denominação simplificada de ciência e tecnologia, quando referida no singular.

PESQUISA APLICADA – Visa à formação de conhecimento para resolver problemas já definidos.

PESQUISA EXPERIMENTAL – É aquela que traz no bojo de seus objetivos e metas o experimento como base do objeto estudado.

PESQUISA FUNDAMENTAL – Produção do saber e de conhecimentos sem qualquer ordem de praticidade. Serve para aumentar e aprofundar conhecimentos científicos.

ROYALT – Comissão paga sobre contratos entre donos e usuários de um produto patenteado ou de marca de fantasia. Pode ser efetivado em nível de relações entre países e em nível de pessoas físicas e jurídicas dentro do país. De qualquer forma, denota a dependência como regra básica de relacionamento.

TECNOLOGIA – Conjunto organizado de todos os conhecimentos científicos, empíricos ou intuitos empregados na produção e comercialização de bens e serviços (Pirró e Longo).

TELEMÁTICA – É a junção das telecomunicações com o processamento de dados. Também se conhece por teleinformática. Seu uso indiscriminado tende a aprofundar a dependência dos pobres aos ricos, pois que com ela é possível controlar toda uma unidade de produção, por exemplo, uma fábrica em um país atrasado, estando o comando no país desenvolvido.

TRANSFERÊNCIA DE TECNOLOGIA – Constitui um processo muito complexo. O conhecimento é reservado ao seu dono e ocorre na prática pela venda de manuais de instruções, o que obriga a perpetuação do vínculo de dependência.

O presente trabalho não esgota o tema ciência e tecnologia nos seus aspectos conceituais em vista da multiplicidade de termos e sua complexidade. No entanto, pelos vocábulos definidos e comentados, tem-se uma ideia da importância e da abrangência da tecnologia no cotidiano do homem hodierno.

3.2.1 Resumo: Ciência e Tecnologia

VISÃO HISTÓRICA

- ***ARISTÓTELES*** (antiguidade clássica) denominou *techne* como igual a um estado de capacidade para fazer, envolvendo um verdadeiro exercício de raciocínio.

- ***HUGO DE SAINT-VICTOR*** (Idade Média) denominou a tecnologia como uma forma de conhecimento que deve abranger os métodos de produção de todas as coisas.
- A partir do século XIX a tecnologia passou a se utilizar das teorias e descobertas das ciências.
- ***THOMAS EDSON*** considerou a invenção como 1% de gênio e 99% de suor.
- ***ELMER AMBROSE SPERRY*** pregou que a invenção é 110% suor.
- ***ALEXANDRE KOYRÉ*** disse que o pensamento técnico do senso comum não depende do pensamento científico, mas pode absorver elementos.

TECNOLOGIA

- Tratado acerca dos ofícios e das artes;
- Aplicação dos conhecimentos científicos à produção em geral;
- Arte ou habilidade;
- Prega a eficiência e a eficácia;
- É essencialmente uma atividade prática;
- Usa as formulações da Ciência para criar instrumentos que obriguem a natureza a obedecer ao homem;
- O labor tecnológico é intencional e racional;
- Sua ação envolve raciocínio teórico e prático, além de conhecimento sistemático e especializado.

TECNOLOGIA E CIÊNCIA

- **1º PONTO DE VISTA:**
  - As mais importantes invenções na tecnologia ocidental (a partir do século XIX) se assentaram nas teorias e leis ou dados definidos e estabelecidos pela Ciência.
  - **JOSEPH HENRY** declarou que toda arte mecânica se baseia em algum princípio ou Lei Geral da Natureza;
  - **CHARLES BABBAGE** (1835) escreveu: "É impossível desconhecer que as artes e manufaturas do país estão bem relacionadas com o progresso das ciências;"
- **2º PONTO DE VISTA:**
  - No processo longo de acumulação de conhecimentos, o parceiro decisivo foi a tecnologia, pois sem ela de nada valeria a pesquisa científica fundamental e a própria Ciência. Essa tese partiu de historiadores russos;

- Boris Hessven (1931) escreveu que os princípios de Newton se refereriam a problemas de pesquisas físicas aplicadas ao transporte, comunicação, indústria e às guerras da época.

➢ **3º PONTO DE VISTA:**

- A ciência e a tecnologia se desenvolveram de forma independente até pelo menos 100 anos atrás;
- A Revolução Francesa se deveu a problemas econômicos e fatores sociais e não à ciência. (Rupert Hall)

3.3 CIÊNCIA NA ANTIGUIDADE

3.3.1 Ciência na Grécia

Enquanto a Filosofia nasceu com Sócrates no século VI a.C., a Ciência, que se encontrava em forma embrionária, surgiu pelos estudos e teses de Aristóteles. Pode-se afirmar que a Filosofia emergiu nas colônias da Grécia, enquanto que o fazer Ciência tomou forma na Grécia Continental. Certo é que todos os sábios daqueles longínquos tempos buscavam chegar ao "*arché*", ou seja, ao princípio de todas as coisas.

A Ciência surgiu em prosseguimento ao processo de abandono dos mitos que foram iniciados com o surgimento da necessidade de separar o ser filosófico do ser científico, cuja ligação íntima se estendeu dos tempos aristotélicos até o século XVII da era cristã. Isto porque a Ciência de Aristóteles se baseava na Teologia e foi por inteira aprovada e aceita pela Igreja. Somente no século XVII as teses do geocentrismo deram lugar à Teoria Heliocêntrica que, junto com outras experiências e teses, deu lugar à Ciência Moderna.

A Ciência Antiga se desenvolveu nas colônias gregas do Mar Egeu e produziu as primeiras explicações do mundo sem a presença da magia e da superstição, sem invocar a ação dos deuses.

Seus personagens principais foram: Tales de Mileto, Anaximandro, Anaximenes, Hecateu, Heráclito, Euclides, Arquimedes e Pitágoras.

Tales de Mileto era comerciante, filósofo, matemático e astrônomo. Viveu no século VII a.C., tendo nascido por volta de 624 a.C. Como estadista, convenceu as cidades jônicas a se unirem contra a Pérsia. Seus críticos o acusavam de despender muito tempo em filosofar e ganhar pouco dinheiro. Ele resolveu confundi-los. Como existia previsão de uma grande safra de azeitonas no ano seguinte, transformou as prensas em depósitos e alugou todas as prensas existentes a um preço irrisório, em Mileto e Quilos. Ao chegar a época da colheita, Tales alugou os depósitos e prensas pelo preço que quis. Dessa lição de Tales, disse Aristóteles mais tarde:

"Mostrou ao mundo que os filósofos podem ser ricos, se quiserem, mas que sua ambição é de outra espécie."

Tales morreu por volta de 547 a.C. e sempre foi visto como filósofo prático e de bom-senso. A sua fama maior situa-se nos campos da Astronomia, por ter previsto o eclipse total do Sol, ocorrido em 28 de maio de 525 a.C., que ocasionou o encerramento das hostilidades entre a Lídia e os Medas; e da Matemática, da qual é tido como pai, segundo Aristóteles, Heródoto e Eudemos. Embora no Egito existisse uma Geometria prática, toda teorização da Matemática pertence aos gregos. Conta-se, inclusive, que Tales lá chegou para colher saberes matemáticos.

Outras contribuições à ciência antiga foram as que vieram da Jônia, representada por Anaximandro, Anaximenes, Hecateu e Heráclito.

Anaximandro foi contemporâneo de Tales. Escreveu um livro sobre a Terra e seus habitantes e elaborou um mapa sobre o mundo de então. Dizia que havia muitos mundos, que a Terra era como o cilindro e que o homem vivia em um dos seus planos. Explicava, ainda, que o Sol e a Lua eram anéis de fogo circulados pelo ar e que o homem se originara dos peixes.

Anaximenes foi discípulo de Anaximandro e suas ideias se assemelhavam. Para ele a Terra tinha a forma de um disco, a Lua e o Sol eram discos feitos de fogo que giravam em torno da Terra e o mundo material foi formado a partir da condensação de uma massa de ar giratória. Deixava entender nos seus escritos que a Terra girava solta no espaço. A respeito da posição da Terra no espaço, muito antes de Anaxímenes, a Bíblia registra as afirmações de Jó, de que Deus "estende o Norte sobre o vazio; suspende a Terra sobre o nada" (Livro de Jó, 26.7).

De Hecateu sabe-se que lhe coube o trabalho mais antigo na área da Geografia: um mapa contendo a "Europa" e um outro com a "Ásia e a África". Os limites da Terra eram os oceanos. Seu mapa continha aspectos do Mediterrâneo e países como a Líbia, Egito e a Mesopotâmia. As informações para confecção dos mapas vinham de experientes marinheiros com quem ele conversava.

Heráclito era natural de Éfeso, que distava cerca de 50 quilômetros de Mileto. Era tido como arrogante por seus opositores. O seu trabalho não era difícil de ser entendido. Pregava que o Universo se equilibrava entre duas forças opostas e sob uma permanente tensão. O fogo era o mais importante dos elementos e tinha o poder de mudar tudo. Os astros eram como taças de fogo.

Pitágoras de Samos (século VI a.C.) deu início à formulação dos estudos para estruturar a ciência como campo de estudo separado da Filosofia. Isto ocorreu quando demonstrou o seu Teorema: "O quadrado da hipotenusa é igual à soma dos quadrados dos catetos." Este Teorema é conhecido pelo seu nome. O número para ele era a "*arché*" de todas as coisas.

Era Pitágoras líder religioso, mas foi também protótipo de cientista e sobre ele muitas lendas existem. A sua ordem religiosa concebia uma nova divindade e pregava que a alma podia sair do corpo de uma pessoa e se apoderar de outra. Seus preceitos religiosos proibiam qualquer tipo de extravagância e a alimentação era vegetariana. O consumo de produtos animais era proibido. Calcula-se que esse sábio ministrou a poucos os seus conhecimentos e dúvidas existem sobre o que ensinou. Pitágoras foi, dos filósofos jônicos, o que maior influência deixou às gerações futuras.

Pitágoras, além dos estudos teóricos sobre o triângulo, deu importante contribuição à Ciência com as teorias sobre os números. São dele os estudos sobre a relação da Matemática com as notas da escala musical, as teorias dos triângulos retângulos e os estudos sobre o movimento dos planetas, bem como das suas distâncias, baseado na velocidade com que se moviam em suas órbitas. É dele a ordem seguinte: Terra, Lua, Mercúrio, Vênus, Sol, Marte, Júpiter e Saturno.

Xenófanes, outro jônico que se refugiou em Eleia, defendia o monoteísmo, ou seja, a existência de um único Deus, como a causa de todos os movimentos. Ensinava que o mar e a terra ficaram misturados em um determinado tempo e que prova disso eram as conchas encontradas nas montanhas.

Das colônias gregas a Ciência mudou de eixo, passando à Grécia Continental. Também pré-socráticos atuaram no continente grego, como filósofos que buscavam fazer emergir a Ciência, separando-a da Filosofia. Entre outros, os seguintes: Anaxágoras, Parmênides, Zenão, Empédocles, os atomistas Leocipo e Demócrito.

A principal razão da difusão das ideias científicas da Jônia e demais colônias gregas para o continente foi a saída de Pitágoras de Samos, indo residir no sul da Itália. Assim, toda a costa do Mediterrâneo tomou conhecimento das novas teses já amplamente praticadas nas colônias da Grécia.

Anaxágoras, nascido em Clazômenas (Lídia) sessenta anos depois de Pitágoras, seguiu os seus rumos. Em Atenas tornou-se amigo do estadista Péricles, o que acarretou inimizades e a acusação de ser um "filósofo ateísta". Sua contribuição à Ciência se deu por meio do seu livro, no qual afirma que o Universo, inicialmente, era uma mistura imóvel e uniforme e que uma "mente" colocou tudo em movimento. Que o Sol, a Lua e a estrelas foram desprendidas da Terra. Para ele, o Sol era uma espécie de pedra muito aquecida.

Parmênides e Zenão eram naturais da cidade de Eleia, porto marítimo da Itália, onde nasceram por volta de 450 a.C. O primeiro, Parmênides, é provável que tenha sido discípulo do filósofo Xenófanes, pois também era monoteísta. Foi importante para a Ciência por ter buscado entender a realidade além dos fatos e fenômenos naturais. Ensinava que a essência de tudo é o "ser" e que ele enche todo o Universo, sendo, portanto, uno e ilimitado. Afirmava, ainda, que o "ser" é imutável, eterno e imóvel, mas que os contrários, mudanças, transitoriedade e movimento representavam o "não ser", irreais e ilusórios. O segundo, Zenão, era seu seguidor e amigo, não sendo lembrado por ter se dedicado à política, no exercício da qual foi torturado e morto, mas pelos seus paradoxos: o de Aquiles e a tartaruga e o da flecha, inventados na tentativa de provar as teses de Parmênides.

Empédocles nasceu em Ácregas, hoje Agrigento, situada no sul da Sicília, por volta de 492 a.C., e sobre ele existem muitas lendas. Existem escritos que afirmam ter sido médico e que teria escrito um livro sobre medicina e outros assuntos. Galeno, médico e cirurgião dos gladiadores de Roma, citava-o como fundador da Escola Médica da Sicília. É creditado a ele outras façanhas como a de erradicar uma epidemia com o desvio de dois rios, melhorar o clima de um local por meio de um catavento colocado em uma ribanceira, ressurreição de uma mulher que não respirava há cerca de trinta dias e domínio dos ventos do Mediterrâneo, colocando-os em sacos. Também lendária foi a sua morte. Consta que apregoava que seria transladado, ou seja, não morreria. Tendo desaparecido, muitos o tinham como transladado, até que um dia uma das crateras do Etna se movimentou e de lá uma de suas sandálias foi jogada. Não se sabe se ele caiu no vulcão quando fazia observação ou se praticou o suicídio. A verdade é que não foi transladado: morreu. Sua maior contribuição à ciência ocorreu com seu estudo sobre os quatro elementos: o fogo, a água, o ar e a terra. Outra contribuição sua muito serviu aos evolucionistas, pois ensinava que os animais foram criados por parte: a cada tempo, alguns órgãos eram criados e depois acrescentados aos outros.

Por fim, encerrando o ciclo da Ciência que precedeu a Sócrates, podem ser citados Leucipo e Demócrito, representantes da Escola Atomística. Leucipo não deixou escritos. Sabe-se que sua teoria foi pregada em sua cidade natal, Abdeba. Foi seu discípulo Demócrito, que melhor divulgou as teses atomistas. Demócrito viajou muito e estudou Lógica, Ética, Pedagogia, Psicologia, Matemática, Física, Política, Teoria da Arte, Linguística e Cosmologia. É tido como o mais importante materialista grego. Seus estudos apontavam para um mundo composto de duas partes: átomos e vácuo. Para ele o mundo tinha "montes de matéria em um mar de vazio total" e afirmava que os átomos são muito pequenos, indivisíveis, numerosos e não podem ser vistos.

Sócrates, que viveu por volta de 470 a.C., famoso pela sua feiúra e por ter se casado com Xantipa, muito conhecida por ser bastante rabugenta, foi um divisor de ideias e teses filosóficas na Grécia, dando, inclusive, motivo à classificação filosófica de pré-socrática e pós-socrática. Seguiu-se muito depois dele o chamado Período Clássico da Filosofia que se estendeu por mais de vinte séculos. No dizer de Platão, foi Sócrates "o melhor, mais sábio e mais virtuoso dos homens". Foi o mais importante filósofo e amava a verdade, a Moral e a lisura na vida pública. Era opositor ferrenho dos sofistas pelos altos preços cobrados como honorários. Seu método dialético foi a Maiêutica, que buscava nos seus interlocutores aperfeiçoar a temperança, a integridade e os padrões absolutos de moralidade.

Embora grande filósofo, reconhecido no mundo inteiro, na Ciência sua contribuição é totalmente nula. Inclusive, consta que condenou os astrônomos e os meteorologistas.

Do tempo socrático são figuras importantes: Hipócrates de Quios e Hipócrates de Cós.

Hipócrates de Quios foi contemporâneo de Sócrates e grande matemático. Sua contribuição à Ciência se deu com a fundação, em Atenas, de uma escola de estudos matemáticos, a qual logo se destacou como maior centro matemático do mundo grego durante cerca de dois séculos, tendo caído com o surgimento de Alexandria.

Originariamente, Hipócrates de Quios era mercador, mas tendo sido capturado por piratas e falido, voltou-se para as atividades de geômetra. Nessa época, três grandes problemas matemáticos despertavam e perturbavam os estudiosos: a duplicação do cubo, a quadratura do círculo e a trissecação do ângulo. Hipócrates resolveu o primeiro desses problemas e encaminhou a solução da segunda questão. Além disso, desenvolveu estudos sobre a sistematização da Geometria.

Hipócrates de Cós nasceu na cidade de Cós por volta de 460 a.C. e nela desenvolveu todos os seus estudos relacionados com a Medicina. Antecederam Hipócrates de Cós quatro escolas gregas de Medicina, todas bastante primitivas, mas que, além da prática, buscavam uma teoria médica. O primeiro representante da Medicina foi Esculápio. A primeira escola a buscar uma teoria para a Medicina foi a pitagórica, sucedida pela Escola Siciliana fundada, ao que tudo indica, por Empédocles de Acragas. A terceira foi a Escola Jônica, onde foram feitas umas poucas dissecações anatômicas. Na quarta escola, localizada em Abdara, a ginástica e a dieta eram usadas com frequência.

A Escola Hipocrática buscava elevar os padrões de Medicina, muito embora tenha sido acusada de não se interessar pelas curas individuais e sim pelo conhecimento em geral. É com Hipócrates que tiveram início os primeiros sinais de Medicina Científica no Ocidente, com o emprego do método científico em uma área até então dominada pela magia. Foi o criador do registro médico, onde assentava sucessos e fracassos.

Platão, que nasceu em 427 a.C. em Atenas e faleceu provavelmente em 348 a.C., foi aristocrata, discípulo íntimo de Sócrates. Deixou grandes contribuições à literatura, à política, à Ética e, principalmente, à Filosofia mas, como Sócrates, nada fez de positivo para a Ciência. As suas teorias políticas foram expostas em três obras: *A República*, O *Estadista* e *As Leis*. Suas poucas ideias sobre Astronomia estão no livro intitulado *O Timeu*, no qual constam ideias pobres e inibidoras sobre ciência.

Eudóxio de Cnido nasceu nessa cidade por volta do ano 408 a.C. Inicialmente estudou Geometria com Arquias de Tarento. Interessou-se pela música e pelos números. Depois estudou Medicina com Filisto, anatomista e seguidor da ideias de Empédocles. Por ser muito pobre, frequentou gratuitamente a Academia e viajou ao Egito com a ajuda de amigos. Suas contribuições à Ciência foram nas áreas da Astronomia, Meteorologia e Matemática, tendo também ensinado Teologia e ajudado a formular leis para a cidade. O período em que viveu era impregnado pelo platonismo, muito embora alguns escritores acreditem que Eudóxio foi mais ativo e influente que o próprio Platão.

Aristóteles, nascido em 384 a.C., inaugurou uma nova era para a Filosofia e para a Ciência, que iria predominar até o século XVII. Era filho de médico importante, ficando órfão muito cedo. Foi criado por Proxenos, que o enviou para a Academia, em Atenas. Na Academia conheceu Platão, de quem se tornou discípulo e amigo. Sua contribuição maior à Ciência foi a criação da Lógica, mas deu também outras contribuições ao campo da Astronomia, da Matemática, da Biologia, da Embriologia, da Anatomia e da classificação dos seres vivos. Para Aristóteles, a Terra era esférica, as estrelas e os corpos celestes giravam em órbitas circulares, o céu era íntegro e imutável; o Universo imutável e mutável. Mas o que mais prevaleceu de Aristóteles no campo da Ciência foi a sua defesa da tese de que a Terra era fixa e que todos os outros astros giravam ao seu redor. Esta tese, aceita e defendida pela Igreja, impediu que houvesse avanços científicos até o século XVII.

Teofrasto, nascido em Lesbos no ano de 371 a.C., era treze anos mais novo que Aristóteles e foi o seu principal contestador. Defendeu que as antigas teorias deveriam ser questionadas e não simplesmente aceitas e seguidas cegamente. Seus campos de estudo foram a História da Ciência, a mineralização e a Botânica.

Com o término da independência da Grécia, as atividades da Ciência se deslocam para Alexandria e áreas circunvizinhas. Os principais vultos dessa época foram:

Euclides, cujos estudos estão centrados na Matemática e Geometria. Com os seus axiomas, teoremas, postulados e provas influenciou o Ocidente mais que qualquer livro, exceto a Bíblia;

Apolônio, nascido na Perga, sul da Turquia, entre 246 e 221 a.C., tendo contribuído com estudos na Matemática e Astronomia, em especial nos estudos sobre a Lua;

Arquimedes, nascido em Siracura por volta de 287 a.C., onde morreu em 212 a.C.. Foi filósofo, cientista e engenheiro prático. É conhecido por suas invenções mecânicas. Desenvolveu trabalhos no campo da Geometria, da

Matemática e da Mecânica. Suas contribuições à Ciência foram muitas nos campos já mencionados, mas é famoso também pela invenção do parafuso sem fim e pelo caso da coroa de ouro do rei Hierão II.

Outro personagem dessa época é Ctesíbio, filho de um barbeiro, não existindo escritos sobre onde nasceu e nem onde morreu. Sabe-se que trabalhou em Alexandria em 270 a.C. Inventou um espelho ajustável na barbearia do pai, uma bomba de ar com válvulas, uma bomba hidráulica, desenvolveu catapultas operadas por molas de bronze e, finalmente, desenhou uma catapulta movida a ar comprimido.

A medicina de Alexandria teve como expoente máximo o médico Herófilo, que desenvolveu trabalhos sobre dissecação do corpo humano, cérebro, veias, artérias, sistema nervoso, coluna vertebral, olhos, coração, órgãos genitais e outros.

Outro expoente da Medicina de Alexandria foi Erasístrato que, como Herófilo, viveu no século II a.C. Seus estudos foram desenvolvidos sobre Anatomia, gota, febre, respiração, circulação, função do bombeamento do coração e outros.

A Astronomia de Alexandria teve os seguintes representantes: Eratóstenes, Aristarco de Samos, Hiparco de Niceia e Ptolemeu. Eratóstenes contribuiu com estudos sobre Geografia, Filosofia e assuntos literários, além dos estudos astronômicos. Seu mais importante trabalho é a medição da circunferência da Terra. Sua medida de 46.600 quilômetros se aproximou grandemente da medida moderna, que é de 39.941 quilômetros. A respeito da circunferência da Terra, Aristóteles deu como sendo de 400.000 estádios e Arquimedes 300.000, e ambas muito acima dos 250.000 estádios encontrados por Eratóstenes.

Aristóteles de Samos viveu entre 310 e 230 a.C. e embora recaiam muitas dúvidas sobre suas realizações, sabe-se que desenvolveu estudos sobre as distâncias e tamanhos do Sol e da Lua. Consta que foi o primeiro astrônomo a propor uma teoria heliocêntrica, colocando o Sol no centro do Universo.

Hiparco de Niceia, nascido no século II a.C., passou toda a vida em Rodes. Desenvolveu trabalhos sobre o movimento planetário, posições das estrelas, exatidão da duração do ano, além de calcular, por volta do ano 150 a.C., o número das estrelas em 1.022.

Ptolomeu fecha o ciclo das grandes figuras da Ciência grega. Nasceu em Ptolomeais Hermiou, por volta do ano 100. Consta que estudou com o astrônomo Teon de Esmirna. Seus trabalhos se situaram no campo da Geografia e da Astronomia. Sua principal obra foi o livro intitulado Amagest. Consta também que Ptolomeu posteriormente refez os cálculos de Hiparco sobre o número de estrelas e encontrou mais 14, ou seja, para Pitolomeu o céu tinha 1.036 estrelas e não 1.022 segundo Hiparco.

3.3.2 Ciência na China

O Ocidente desconhecia a ciência chinesa desde os tempos antigos, passando pela Idade Medieval e até praticamente toda a Idade Moderna. Somente a partir do início do século XX é que a China passou a ser mais conhecida e estudada. Até então poucas informações de historiadores de astronomia circulavam fora da China, além de algumas ideias de botânica, de medicina, de física e de engenharia. Sobre a China ou se apregoava que todas as invenções primitivas eram suas ou se lançavam dúvidas sobre as suas prováveis contribuições à ciência.

Muitos problemas existiam para que houvesse comunicação entre o Ocidente e a China, sendo o principal a língua, considerando-se que, quase sempre, quem sabia chinês não era versado em Ciência Natural. A situação somente começou a mudar graças ao trabalho de Hoseph Needham e seus colaboradores, que, em Cambridge, passaram a se interessar por assuntos relacionados com a ciência chinesa. Embora o trabalho desse cientista esteja incompleto, já se pode ter uma ideia sobre o processo de desenvolvimento da ciência chinesa até o século XVII, época em que ela se integrou definitivamente à chamada Ciência Universal.

Muitos historiadores observam certa vantagem na ciência chinesa, sobre a de outros povos na escrita – os IDEOGRAMAS não exprimem o som da palavra, como noutros idiomas, exprimem uma ideia. Dessa forma, a escrita chinesa permanece a mesma, podendo ser lido um texto antigo com a mesma facilidade com que se lê um moderno.

Entre as muitas contribuições chinesas para a ciência destacam-se o papel, a pólvora, trabalhos em bronze, cerâmicas e outros que serão relatados neste texto. Na Idade da Pedra, na dinastia Yang-Chao, os chineses já criavam os seus próprios objetos, como, por exemplo, recipientes para cozinhas. Ao serem introduzidos trabalhos em bronze, tais utensílios difundiram-se por toda a China, vindo a se tornar a base de objetos e utensílios usados na Ásia Oriental para a destilação de líquidos.

Na Idade do Bronze, na dinastia Chang, apareceu a prática de "ossos-oráculos", que eram omoplatas de boi ou cascos de tartaruga, usados para registrar as predições do futuro, feitas por meio de marcações a ferro quente. Tal técnica ficou conhecida como "escapulomancia". Nessa dinastia houve ainda um notável desenvolvimento dos trabalhos em bronze, bambu e conchas de cauri usadas como moedas.

Por volta do ano de 1027 a.C. surgiu a dinastia Tcheu, período em que a China experimentou um grande desenvolvimento cultural e tecnológico, com a criação de uma sociedade feudal, desenvolvimento dos trabalhos em ferro, fundação de academias de estudiosos e uso de técnicas de irrigação. Este período, denominado de "estados guerreiros", foi conhecido como a idade "clássica" da China.

A partir do ano 221 a.C., o Estado Feudal Ching tornou-se mais poderoso que os demais, dominou-os e unificou novamente a China. O esmerado sistema burocrático desenvolvido nesse período serviu de padrão para os governos chineses subsequentes. O país foi dividido em províncias, padronizaram-se medidas, a largura das estradas e o tamanho das carroças. Várias estruturas de defesa foram formadas. Foi construída a Grande Muralha da China, houve o fechamento da emigração e foram construídos baluartes contra invasões. Os domínios chineses foram expandidos com as conquistas militares que se estenderam até o Japão. É dessa época a padronização da língua chinesa.

Em 202 o poder passou à Dinastia Han, que dirigiu os destinos da China por cerca de quatro séculos e meio. Essa dinastia fez expandir a burocracia. As regulamentações foram substituídas por um complicado sistema de funcionários, com base nos princípios de serviço público defendidos por Confúcio. O marco principal desse período foi a abertura da China para o mundo. Nessa época romanos e sírios visitaram o país pelo mar. Uma grande e importante missão diplomática chinesa foi enviada por terra ao Afeganistão, ao Tajiquistão e ao Uzbequistão. A estabilidade dessa dinastia ensejou o desenvolvimento das atividades no campo da ciência e da tecnologia. É desse período a invenção do PAPEL, muito embora a notícia desse invento tenha demorado seis séculos e meio para chegar à Ásia Central e doze séculos para chegar à Europa Ocidental.

Em 265 d.C., em clima de instabilidade, a Dinastia Wei assumiu o controle do país. Foi um período conturbado, permitindo quase que somente o desenvolvimento da tecnologia militar. Nesse período, os que trabalhavam em Ciências foram os que tinham inclinações militares. Eram poucos, mas mesmo assim foi um período bastante produtivo para a Ciência chinesa.

Em seguida, surgiu a Dinastia Sui, de curta duração, tendo sido logo dominada pela Dinastia Tang, cujo domínio durou até o século X. Nessa Dinastia as influências externas e as fronteiras chinesas foram expandidas. Com a abertura das fronteiras aos estrangeiros, estudiosos persas, sírios e muçulmanos invadiram o país. A arte e a literatura floresceram e a lei chinesa foi codificada. A alquimia passou a ser praticada em longa escala pelo taoísmo, enquanto os budistas se ocuparam do mapeamento. O progresso tecnológico teve continuidade com a verdadeira porcelana, sendo produzida pela primeira vez, e a pólvora foi inventada, tendo sido usada na guerra até o ano de 919.

No ano de 960 d.C., com a Dinastia Sung, o país foi reunificado novamente. Os Sung permaneceram no poder até o ano de 1126, quando foram expulsos por invasões tártaras. Nesse período foi grande e rico o progresso científico e tecnológico. Derrubada a Dinastia Sung, subiu ao poder a Dinastia Yung, que dominou até 1368. Foi nesse período que a China tornou-se bastante conhecida no exterior. Marco Polo ali chegou e permaneceu por cerca de dezessete anos como funcionário da corte. Entre as melhorias implementadas por essa dinastia estão as estradas, as vias navegáveis e o encorajamento à exploração geográfica. Em 1368 passa a dominar a Dinastia Ming. Por iniciativa dos governantes dessa dinastia, por volta do ano de 1403, a capital da China mudou de nome, de Nanquim para Pequim. São desse período os trabalhos científicos, na área de Botânica, com o aparecimento de um livro que discutia o uso das plantas silvestres como alimento em tempo de fome. Talvez a maior realização científica dessa dinastia tenha sido a compilação de uma FARMACOPEIA, com descrição de mil plantas e mil animais, e mais de oito mil receitas neles baseados, bem como a discussão de vários assuntos médicos.

Os Ming permanecem no poder até 1644, quando foram depostos. Tendo pedido e recebido ajuda da Manchúria, os manchus, após estarem no país, recusaram-se a sair, e foram representados pela Dinastia Ching nos três séculos que se seguiram. Nas últimas décadas de domínio dos Ming os jesuítas chegaram à China e introduziram a Ciência européia. Houve assimilação do conhecimento e a Ciência chinesa passou a integrar a comunidade científica mundial. Completamente integrada à Ciência mundial, a China pós-Manchu, que era ecumênica, intentou a investigação do mundo natural, que se constituiu na grande tarefa internacional do século XVII e que chegou até os dias atuais.

As diferenças básicas entre a Ciência chinesa e a do restante do mundo residem principalmente nas formas de encarar o mundo em vista das filosofias ali cultivadas. Desde os tempos primitivos, os chineses encaravam o Universo como um vasto organismo, do qual o homem e o mundo natural faziam parte. Em alguns casos, esse ponto de vista ajudou a China a se antecipar ao Ocidente na busca da interpretação de muitos fenômenos, mas em outros, atrasou a Ciência chinesa, na busca de explicações. Outro fator importante foi a falta de crença e a rejeição de toda espécie de divindade pessoal onipotente governando o Universo.

Duas correntes filosóficas opostas influenciaram o panorama filosófico--científico chinês: o confucionismo e o taoísmo.

O confucionismo era tido como uma doutrina de mentalidade social mundial. Confúcio, foi seu pai, nasceu em 552 a.C. e passou a vida pregando a harmonia e a justiça social. Rejeitada em sua época, a doutrina confucionista passou a ser aceita nas gerações seguintes, até se tornar uma Filosofia dominante. Confúcio pregava o respeito ao indivíduo, à Educação universal e insistia que os postos administrativos deveriam ser entregues aos qualificados por merecimento acadêmico e não social. Para ele o objeto de estudo deveria ser o homem e não a natureza. Com isso, desviou os estudos chineses do caminho da Ciência, dando demasiada ênfase aos Estudos Sociais. Com o passar do tempo, o confucionismo se transformou em uma religião.

O maior movimento científico-filosófico primitivo da China foi o taoísmo. Era uma mistura de religião e filosofia, magia e Ciência primitiva. Seu nome veio da vontade de seus seguidores de alcançar o TAO, que é um termo espiritual filosófico que significa "O Caminho" ou talvez "A Ordem da Natureza".

Não havia concepção de um governante todo-poderoso, mas sim o poder imanente de vastos organismos, ao mesmo tempo homem e Universo. O Tao teve origem entre filósofos que se recusaram a atuar junto aos senhores feudais, retirando-se para contemplar a natureza e estudá-la. Também surgiram os magos, feiticeiros e xamãs que criaram uma ordem natural que trouxe todas as coisas à existência e que governava cada ação por meio de uma retidão natural não imposta. Essas crenças estimularam o desejo de conhecer as causas dos fenômenos, de observar o mundo natural e até conduzir experiências. Para o taoísmo, a contemplação da natureza traria paz interior. Diferentemente dos confucionistas, os taoístas não se preocupavam com o estudo social do homem nem com ideias de classes sociais. Admiravam o artesão, tanto quanto a arte do desenhista ou as ideias dos teóricos. Foi essa atitude que os levou a conduzir experiências e manter uma postura filosófica.

Os moístas e os lógicos são duas outras categorias filosóficas da China primitiva.

Os moístas ficaram conhecidos por esse nome devido ao seu fundador: MO TI (séc. V a.C.). Pregava ele o amor universal pela humanidade, condenava a guerra ofensiva, a defensiva não. Seus seguidores praticavam artes maciais para ajudar vítimas da opressão. Suas preocupações com estratégias de defesa os levaram a fazer alguns estudos de mecânica e ótica. Os moístas inclinavam-se para as Ciências Físicas, enquanto que os taoístas para as Ciências Biológicas. Nos seus trabalhos relacionados com a Ciência Experimental discutiam os moístas muita Lógica Básica. Entre as suas preocupações estavam problemas como: de que modo a mente ordena os fatos que percebe, bem como problemas de causa e efeito. Foi essa atitude que levou os moístas ao raciocínio dedutivo e indutivo.

Os lógicos, por outro lado, tiveram seus escritos perdidos ao longo da história. Apenas um livro, considerado o ponto alto da escrita filosófica chinesa, foi parcialmente preservado. Continha ele estudos sobre mudanças, paradoxos, conceitos e outros. A forma como eram abordados os assuntos nesse livro vieram a contribuir para os estudos sobre percepção.

Outra corrente filosófica chinesa, considerada autoritária, era a dos legalistas. Faltavam a eles a humanidade e o amor dos confucionistas e moístas, além de não possuírem a sensibilidade e o amor à paz dos taoístas. Esse movimento começou no século IV a.C., atingindo sua maior influência cem anos depois. Para os legalistas, o conjunto de costumes aplicados de forma paternal pelos confucionistas era fraco. Era necessário um sistema mais forte e rígido, baseado em regulamentos escritos. Seus métodos foram renegados e dados como impopulares na época, mas foram eles que permitiram o início do hábito científico de tratar todas as coisas com precisão. Para eles, nada existia que não pudesse ser transformado em leis. Essa tese foi positiva para a Ciência chinesa, uma vez que, se o seu rigor tivesse sido seguido na época, era possível que tivessem alcançado melhor quantificação nos trabalhos relacionados com a Ciência.

3.3.3 Ciência na Índia

A Ciência indiana existe desde a Antiguidade, sendo tão antiga quanto a da China. Passou a ser revelada a partir das escavações das cidades de Mohenjo--Daro e Harappa, localizadas na região do atual Paquistão e datam de 2300 a 1750 a.C. A construção destas cidades mostra sinais de existência de um planejamento urbano e um conhecimento de Engenharia bastante complexos, coexistindo lado a lado com uma economia relativamente desenvolvida. Em diversos aspectos sua cultura era mais avançada que a da Mesopotâmia da mesma época. Existem registros de grandes quantidades de selos, mostrando elevado conhecimento da vida animal e de uma língua escrita ainda indecifrada.

As origens da cultura hindu podem ser encontradas em uma série de invasões de culturas indo-européias da Idade do Ferro, que desciam do norte, no século XVIII a.C. A invasão do subcontinente hindu acabou por introduzir o sistema de castas, dividindo a sociedade em quatro grupos: guerreiros, sacerdotes, mercadores e trabalhadores. Foi nessa época que as crenças védicas formaram a base do antigo hinduísmo.

A religião hindu encorajou a pesquisa no campo espiritual e desenvolveu conceitos sobre a unidade da natureza e o "divino princípio". Pregava o hinduísmo que o homem e o universo terrestre são o reflexo do Universo mais amplo. Essa ideia veio influenciar nas pesquisas físicas.

Sidarta Gautama (564–483 a.C.), popularmente conhecido como Buda (O Iluminado), levou ao extremo as ideias de exaltação das coisas espirituais e de desprezo pelas coisas que diziam respeito ao mundo material. Ensinava ele que o único objetivo na vida era alcançar o céu após a morte (o nirvana), através da libertação pelo ciclo de renascimento e sofrimento, deixando de beneficiar a pesquisa científica, ao contrário do hinduísmo. Contudo, tem seu lugar na ciência indiana, pois exerceu atração mais ampla que o hinduísmo, alcançando importância em todo o Sudeste da Ásia, especialmente na China, Japão e na Coreia. Em consequência serviu de canal para a troca de ideias e conhecimentos entre várias culturas.

Durante o período védico, entre os séculos XV a.C. e século XI, foram feitas grandes observações do céu, no que respeita à trajetória do Sol, que foi descrita;

a observação da Lua, além da elaboração de calendários com base no movimento desses dois astros. Os seguidores do Janaísmo, religião fundada no século VI a.C. por Vardama Mavira, que tinha por fundamento o aperfeiçoamento da natureza humana, modificou grandemente muitos dos princípios do ritual ortodoxo védico. Afirmavam a dualidade da realidade: dois sóis, duas luas etc. Defendiam o aperfeiçoamento do homem, através de uma vida ascética e monástica. Rejeitavam a existência de um único Deus criador e ensinavam que não se deve ferir nenhum ser vivo.

Apesar de vaga e imprecisa, a Astronomia indiana manifestou interesse em aplicar medidas e métodos numéricos ao céu. No fim do século V a.C., quando os persas controlavam o Noroeste da Índia, a Astronomia e a literatura mesopotâmica fluíram para o país. Entre os instrumentos de observação usados pelos astrônomos hindus em toda a Antiguidade estavam o gnômon, o círculo e o meio círculo para achar distâncias dos corpos celestes, a esfera armilar e os relógios d'água. Os matemáticos hindus preferiam o estudo dos números em lugar de estudar as formas, a Aritmética e a Álgebra, em lugar da Geometria. O conhecimento da Química, na Índia, teve seu uso mais significativo na fusão do ferro por volta de 1050 a 950 a.C. Cerca de mil e quinhentos anos depois, os hindus já eram capazes de fundir alguns pilares de ferro. Os alquimistas, com o passar do tempo, buscaram descobrir substâncias que aliviassem as moléstias que afligiam a humanidade. Esta foi uma importante contribuição para a Ciência.

Do século VI até o século XI, a Ciência indiana fez seu maior progresso. Nessa época os jainistas e budistas estimularam aquilo que ficou conhecido como um novo conceito: uma teoria atomista que era mais sutil e detalhada que as ideias atômicas primitivas. Esse fato atraiu estudiosos à Ciência indiana até o século XVIII.

3.3.4 Ciência Árabe

O Islamismo sempre desempenhou papel decisivo na história mundial, como intermediário entre as civilizações da Antiguidade e as do mundo moderno. Este duplo aspecto se reflete na História da Ciência.

A História da Ciência na Arábia, em grande parte, é a História da Ciência no mundo muçulmano. Originária da península arábica, em toda a sua História, a religião islâmica foi permeada pela cultura e língua árabes. Surgiu com Maomé, filho de família de mercadores, que dizia ter recebido uma visão divina do Anjo Gabriel, fazendo revelações que foram colecionadas e enfeixadas em um livro que se tornou conhecido como Alcorão. Mediante essa visão, Maomé aceitou ser profeta do verdadeiro Deus, Alá. O islamismo conseguiu unir as tribos dispersas da península arábica e, a partir daí, instaurou o que Maomé chamou de "guerra santa", objetivando converter outros povos a Alá.

Contudo, os conquistadores islâmicos aceitavam a cultura dos povos conquistados, herdando a Ciência dos gregos e a cultura da Pérsia sassânida, entre outras. Apesar das inúmeras diferenças no islamismo, disseminado por toda parte, uma unidade essencial foi preservada, em parte pela própria religião e em parte pela consciência das origens árabes, comum ao movimento. O idioma provou ser um meio altamente flexível e apropriado para a expressão de conceitos científicos.

Podem ser destacados dois aspectos na Ciência islâmica: de um lado, as ideias científicas importantes, e de outro, a contribuição dos próprios árabes ao conjunto de conhecimentos científicos. Muito de sua contribuição à Ciência foi desenvolvido a partir do contato com a Ciência dos países dominados.

Severo, bispo sírio que introduziu cálculos de Astronomia hindu na cultura árabe, observou que os hindus usavam nove sinais diferentes para os cálculos matemáticos astronômicos, os numerais hindus. Isso foi importante por ter marcado a introdução do que veio a ser chamado posteriormente de algarismos arábicos, embora só dois séculos depois tenham sido aceitos na Matemática e na Astronomia.

A ênfase na guerra santa desencorajou os avanços científicos. Em um período de paz é fundada, em 762, a capital da cultura islâmica com o nome de Bagdá. Nessa época, vieram da Índia textos sobre Astronomia e Matemática que continham algarismos hindus e exerceram grande influência quando, mais tarde, foram traduzidos para o árabe. A partir de 813, houve grande progresso cultural sob o domínio de gregos e de Alexandria. Fundou-se em Bagdá a Casa da Sabedoria, para onde foram recrutados sábios tradutores. Quando não havia, eram importados trabalhos de diversos observatórios para estudiosos de Astronomia. Este período foi tido como um renascimento cultural na Arábia.

Trabalharam na Casa da Sabedoria os mais influentes filósofos árabes de então. Abu Al-Kindi, considerado o primeiro filósofo árabe, enfatizava a tradução dos trabalhos gregos e helenísticos e advogava o acesso ao conhecimento científico acumulado do mundo antigo. Não se restringia à Filosofia Pura; estudou Óptica, Geografia, Geologia, Meteorologia, Astronomia e Astrologia, bem como investigou relógios e instrumentos astronômicos. Também escreveu sobre remédios, sua Ciência, elementos que o compunham e até sobre o que depois se chamou de efeitos colaterais. Seus ensinamentos iriam ter grande influência na Europa Ocidental na Idade Média. Especialista em Filosofia Pura, Al-Kindi leu Aristóteles, Platão e Plotino, fundador do "neoplatonismo", uma forma final da Filosofia pagã-grega, uma mistura dos ensinos de Aristóteles, Platão, estoicos e gnósticos. O neoplatonismo exerceu influência no mundo árabe e nele estabeleceu suas principais doutrinas, fazendo florescer as ciências islâmicas.

Com a tradução dos estudos dos povos dominados, os árabes avançaram em sua Ciência. Passaram a fazer tabelas astronômicas de futuras posições planetárias e estrelares, baseados em tabelas hindus; escreveram e fizeram correções importantes sobre o astrolábio grego, instrumento que o Islã tomaria como seu. Uma sucessão de tabelas e escritos astronômicos passaram a ser feitos, evoluindo na precisão, ao corrigir erros anteriores.

Os trabalhos muçulmanos mais importantes, a partir do século XII, foram realizados no mundo ocidental, na Espanha e no Marrocos. Foi através da Espanha que as contribuições científicas do mundo árabe foram aproveitadas na Europa.

Os séculos XIII e XIV foram de estagnação da Ciência árabe. No século XV houve breve ressurgimento da atividade econômica, encetada pelo grande governante Ulugh Beg, que fundou um centro de altos estudos onde a Astronomia era a principal matéria. Ele construiu um observatório, o maior do seu tipo já construído no mundo, com grande precisão, significativa conquista para o mundo de então. Ali foram produzidas tabelas matemáticas tão eficientes que podem ser comparadas com as tabelas dos dias de hoje. No século XVIII o observatório foi demolido por religiosos fanáticos.

A Matemática árabe trouxe para a Matemática duas técnicas poderosas: a Álgebra e a Trigonometria, tão válidas hoje quanto na época. Tais métodos matemáticos foram copiados na Europa Ocidental do século XV. Na Física, rejeitou-se a ideia grega de que a visão emanava do olho e propôs-se que a visão se dava por uma imagem que se formava dentro do olho. O livro de Al-Haythan a esse respeito foi amplamente aceito e representou um avanço científico nessa área do conhecimento, a ponto de seus trabalhos serem citados por Kepler e Descartes no século XVII. Al-Haythan representou o embrião do moderno cientista físico.

Embora os antigos árabes e todo mundo islâmico tenham estudado Ciência e dado valiosa contribuição ao avanço científico, suas realizações chegaram ao fim. Não alcançaram a Ciência Moderna. Exaltando o valor da "revelação" acima de tudo, geraram uma atitude passiva de aceitação, inimiga do pensamento científico. O islamismo sempre mesclou religião e Ciência. Isto serviu em muito para afetar seu desenvolvimento científico.

3.4 CIÊNCIA NA IDADE MEDIEVAL

A Idade Média se estendeu do século V até o século XIV. Nesse período, o mundo assistiu à queda do Império Romano no século V, que vinha decadente desde o século III. Na tentativa de conciliar razão e fé, esta prevaleceu sobre qualquer outro conceito. Houve um esforço concentrado para converter todos ao cristianismo. Permeou este período duas fortes correntes filosóficas: a Patrística e a Escolástica, que tiveram de conviver com filósofos que buscavam explicar o mundo, as coisas e fenômenos, isto é, sábios que intensificavam esforços para fazer nascer a Ciência.

A Patrística teve início no século III, encetada por padres que percebiam o enfraquecimento do Império Romano e iniciavam ações no sentido de estabelecer padrões de convivência entre a fé religiosa, a Ciência e o Estado.

Volta a ter importância nesse período que se estende até o século VII, aproximadamente, as teses platônicas relacionadas à caridade, à Moral, à Ética e ao controle das paixões. Assim, o perfeito se contrapunha sempre ao imperfeito; a verdade absoluta estava sempre a se contrapor às verdades particulares. Entre os vultos dessa corrente filosófica estão: Clemente de Alexandria, Orígenes, Tertuliano e o bispo de Hipona, Santo Agostinho.

A Escolástica surgiu no século IX e se estendeu até o século XV, quando surge o Renascimento. Tem esse nome porque suplantou outras escolas que surgiram durante o Renascimento Carolíngio. Teve dois períodos distintos, um do século IX até o século XI e outro deste século até o século XVII. Seu grande representante foi Carlos Magno (século VIII), ao criar escolas monásticas e catedrais junto aos mosteiros e igrejas. Nessas escolas, o ensino era ministrado por sábios contratados e se baseava no *"trivium"*, isto é, na Gramática, na Retórica e na Dialética, e no *"quatrivium"*, ou seja, na Aritmética, Música, Geometria e Astronomia.

No século XI, surgem as universidades, a começar pelas da Bolonha, Paris e Oxford, as quais rapidamente se multiplicaram pela Europa. A universidade era o lugar próprio para as reflexões filosóficas e logo se transformaram em local onde as ideias eram discutidas e as obras de vultos do passado eram traduzidas e estudadas (Arquimedes, Euclides, Aristóteles, Ptolomeu, Hero de Alexandria e outros). Estes conhecimentos passaram a servir de instrumento de trabalho para aprofundar o saber e buscar verdades e explicações para o mundo, a vida e o próprio homem. Esse era o ambiente vivido pela Escolástica a partir do século XII. Santo Tomaz de Aquino traduziu, do original grego, obras de Aristóteles, recuperando seu pensamento mais puro expressado na sua obra *Suma Teológica*. Com esse pensamento aristotélico, mais próximo da religião, nasce a Filosofia Tomista.

Com o renascimento das ideias de Aristóteles sobre a hierarquia do Universo, complementadas com as teorias de Ptolemeu, o mundo passou a ver o Universo com um céu sublunar e um céu supralunar, além de uma Terra que representava o centro do mundo. A Matemática deixou de ser vital para os estudos e não se utilizavam com largueza os números arábicos, embora existissem desde o século X. Por outro lado, as experiências não eram comuns nesse período, quando prevalecia a discussão sobre a vida depois da morte fazendo tudo girar em torno de temas religiosos. O pensar era como na Grécia Antiga, contemplativo, nada de experimentação, mesmo porque os instrumentos eram poucos e não havia incentivo ao seu surgimento. Como a prática era desconsiderada por quase todos os pensadores e o pensar teoricamente não requeria recursos, estes eram poucos para serem aplicados à Ciência.

A Ciência Medieval ficou amarrada nas mãos de homens que faziam surgir ideias antigas que pudessem converter pagãos ao cristianismo. Impelia grande fúria contra aqueles que se mostravam descontentes e eram capazes de tentar fazer a Ciência progredir em meio às ideias e predomínio da Igreja.

O ambiente medieval foi de frustração e medo. Mesmo assim alguns vultos surgiram e mostraram suas ideias, discordantes das predominantes. Entre eles estão os alquimistas, os árabes, Roger Bacon e outros.

Foram figuras importantes desta época medieval Alberto Magno, que introduziu os estudos sobre a Ciência Árabe nas universidades da Europa ocidental; João Duns Scot ensinando que, para produzir Ciência, é necessário possuir uma grande conscientização interior e enfatizava que Deus poderia dominar leis físicas e naturais a qualquer tempo e que Ele, Deus, somente, não fazia o contraditório; Guilherme de Occon, o precursor da Filosofia do Nominalismo, que dominou as universidades do norte da Europa nos séculos XIV e XV; Buridan, natural da cidade de Bethune, norte da França, nascido por volta de 1295, o qual era clérigo, foi reitor da Universidade de Paris por duas vezes, influenciou o estudo da Ciência Natural e escreveu sobre Lógica e Ciências Físicas. Finalmente, Nicole d'Oresme, nascido por volta de 1320, estudou na Universidade de Paris, desenvolveu o estudo da Matemática e da Astronomia. Seus postulados científicos tiveram em sua época grande repercussão.

A Ciência, na Idade Média, foi amarrada de certa forma pela retomada dos conceitos e teses aristotélicas, que inibiam o avanço das experiências e centrava-se na Teologia. O ambiente impedia que a ciência caminhasse com a mesma velocidade com que avançara no final da Antiguidade. Ao final da Idade Média, no período da Renascença, foi a ruptura definitiva entre Filosofia e Ciência que iria reiniciar sua célebre caminhada no século XVII.

3.5 CIÊNCIA NA RENASCENÇA

Desde os primórdios da Humanidade, o homem se esforçou para explicar o mundo natural, isto é, muitos modelos surgiram para explicar o mundo natural, muitos modelos surgiram na tentativa de mostrar qual era a origem, funcionamento e destino do mundo natural. Até então houve revisão de muitos paradigmas que produziram as chamadas "revoluções científicas". Todavia, a revolução que mudou radicalmente a forma de encarar a natureza, gerando a concepção moderna da Ciência, foi aquela iniciada no século XV, cujo prolongamento se deu até o século XVI.

Esta revolução científica, ocorrida entre 1500 e 1600, não afetou apenas um campo da Ciência, mas todos, mudando as técnicas das pesquisas científicas, os objetivos que os cientistas estabeleciam para si mesmos e o papel da Ciência para a Filosofia e para a sociedade. Houve, de certa forma, uma modificação drástica no modo como o homem via a si próprio e o mundo. E esta mudança, chamada de Renascença, foi bastante notada nos séculos XV e XVI.

Iniciada na Itália, no século XIV, a Renascença teve como precursores os poetas italianos Petrarca e Bocaccio, os quais acreditavam que a cultura de seu tempo era herança da Antiguidade Clássica. Foram os escritos clássicos da Antiguidade que, traduzidos, impregnaram escritores, poetas, pintores e escultores de um espírito humanístico, influenciando todo o aspecto da vida cultural e suplantando o misticismo e ascetismo até então dominantes. Desta forma, o mundo natural passou a ser belo e não estava mais limitado às imagens sacras. A Renascença caracterizou-se não apenas pela redescoberta da Antiguidade Clássica, mas principalmente pelo redescobrimento do mundo.

Com a elaboração de cartas geográficas mais precisas houve uma explosão geográfica. Os portugueses empreenderam uma série de viagens de exploração, estabelecendo o domínio sobre os Açores, Madeira, Canárias, Costa Ocidental da África, Serra Leoa e Cabo Verde, por volta de 1500, chegando à Índia e ao Brasil.

Os espanhóis também viajaram e Cristóvão Colombo, seu mais importante explorador, acidentalmente ou não, descobriu as Américas. Portugueses e espanhóis, com suas viagens, objetivavam elevar o prestígio de seus países, bem como obter vantagens comerciais. Além das viagens exploradas, duas invenções tiveram grande efeito na Renascença: o papel e a imprensa, ambos originários da China e chegados ao Ocidente através dos muçulmanos. O papel, que a princípio foi desenvolvido no século II pelo chinês Cai Lun, espalhou-se pela Ásia Central durante o século seguinte e só em 1150 tornou-se disponível na Europa.

O desenvolvimento da imprensa foi semelhante. Já no século VIII era o papel fabricado em Samarcanda e no século X era usado para embrulhar mercadorias no Cairo. Os primeiros livros impressos surgiram na China por volta do século IX e no século seguinte parte do Corão foi impressa no Cairo. Os primeiros artigos impressos vendidos na Europa foram cartas de baralho, tendo aparecido na Alemanha por volta de 1377. Foi exatamente na Alemanha que a imprensa teve grande impulso, quando Gutenberg desenvolveu os tipos móveis. A composição dos caracteres móveis se espalham por quase toda a Europa e a impressão agora não dependia do trabalho longo, cansativo e de alto custo dos manuscritos. Livros começaram a ser impressos nas línguas vernáculas, perdendo importância o latim. Ao lado da invenção da composição dos tipos móveis na Europa, a invenção da técnica de imprimir ilustrações, com chapas de metal gravadas, em muito ajudou a propagar o conhecimento na Renascença.

A religião foi outro campo em que a impressão desempenhou papel importante. Nesta área, o humanismo e a independência do pensamento, encorajados pela

Renascença acabou por fragmentar a cristandade, culminando com a Reforma desencadeada por Lutero.

Em 1420, John Huss advogava uma liturgia em tcheco, em vez do latim. John Wycliff, na Inglaterra, pregou reformas semelhantes àquelas pregadas por Lutero e Calvino, além de ter se dedicado a traduzir e divulgar a Bíblia para o inglês, atividade esta que lhe rendeu perseguições e a morte. Com a difusão da imprensa e a possibilidade de se imprimir muitas cópias da Bíblia no vernáculo, o movimento da Reforma cresceu.

Esse clima preparou o ambiente para a Reforma, da qual nasceu o protestantismo. O papado reagiu instaurando a Contrarreforma e a Igreja reviveu a Inquisição. Tudo isso viria a ter um efeito profundo no crescimento e na prática da Ciência durante a Renascença muito tempo depois. Houve crescimento da Ciência em função da Ética do protestantismo que encorajava o trabalho. Com isso, o capitalismo emergiu rapidamente propiciando um ambiente favorável para o desenvolvimento da pesquisa científica.

Recentes pesquisas mostraram outro movimento durante a Renascença: o hermetismo, que exerceria profunda influência no estudo do mundo natural. As ideias mágico-religiosas de Hermes baseavam-se em escritos que ele suspeitava serem do Egito da época de Moisés. A procedência de tais escritos só foi contestada no século XVII, mas nos séculos XV e XVI tiveram significativa influência por conterem ideias neoplatônicas. O hermetismo exerceu influência sobre Copérnico, na sua visão heliocêntrica e sobre alquimistas e matemáticos da época. Nestes últimos, por apresentar uma concepção quantitativa do Universo. Quando caiu no esquecimento, por volta do final do século XVII, o hermetismo já havia legado à Ciência uma forma de compreender o cosmos, a atitude quantitativa de mostrar relacionamentos e demonstrar verdades essenciais, que era o mais avançado instrumento dos cientistas de então.

Em 1614 Isaac Casaubon, protestante, demonstrou que os escritos herméticos não eram o que pareciam ser. Tal crítica veio a influenciar depois uma nova geração de filósofos, como Galileu e Isaac Newton, que transformariam a visão que o homem tinha do cosmos. No final do século XVII já era possível examinar o mundo natural sem recorrer à magia ou à cabala.

Da Renascença podem ser destacados, a partir do século XV, Leonardo Da Vinci (1452–1519), artista, engenheiro e protocientista que desenvolveu inúmeros projetos de aparelhos mecânicos, como os protótipos do helicóptero e do navio. Seus trabalhos revelam um agudo senso de observação e uma mente vivaz. Os estudos que fez sobre o voo dos pássaros só foram superados cinco séculos depois. Da Vinci estudou também a reflexão e a refração da luz através do olho, o que influenciou profundamente sua pintura. Interessou-se também pela arte da dissecação. Era um homem de Ciência, mas não publicava o que produzia e por isso seu trabalho só veio a ser conhecido após a sua morte. Albert Dürer, contemporâneo mais jovem de Da Vinci, deu ênfase à Matemática, uma vez que suas Lógica e precisão eram muito úteis no que diz respeito à proporção e disposição gráfica. Além disso, interessou-se pela Estética e pela Filosofia da Arte, que combinava com trabalhos de perspectiva e ilusão de três dimensões na pintura e no desenho. Seus amigos Leonardo e Botticelli também eram cientificamente precisos. Tudo era parte da nova revolução científica dentro da Renascença, na Itália, na Alemanha e em outros lugares.

Três figuras se destacam no estudo da Botânica na Alemanha: Otto Brunfels, Jerone Bock e Leonhard Fuchs. Os trabalhos de Dürer e Botticelli continham precisão, mas os de Brunfels trazia uma novidade: sua finalidade e seu método. Com a publicação de sua obra, a Botânica do mundo ocidental não foi mais a mesma. Bock inovou tentando, além de descrever as plantas, estabelecer uma ligação entre as diferentes espécies. Fuchs escreveu um livro sobre *A História Natural das Plantas* totalmente ilustrado com o retrato dos artistas, bem como seu próprio retrato, de corpo inteiro. A novidade introduzida em seu livro e que contribuiu para a pesquisa científica é que foi escrito em ordem alfabética e estabelecido um sistema de nomenclatura botânica.

No século XVI três personagens, às vezes referidos como os "Naturalistas Enciclopédicos", destacaram-se na Zoologia: Pierre Belon, Guillaume Rondelet e Konrad Gesner. Em suas viagens ao Oriente, Belon fez anotações sobre a fauna e a flora, sobre os peixes, cetáceos e os pássaros, publicando-as em três livros. Suas observações sobre comparações entre os esqueletos de aves e de homens valeram-lhe o título de "Pai da Anatomia Comparada". Rondelet, popular como anatomista e médico, é, no entanto, lembrado hoje pelos seus trabalhos com a Biologia Marinha. Gesner, por sua vez, ficou conhecido pelo seu livro *História dos Animais*, uma obra de 4.500 páginas, cuja publicação só foi terminada 22 anos após sua morte.

Na Medicina houve pouco progresso na Idade Média. Seu desenvolvimento nessa época se deve à sua associação com a Astrologia. No entanto, houve mudanças a partir da divulgação dos textos de Medicina Muçulmana no Ocidente.

Na Itália, Mondino de Luzzi escreveu um livro de Anatomia que se destinava a ser lido em voz alta durante a dissecação de corpos. Esse foi um grande passo pois, a partir daí, a Anatomia passou a usar a terminologia de Mondino. O aumento da precisão levou a Anatomia de Galeno à falência e no princípio do século XVII a Anatomia de Vesálio já era aceita em quase toda parte. Miguel Servet descobriu a pequena circulação do sangue, embora esta já tivesse sido notada pelos muçulmanos por volta do século XIII. No século XVII, William Harvey descobriu a grande circulação.

A Química da Renascença teve significativo avanço. Da tentativa da alquimia em buscar o elixir da vida surgiram os agentes químicos, suplantando e suplementando os remédios feitos de ervas. O crescimento da química prática deu-se também em função do desenvolvimento da mineração, da metalurgia, da produção da pólvora e do incremento da destilação.

A Física, na Renascença, progrediu com o estudo do Magnetismo terrestre, da Ótica e da Mecânica. No fim do século XVI o estudo da Mecânica se desenvolveu mais com os trabalhos de Galileu, que só viria a ser conhecido realmente no século XVII. A Matemática floresceu na Renascença, exercendo influência em outros ramos da Ciência. Sua principal aplicação se verificou no comércio e nas artes.

A Astronomia alcançou significativo avanço e as mais importantes mudanças na Ciência dessa época estavam relacionadas às ideias sobre o Universo. Na segunda metade do século XVI o ponto de vista que prevaleceu representou uma revolução na Astronomia, na Filosofia e na religião. Surge com Nicolau Copérnico a Teoria do Heliocentrismo, isto é, que a Terra e os demais planetas giravam em torno do Sol. A Teoria Copernicana foi um produto típico da especulação renascentista, talvez seu ponto culminante. A autoridade, quanto aos resultados da investigação, passa a depender mais da observação e da experiência, técnicas que viriam a mudar os rumos da Ciência nos séculos seguintes.

3.6 CIÊNCIA NA IDADE MODERNA

Do início do século XVII ao final do século XVIII, a Ciência Moderna foi lançada e estabelecida. A revolução provocada pelo Heliocentrismo de Copérnico desenvolveu-se tão rápido que, além da Astronomia, o estudo da Física tomou vulto. A Matemática se tornou cada vez mais essencial para as ciências físicas, pois seus resultados eram expressos em números. Houve completo rompimento com a visão aristotélica do Universo, dominante até então. O desenvolvimento da fabricação de instrumentos científicos possibilitou um maior rigor e precisão na investigação do universo natural.

Johannes Kepler investigou exaustivamente Marte e demonstrou, conclusivamente, que ele orbitava ao redor do Sol. Foi quebrada a tradição, mudando tudo aquilo que os gregos e os astrônomos subsequentes tinham considerado sagrado. Em vez de movimento circular em torno da Terra, estava claro que os planetas se moviam em trajetória elíptica ao redor do Sol.

Galileu Galilei, com uma poderosa abordagem matemática, tornou-se marca registrada da nova Física dos séculos XVII e XVIII. Não foi ele o primeiro construtor do "instrumento de ver a distância", depois conhecido como telescópio, mas foi quem primeiro fez uso dele cientificamente, publicando posteriormente suas observações em diversos livros. Condenado pela Inquisição, foi forçado a se retratar, sendo tratado com indulgência devido a sua idade (69 anos). Passou seus últimos dias em prisão domiciliar, fazendo estudos sobre o pêndulo e aplicando-os à regulação de mecanismos. Este foi um impulso no desenvolvimento dos estudos sobre precisão, que viria a ser colocado em prática pelo holandês Christiaan Huygens em 1656 inaugurando uma era de precisão na medição do tempo. A visão de Galileu acerca do Universo era baseada na observação e na experimentação, amparadas por forte aplicação Matemática.

Outro expoente no estabelecimento da Ciência Moderna foi Isaac Newton, que escreveu *Princípios Filosóficos da Filosofia Natural*, livro no qual reescreve toda a Ciência dos corpos em movimento com uma incrível precisão matemática. Seu impacto foi estrondoso. Completou o que os físicos do fim da Idade Média haviam começado e que Galileu tentara trazer à realidade. Newton resolveu também um problema de dois mil anos, o do movimento dos planetas. Demonstrou matematicamente a "Força de Atração" dos corpos celestes, afirmando que era não o magnetismo, mas a "Força da Gravitação", princípio que afirma que os corpos do Universo atraem uns aos outros. Com Newton, a Física tornou-se universal.

Com a aplicação cada vez maior do telescópio nas investigações científicas surgiram dois observatórios, um em Greenwich e outro em Paris, montados quase na mesma época. Foi John Flamsteed, diretor do observatório de Greenwich, quem forneceu a Isaac Newton as provas do movimento da Lua. Mas não foi apenas por pesquisa científica que tais observatórios foram construídos mas também para possibilitar observações celestes que permitissem aos marinheiros encontrar sua longitude no mar.

Durante o século XVII dois desenvolvimentos notáveis foram levados a cabo: um referia-se à distância do Sol em relação à Terra e o outro relacionava-se ao movimento da Terra. Se a distância entre o Sol e a Terra fosse achada com precisão, a medida de todos os demais planetas do sistema solar também o seria. Foi o que aconteceu. À luz da Lei de Kepler, e por persistência de Halley, foi obtida a distância do Sol em relação à Terra. Quanto ao movimento da Terra, sua descoberta foi resultado da tentativa frustrada de se obter as distâncias das estrelas mais próximas. Em 1729, com o uso de telescópio mais preciso, foi conseguida a prova de que a Terra se movia no espaço.

Com o aumento da precisão do telescópio, em 1781 Wiliam Herschel descobriu o planeta Urano, o último do sistema solar descoberto na Idade Moderna, visto que os demais já eram conhecidos desde a Antiguidade.

Na Matemática, Isaac Newton e Leibniz aperfeiçoaram o cálculo. René Descartes e Pierre Fermat o aplicaram a todo tipo de problema. Blaise Pascal lançou os fundamentos da Matemática destinada a trabalhar com probabilidades.

De certa forma, os matemáticos posteriores se dedicaram a consolidar o que Galileu e Newton começaram, pondo o selo da matematização em todos os ramos da Ciência Física. Mais tarde outras técnicas ajudaram a descrever o mundo real.

Outro fenômeno ocorrido nos séculos XVII e XVIII foi o aparecimento das academias científicas, fruto do crescente interesse do Estado pela ciência. Já no final do século XVI havia na Itália uma série de academias de eruditos, uma das quais devotada à Ciência. Na Inglaterra, em 1660, surge a Real Sociedade de Londres para o Aperfeiçoamento da Ciência, que depois veio a se chamar "The Royal Society". Surge na mesma época a Academia de Ciência da França. Na Alemanha, em 1700, foi fundada a Academia de Ciência de Berlim que, como as equivalentes inglesa e francesa, encorajava a pesquisa e a publicação de resultados científicos.

A Física teve grande impulso nos séculos XVII e XVIII, progredindo no estudo da ótica do vácuo, do calor, da eletricidade, do magnetismo e no uso do microscópio. Foi nestes dois séculos que a Geologia alcançou o *status* de ciência. Houve avanço substancial no estudo da Terra, seu interior, sua crosta e sua idade. Com a aplicação da Física newtoniana aos reinos animal e vegetal, três progressos notáveis aconteceram nesse período: um deles foi a aplicação da Física à Botânica; depois aos animais, inclusive ao homem. O segundo foi uma nova e melhor classificação das plantas e animais, aproximando os pesquisadores da Teoria da Evolução. O terceiro avanço foi no estudo da Anatomia Humana e Animal. Foi também desse período que cresceu, na Europa Ocidental, a prática da vacinação. Finalmente, um último progresso nesse período foi a classificação e mutação das espécies.

O desenvolvimento da Ciência levou o homem a crer em uma "religião natural" que ficou conhecida como "Deísmo". O Iluminismo derrubara toda a relação de Deus com o Universo e o cetismo lançou dúvidas sobre a existência de muitos personagens da Bíblia. Portanto, o final do século XVIII foi propício às mudanças filosóficas, com alterações na visão que o homem tinha de si mesmo, sendo também um ataque às crenças do cristianismo. A mistura de pontos de vista ateísta, cético e deísta caracterizava a passagem para o século seguinte.

No século XIX o mundo assistiu a grande desenvolvimento em todos os ramos da Ciência. Surgiram as sociedades científicas especializadas, suplementando as academias científicas. A Ciência tornou-se pública na medida em que as suas consequências práticas tornavam-se mais evidentes na vida diária. Diversos fatos importantes marcaram este século, sendo o desenvolvimento da força a vapor, por James Watt, e da nova técnica da energia elétrica, por Michel Faraday, exemplos disso. Foi no século XIX que o vocábulo "cientista" foi criado pela "Associação Britânica para o Progresso da Ciência", que passou a promover encontros anuais de cientistas para discutirem seus trabalhos de investigação.

Em 1848 foi organizada, nos Estados Unidos, a "Associação Americana para o Progresso da Ciência". Ali surgiram periódicos científicos dedicados à Ciência Aplicada e logo apareceram também em outros países. O interesse do público pelas conquistas da Ciência era cada vez maior e quando surgiu, em 1859, o livro *Origem das Espécies*, de Charles Darwin, toda a primeira edição foi vendida no primeiro dia, edição esta que ainda não renegava por inteiro a existência de Deus. Além de sua significação para a comunidade científica, o público percebia na obra de Darwin as mais profundas implicações filosóficas e religiosas.

Pelas conclusões de Darwin, cada espécie não precisava mais de um ato especial de criação divina, pois sua forma particular devia-se a causas naturais. Estava instaurada a revolução que o evolucionismo causaria em todas as áreas do conhecimento. Estava também instalada a corrida para o materialismo e vulgarização da sociedade em descrer de Deus e depositar fé apenas na Ciência e nos cientistas.

No século XX as descobertas e realizações científicas se aceleram. Um número cada vez maior de cientistas trabalha usando equipamentos cada vez mais sofisticados. Muito existe para ser pesquisado ainda, mas é possível destacar três grandes aspectos da Ciência de nosso século: o vasto universo que a Astronomia descobriu, a revolução nas ciências físicas, provocada pela Teoria da Relatividade e pela Teoria Quântica, e, em terceiro, há os prodigiosos desenvolvimentos na Biologia acerca da fisiologia humana e animal, a hereditariedade e a evolução que conduziram à Biologia Molecular, campo em que a Física, a Química e a Teoria Genética se uniram.

Neste século a Ciência também foi transformada pelo notável desenvolvimento da tecnologia, facilitando a pesquisa em muitos novos campos. A tecnologia eletrônica e a do computador são exemplos disso. O advento das viagens espaciais estimulou muitos estudos científicos e deu nova dimensão às pesquisas na Astronomia e na Medicina.

Quando a pesquisa se uniu à tecnologia na tentativa de melhorar a vida dos povos, quando se investigou e se aplicaram enormes somas de dinheiro na busca de produzir o bem comum e a paz, é justamente o tempo das maiores catástrofes, da existência dos maiores campos de miséria e desigualdade, da guerra e do domínio absurdo de poucos países sobre todos os demais.

3. 7 LEI, FATO E TEORIA

3.7.1 Lei Científica

Antecede a lei, a classificação, pois é com este ordenamento que se consegue encontrar ordem e regularidade no Universo. Sem a classificação é quase impossível discorrer e estudar a regularidade dos fenômenos. Na classificação de qualquer substância é possível destacar a cor, a dureza, ponto de fusão e seus componentes. É pela classificação que se agrupam os fenômenos conforme se imagina serem as suas propriedades e em que elas se relacionam com outros fenômenos. A classificação objetiva a organização das informações e facilita a descrição da estrutura das coisas com vistas a formular enunciados e leis.

São funções principais de uma lei científica: organizar uma considerável quantidade de fatos proporcionando economia de tempo em pesquisar, ou seja, realizar experimentos. Outra função é a possibilidade de serem previstos novos fatos.

As leis científicas são do tipo de generalização empírica ou leis empíricas ou ainda leis fenomenológicas e leis da natureza, também chamadas de leis técnicas. A lei empírica surge de um enunciado precedido de um experimento. Ex.: as três leis de movimento planetário de Kepler. As leis técnicas ou leis da natureza não podem pela observação ser formuladas e medidas, precisam de um trabalho aprofundado. Ex.: Segunda Lei da Termodinâmica.

3.7.2 Fato

São elementos que se distinguem em meios a outros elementos pela percepção sensorial e que podem ser estudados de forma metódica, visando uma explicação racional, para mostrar se é verdadeiro ou não, ainda que seja por si só já uma verdade.

É de Conhen e Nagel a explicação de que o vocábulo "fato" tem em si quatro significados diferentes; assim, fato pode significar um enunciado que afirma uma decorrência invariável de características. Ex.: "o carro é um veículo automotivo"; "a água ferve a 100 graus centígrados". Fato se define por experiência sensorial, do ver, do ouvir e do sentir. Ex.: "este som é o repicar da araponga"; "esta mesa é de madeira". Fato se refere às coisas existentes no tempo e no espaço, que se traduzem em uma hipótese verdadeira. Ex.: "pessoas diferentes que convivem por muitos anos podendo-se estratificar". Fato se define pela percepção sensorial. Ex.: "o avião voa entre 10.000 e 13.000 pés".

O fato permeia todo conhecimento científico. É o conhecimento científico com um fato que pode produzir novos fatos e especificá-los, selecionando os que são relevantes, controlando-os e explicando as suas regularidades e ocorrências.

A Ciência se serve de fatos para chegar às suas verdades por meio da experimentação, observação, análise, síntese e generalização.

No senso comum ou conhecimento popular, o fato é considerado verdade definitiva e sem possibilidade de ser testada. Isto porque nesse tipo de saber não se trabalha metodicamente o fato, ele é aceito como descoberto ou como se apresenta. Contudo, a Ciência pode e constantemente o faz, trabalhando estas verdades para comparar se são verdadeiras ou falsas.

Ao longo da História os fatos foram observados criteriosamente e deram como resultado teorias válidas até os dias de hoje. Ex.: Lei do isocronismo – o balançar da lâmpada da Catedral de Pisa, de um lado para outro, observado por Galileu Galilei; Lei da gravidade – Isaac Newton; Segunda Lei da Termodinâmica ou Entropia.

O fato pode anular a teoria, reformular a teoria, completar a teoria, redefinir a teoria, esclarecer a teoria e, finalmente, classificar conceitos contidos na teoria.

Teoria e fato são objetos de interesse dos cientistas, estudiosos e pesquisadores. Teoria e fato não são diametralmente opostos, são elementos de um mesmo objetivo. Ambos procuram a verdade, sendo portanto indispensáveis à abordagem científica. Não existe teoria sem ser baseada em fatos. A simples compilação de fatos ao acaso não gera Ciência, é conseguido apenas o acúmulo de fatos sistematizados. O desenvolvimento da Ciência ocorreu pela interrelação constante entre teoria e fatos (William J. e Good Hart). Só o conhecimento popular ou senso comum considera o fato como verdade ou realidade definitiva inquestionável. Da mesma forma a teoria, somente especulada, mas não testada, não tem validade para a Ciência. A teoria testada é dada como verdade, passa a construir fatos e até leis. Sob o ponto de vista científico, ou seja, em Ciência, a teoria é empiricamente verificada metodicamente. Teoria se refere às relações entre vários fatos, precisam ser ordenados tecnicamente, classificados e generalizados. Fato dá início à teoria (um fato novo provoca o surgimento de uma nova teoria, uma nova descoberta).

3.7.3 Teoria

No campo do conhecimento secular, a teoria não passa de uma simples especulação que não tem possibilidade de ser testada. É a Ciência que toma esta ideia e estuda sistematicamente. Se comprovada, transforma em fatos e até em leis científicas, se não, são repetidos os experimentos.

A teoria se define como a relação existente entre os fatos ou ainda a forma de ordenamentos de vários fatos quando estudados de forma metódica.

Teoria é a forma ou o caminho utilizado para, por processo metódico, explicar interpretando e criticando fatos e leis científicas já estabelecidas anteriormente. Para Trujillo, "teoria é uma série de preposições ou hipóteses que são estudadas e dadas como possíveis, verdadeiras e sustentáveis. A teoria se traduz em um conjunto com hipóteses que formam, um sistema dedutivo; é um conjunto de conceitos e proposições cujo fim é arredondar a explicação lógica de fatos.

3.7.4 Alguns conceitos do que seja teoria para vários estudiosos

Se refere às relações entre os fatos ou à distância significativa desses fatos (Good e Hart - 1960). Uma teoria é um conjunto de "Construto" (conceitos). Interrelacionadas definições e proporções, com propósito de explicá-los e predizê-los. (Kerlinger in: Marquez, 1972). Teoria é um meio de interpretar, criticar e unificar leis estabelecidas. (Kaplan, 1975). Uma teoria consiste em um jogo de hipóteses que formam um sistema dedutivo (Braithwaite).

3.7.5 Resumo de Teoria e Fato

3.7.5.1 Teoria

- Refere-se às relações entre fatos ou à ordenação significativas desses fatos (GOODE e HATT, 1960);
- Teoria é um conjunto de "Construto" (Conceitos), ou definições ou ainda proposições, com o propósito de explicá-los e predizê-los (MARQUEZ,1972);
- Teoria é um meio de interpretar, criticar e unificar leis já estabelecidas (KAPLAN, 1975);
- Teoria é um sistema de proposição ou hipóteses que tenham sido contatadas ou, ainda, plausíveis e sustentáveis (TRUJILLO, 1974);
- Teoria consiste em um jogo de hipóteses que formam um sistema dedutivo (BRAITHWITE).

3.7.5.2 Requisitos da Teoria

Requisitos Sintáticos:

- **Correção sintática:** coerente, lógica, refere-se a um conjunto definido de fatos.
- **Sistematicidade ou unidade conceitual:** sistema conceitual, unificado, poder enfrentar todos os testes empíricos, todas as partes devem ser relevantes.

Requisitos Semânticos:

- **Exatidão linguística:** clara, objetiva, sem ambiguidade, assegura boa interpretação.
- **Interpretabilidade empírica:** conter dados explicativos que permitam a testagem e uma compreensão profunda dos fatos observados e dos não observados.

- **Simplicidade semântica:** juízos empíricos podem ser feitos e testados sem pressupor a realidade.

Requisitos Epistemológicos:

- **Coerência externa:** a teoria deve ser coerente com os conhecimentos já testados e aceitos em áreas específicas e afins.
- **Poder explanatório:** a teoria deve resolver os problemas propostos pela explicação dos fatos e a generalização.
- **Poder de previsão:** prever os fatos desconhecidos e poder programar efeitos novos.
- **Profundidade:** não é cabível que a teoria seja composta de leves observações sobre algum fato, tem de possuir profundidade para permitir que sejam conhecidos todos os ângulos da questão.
- **Extensibilidade:** pode ser alargada para abranger novos domínios em áreas específicas e afins.
- **Fertilidade:** deve permitir abrir novas perspectivas ou novas ideias e experimentos no campo próprio ou em outras áreas.
- **Originalidade:** deve ter uma certa originalidade e não se confundir com outras teorias.

Requisitos Metodológicos:

- **Escrutabilidade**: os pressupostos metodológicos devem ser controláveis e devem estar prontos para serem investigados.
- **Reflutabilidade ou verificabilidade**: deve ser passível ser testada e verificada.
- **Confirmabilidade**: deve permitir ser confirmada.
- **Simplicidade metodológica**: tem de permitir que os fatos sejam testados, discreta com simplicidade e ordem sem exageros.

3.7.5.3 Relação Teoria – Fato:

- São objeto de interesse dos cientistas, estudiosos e pesquisadores.
- Teoria e fato não são diametralmente opostos, são elementos de um mesmo objeto.
- Ambos procuram a verdade sendo, portanto, indispensáveis à abordagem científica.
- Não existe teoria sem ser baseada em fatos.
- A simples copilação de fatos ao acaso não gera ciência, consegue-se apenas o acúmulo de fatos não sistematizados.

- O desenvolvimento da Ciência ocorreu pela interrelação constante entre teoria e fato (WILLIAN J. GOOD HATT).
- Só o conhecimento popular ou senso comum considera o fato como verdade ou realidade definitiva e inquestionável.
- Da mesma forma, a teoria somente especulada, mas não testada, não tem validade para a Ciência.
- A teoria testada e dada como verdade passa a constituir fatos e até leis científicas.
- Sob o ponto de vista científico, ou seja, da Ciência, a teoria é empiricamente verificável, ou seja, pode ser trabalhada metodicamente.
- Teoria se refere às relações entre vários fatos, que precisam ser tecnicamente ordenados, classificados e generalizados.
- O fato dá início à teoria (um fato novo provoca surgimento de uma nova teoria, ou seja, uma nova descoberta).
- Ao longo da História, os fatos foram observados, criteriosamente, e deram como resultados teorias válidas até os dias de hoje.

Exemplos:

a) Lei do Isocronismo – O balançar da lâmpada da Catedral de Pisa, para um lado e para o outro, observado por Galileu Galilei.

b) Lei da Gravidade – Isaac Newton.

c) Primeira Lei da Termodinâmica.

d) Segunda Lei da Termodinâmica ou Entropia.

3.7.5.4 O Fato pode:

- Anular a Teoria;
- Reformular a Teoria;
- Completar a Teoria;
- Redefinir a Teoria;
- Esclarecer a Teoria;
- Classificar conceitos e conteúdos da Teoria.

Método em Ciência

Capítulo 4

Método em ciência

INTRODUÇÃO

O vocábulo se origina do grego *"meta"*, que significa "na direção de", e *hodos* que se refere a caminho.

Define-se como: seguir um caminho ou a ordem a que se sujeita qualquer tipo de atividade com vistas a chegar a um fim determinado.

Sempre que se tem de fazer algo, como uma viagem, um passeio, comprar, organizar uma festa, são desenvolvidos procedimentos mentais sobre como realizá-lo. Isto ocorre em qualquer tipo de tarefa, das mais simples às mais complexas. Por outro lado, se existe frequência na efetivação de algumas atividades, são desenvolvidos mecanismos novos e maneiras mais adequadas para facilitar a execução. Portanto, nenhuma atividade humana prescinde do uso de método, do simples ato de preparar um almoço até as atividades para se colocar uma nave girando em torno da Terra.

O método não surge de forma desorganizada ou aleatória. Ele é o resultado de uma perplexidade, momento quando o ser humano se vê frente a um problema que carece de solução. Ele emerge a partir das antecipações mentais, momento em que se inicia o processo de racionalização das ações em torno da questão a ser solucionada.

Na vida cotidiana o método, na maioria das vezes, não é percebido claramente, dada a velocidade com que se defronta com um "caso" e a pressa e a multiplicidade dos problemas que precisam de solução.

O método é parte da Lógica Material ou Lógica Dialética. Surgiu pela atividade dos filósofos, a partir dos séculos VI e VII a.C., passando a ser utilizado de forma diferente em cada tipo de Ciência para alcançar seus resultados. Contudo, não é apenas a Ciência que se utiliza dele.

4.1 DEFINIÇÃO

Como exposto no início deste texto, método pode ser conceituado como: regra, norma, busca da verdade, detecção de erros na tentativa de alcançar um objetivo desejado. Alguns autores ao definirem método enfatizam a inteligência e o talento na forma de executar tarefas. Outros enfocam os aspectos de ordem, de caminho, de segurança e de economia na concretização de uma atividade.

Entre as conceituações, destacam-se as de:

a) René Descartes: "*É o caminho a seguir para chegar à verdade nas ciências*";

b) Hegenberg: "*É o caminho pelo qual se chega a determinado resultado*";

c) Ackroff: "*Forma de relacionar técnicas e alternativas para a ação científica*";

d) Trujillo: "*É a forma de se proceder ao longo de um caminho*";

e) Bunge: "*Conjunto de procedimentos que se propõe e se coloca em prova*";

f) Jolivet: "*É a ordem que se deve impor aos diferentes processos para se chegar a um fim*";

g) Nérice: "*Conjunto coerente de procedimentos*".

4.2 IMPORTÂNCIA

O método se torna importante pois proporciona economia de tempo, de recursos, e fornece segurança na ação para se chegar ao resultado pretendido. O conhecimento não pode ser produzido sem incluir nos procedimentos: regra, capricho, esforço organizado, disciplina e outros atributos que levarão o estudioso ao uso de metodologia.

Para Descartes o uso do método era questão de inteligência e habilidade no desempenho de qualquer atividade cujo sucesso só seria alcançado através do trabalho metódico. Assim, o método para ser usado está a exigir talento, inteligência, pensar fecundo, disposição para os estudos e vontade desinteressada de servir ao mundo.

4.3 TIPOLOGIA

A Filosofia, ao longo de sua história, se serviu de inúmeros métodos. Alguns permaneceram, outros foram abandonados.

Por outro lado, com o desenvolvimento progressivo da sociedade humana, o método foi se modificando e se alterando na forma, no conceito, nos objetivos e objetos a serem estudados.

Jolivet (1982, p. 71–73) dá a seguinte classificação para o método: *método de invenção, método de ensino, método de autoridade, método científico, método experimental, método racional, método de construção e método de sistematização.*

a) Método de invenção e método de ensino: o primeiro se dá pela indução ou análise e o segundo pela dedução ou síntese. Em ambos os casos são utilizadas tanto a indução como a dedução.

b) Método de autoridade e método científico: o primeiro se baseia na autoridade, no valor intelectual e moral de quem faz a proposição. Faz apelo à razão. É comum em assuntos de fé, de revelação de Deus, mas pode ser também observado nas ciências. O método científico se reveste da observação sistemática, da demonstração e se serve dos critérios da evidência, verdade e certeza.

c) Método experimental e método racional. Este, a partir de fatos ou predisposições admitidas antecipadamente, chega ao resultado pela dedução ou indução – é o método da Filosofia. Aquele se fundamenta nos fatos da experiência: é o método das Ciências da Natureza.

d) Métodos de construção e de sistematização buscam ordenar as ações para organizar o saber em sistemas ou teorias.

4.4 MÉTODO E FILOSOFIA

Entre os diversos métodos usados na Filosofia Antiga e Medieval chegam até os nossos dias os métodos da Maiêutica Socrática, Dialética Platônica, Lógica Aristotélica, Método Cartesiano, Dialética Marxista, Método Fenomenológico, Dialética Hegeliana, Método Hermenêutico e o Método Estruturalista.

a) Método da Maiêutica Socrática: consistia na forma de Sócrates debater suas teses. O diálogo acontecia com o debatedor respondendo a tudo que fosse perguntado. Era a pergunta direta para ser respondida de forma clara, objetiva e sucinta. Com este método Sócrates encaminhava o seu interlocutor para alcançar a verdade fazendo-lhe questionamentos sucessivos.

   A Maiêutica pode ser definida como a forma de provocar qualquer indivíduo, mesmo que fosse inculto, a expor suas ideias. A provocação ocorria sempre pela pergunta. Para o seu criador o conhecimento é inato. Sócrates não deixou escritos. Os seus ensinamentos eram apresentados oralmente. O que se sabe dele é por meio dos trabalhos de Xenofonte e Platão.

b) Método da Dialética Platônica: Platão não organizou sistematicamente o seu processo de pensamento nem tampouco um modelo. De quase nada chegou à conclusão. Este método de Platão não é o mesmo que a dialética de Kant, Hegel, Marx ou qualquer das correntes marxistas e tampouco o diálogo usado em estudos jurídicos que enganosamente se passa por Dialética.

   A Dialética Platônica se desenvolveu em continuidade à Maiêutica de Sócrates. Suas bases eram o diálogo, o debate, a pergunta, a resposta, tudo desenvolvido de forma criativa e racional. O vocábulo "dialética" significa "conversas", observando para dialogar, deixando transparecer significados como: sereno, tranquilo, manso. Os debates de Platão se referiam aos temas de justiça, virtude, piedade e bondade. As questões formuladas tinham de obrigar o debatedor a achar as respostas. Objetivava o diálogo, evitar mal--entendido, duplicidade de sentido, raciocínio duvidoso.

c) Método Aristotélico – a Lógica: Como discípulo de Platão, baseou-se na sua Dialética. Aristóteles pregava que a pesquisa científica tem de induzir princípios explicativos com base no fato estudado, ao mesmo tempo que deduz enunciados dos fenômenos analisados.

Dessa forma seu método se traduz em dois processos de pesquisa: o indutivo e o dedutivo.

A dedução obriga o estudioso a ter ideias sobre alguns princípios e conceitos como juízo, proposição, silogismo. Estes são os pressupostos básicos para a construção do pensamento. Pela dedução chega-se à conclusão de qualquer raciocínio que corresponde às premissas.

Exemplo: todos os nascidos no Rio de Janeiro são cariocas. Todos os cariocas nasceram no Rio de Janeiro.

Na indução o raciocínio não corresponde à premissa. Não dá garantias de uma inferência válida. A conclusão poderá não ser verdadeira. Nem sempre a generalização é permitida. As ideias e teses de Aristóteles foram dominantes até o século XVII.

4.5 MÉTODO E CIÊNCIA

A aplicação do método é feita de acordo com cada categoria da Ciência, exigindo portanto processos diferenciados. O método a ser trabalhado em uma Ciência depende da natureza do objeto daquela área de saber. Exemplo é o estudo das faculdades mentais que há de diferir do estudo sobre o funcionamento do corpo humano. Assim, cada Ciência necessita de um método próprio.

4.5.1 A Matemática

A Matemática se utiliza do processo de análise e de síntese, quando parte da proposição complexa. Usa o processo sintético, ou parte de verdades gerais (axiomas ou proposições já demonstradas). O matemático demonstra por redução o absurdo, ao supor verdade o que é absurdo; usa ainda a indução, mas nunca a dedução.

4.5.2 As Ciências da Natureza

As Ciências da Natureza, chamadas na Filosofia de Ciências Experimentais, podem ser classificadas em físico-químicas e ciências biológicas. O primeiro grupo se refere aos fenômenos da natureza inorgânica e estuda as propriedades dos corpos e as suas diferentes composições. Já o segundo cuida de estudar os fenômenos relativos à vida orgânica.

Estas ciências se utilizam do método experimental, que serve de base para o estudo e a explicação dos fenômenos das ciências morais (História, Psicologia e Sociologia). Nestas ciências quatro fases se distinguem: a observação e a experimentação (para conhecimento dos fenômenos, de leis e teorias), a hipótese e a indução.

A observação pode ser assistemática, se não é feita metodicamente, controlada e racionalmente, pelo fato de estar frente ao problema, mas sem propósito predeterminado.

Já a observação sistemática é feita com objetivo preestabelecido e está cercada de instrumentos de trabalho como lunetas, telescópios, microscópios, fotografias, balanças, termômetros.

A observação sistemática exige capacitação intelectual como saber, objetividade, curiosidade e condições morais: paciência, imparcialidade, equidade.

A hipótese se constitui em uma explicação antecipada e provisória do fenômeno. Ela é formulada após estarem os fatos bem estabelecidos e visa a dar tratamento ou explicação a tais fatos. Ela tem de ser clara e objetiva, não ambígua no seu contexto e deve ser simples, sem ser pobre e inócua. Pode contradizer outras hipóteses anteriores. Serve para ordenar e dirigir a ação do pesquisador e para ordenar fatos já conhecidos e acumulados pelas observações.

A experimentação define-se como sendo um conjunto de processos usados para verificar as hipóteses. Segue uma ideia preestabelecida do que se espera apurar, uma diretriz. Seus princípios são: estabelecimento de causa e efeito, antecedente e consequente.

Vários são os métodos experimentais: tábuas (Bacon), coincidências isoladas (Stuart Mill), método da diferença, método das variações concomitantes e método dos resíduos.

4.5.3 Ciências Morais

Os filósofos classificaram estas ciências em dois grandes grupos: Ciências Morais Teóricas (Psicologia, Sociologia e História), que estudam o homem individual ou coletivamente; e ciências morais práticas (Lógica, Moral e Política), que estabelecem leis e contratos pelos quais o homem atua em suas múltiplas atividades. São as Ciências Normativas.

As Ciências Morais Teóricas se utilizam do método experimental adaptado aos seus objetos. Já as ciências morais práticas são explicadas por um método misto que inclui a experimentação, a dedução, a indução e a racionalidade. Isto porque a Moral envolve o homem material e o homem espiritual, sua origem e o seu destino, estendendo-se à Metafísica. No campo dos seus atributos psicológicos, sociológicos e de comportamento em geral, o método pode se estender ao empirismo, ou seja, tudo pode ser pesquisado.

4.5.4 História

Trabalha com fatos originais e únicos, documentos, escritos, monumentos, vestígios e testemunhos. Seu método se fundamenta em três formas distintas: pesquisa de documentos, crítica histórica e a descrição do passado. A ela servem ainda as ciências auxiliares como a Epigrafia, Papirologia, Paleografia e, modernamente, a Arqueologia, a Etnografia e a Antropologia.

4.6 MÉTODOS ESPECÍFICOS DAS CIÊNCIAS SOCIAIS

Método e métodos não significa simplesmente singular e plural. O certo é usar no singular: método, pois é mais abrangente, mais elevado em nível de abstração sobre os fenômenos da natureza e da sociedade. Entre eles se destacam:

a) <u>Método da Abordagem</u> - Funciona como uma síntese do método: indutivo, dedutivo, hipotético-dedutivo e dialético.

b) <u>Método Histórico</u> - Criado por Boas, tem por princípio que a vida social, instituições e costumes atuais têm origem no passado, sendo importante pesquisar as raízes para se compreender as suas funções e natureza.

c) <u>Método Comparativo</u> - Foi empregado por Taylor. Fundamenta-se nas semelhanças e diferenças entre diversos grupos. O estudo é feito por comparações.

d) <u>Método Monográfico</u> - Inventado por Le Play, estuda indivíduos, famílias, profissões, instituições, grupos e comunidades, para obter generalizações.

e) <u>Método Estatístico</u> - Criado por Quetelet, significa a redução dos fenômenos sociológicos, políticos, econômicos etc., a termos qualitativos e comparativos para comprovar relações de fenômenos.

f) <u>Método Tipológico</u> - Foi usado por Max Weber. Compara fenômenos sociais complexos. O pesquisador cria tipos e modelos ideais a partir da análise de aspectos primordiais do fenômeno.

g) <u>Método Funcionalista</u> - Foi utilizado por Malinowski: é mais um método de interpretação do que de investigação. Leva em conta que a sociedade é formada de partes diferentes, mas inter-relacionadas e interdependentes, mas se satisfazem nas suas necessidades e funções da vida social.

h) Método Estruturalista – Foi criado e desenvolvido por Lévi-Strauss: parte da investigação de um fenômeno concreto e eleva-se para o nível abstrato, por meio de modelos que representem o objeto do estudo.

4.7 RESUMO DE MÉTODO CIENTÍFICO

Critério de Verdadeiro:

- Rejeitar o subjetivismo;
- Descartar o argumento de autoridade;
- Rejeitar verdades eternas e infalíveis;
- A verdade surge por procedimentos metodizados.

Para produzir uma pesquisa é necessário:

- Procedimento Racional;
- Procedimento Experimental;
- Técnicas de Observação;
- Técnicas de Raciocínio;
- Análise e Síntese.

Procedimento Racional:

- Utiliza a ideia geral;
- Utiliza a indução e a dedução como procedimentos;
- Como técnica na análise de síntese;
- Atua no campo da organização mental.

Procedimento Experimental:

- É feito de informações acumuladas;
- Está ligado à realidade, é objetivo;
- Pode usar a indução ou a dedução;
- Verifica fatos, hipóteses e observações;
- Comprova determinadas evidências.

Técnica de observação:

- Observação Assistemática: nefasta à Ciência;
- Observação Científica ou Sistemática;
- Exatidão;
- Objetividade;
- Precisão;
- Método.

Exatidão:

- Abrange a totalidade do fenômeno ou fato;
- É objetiva quando se atém apenas aos elementos que compõem o fato observado;
- O fato é observado como ele é;
- Não se podem adicionar elementos subjetivos à observação.

Precisão:

- Expressar tudo que pode suportar medição;
- Exige uso de instrumentos;
- Tem de ser rigorosamente precisa.

Método:

- Inicialmente se faz a observação;
- Exige o uso de instrumentos e equipamentos;
- É a maneira como será feita a observação;
- Sem critérios não se consegue fazer a Ciência.

4.7.1 Técnicas de Raciocínio

Indução: Do particular para o geral, do simples para o complexo.

Exemplo: O homem Pedro é mortal.
O homem José é mortal.
O homem João é mortal.

Logo, todo homem é mortal.

Dedução: Do geral para o particular, do complexo para o simples.

Exemplo: Todo ser humano é racional (ideia geral).
Sebastião e Maria são humanos (ideia particular).
Logo, Sebastião e Maria são racionais (conclusão).

Etapas da Indução:

- Observação do fenômeno;
- Análise dos elementos que constituem o fenômeno;
- Criação de hipóteses a partir da análise das relações dos elementos;
- Verificação das hipóteses por meio da experimentação;
- Generalização do resultado.

Etapas da Dedução (Silogismo):

- Analisa o todo da questão detalhada;
- Tira uma verdade particular de uma verdade geral;
- Apresenta risco de conclusões falhas.

4.7.2 Análise e Síntese

Análise: Processo metódico do objeto de estudo.

Analisar as dificuldades separadamente.

Raciocínio procedido por etapas (reconhece melhor as relações de causalidade).

Síntese: Processo lógico de reconstrução ou reposição do todo, por meio de seus elementos.

Possibilita conhecer as relações determinantes das unidades do objeto em estudo, dando-lhe sentido global.

4.7.3 Análise e a Síntese, Segundo o Método Científico

Pode ser:

a) **Experimental**: Aplica-se a fatos concretos.

b) **Racional**: Aplica-se fatos abstratos, conceitos, ideias gerais. Só existe no campo da razão.

c) **Análise racional**: Redução da questão proposta a outra mais simples, desde que a solução já seja conhecida.

d) **Síntese racional**: parte do princípio mais evidente e simples. Da consequência se chega à conclusão; de ponto em ponto se chega à verdade.

4.8 MÉTODO APÓS O SÉCULO XVI

Prevaleceram até esse século as teses de Aristóteles, principalmente a Teoria do Geocentrismo, em meio a um ambiente impregnado, de um lado, pelo Renascimento e do outro, pela Reforma. Nesses movimentos tiveram papéis decisivos grandes comerciantes italianos relacionados com o comércio internacional representando a elite, e os pobres, representados pelos artesãos (pequenos negociantes, servos e o baixo clero, que deram forma ao segundo movimento).

O misticismo surgido nos séculos XIII e XIV tomava forma no século XVI e se difundia por toda a Europa. As superstições mórbidas, peregrinações, bênçãos, festas e confrarias tomaram o lugar da liturgia e da eucaristia, enquanto o papa desempenhava papéis de chefe de Estado e de organizações militares em vez de sacerdote.

A Economia teve seu polo deslocado do Oriente e Europa para o Atlântico, trazendo no seu bojo o Renascimento para os países dessa região. Ao findar-se o Feudalismo, emerge o Capitalismo e, no lugar dos feudos, servos e artesãos, surgem a concorrência, o trabalho assalariado e as grandes fazendas onde antes existiam os feudos. Ao mesmo tempo que tudo isso acontecia, no campo do comércio houve a afirmação do poder político, as monarquias, logo seguido pelo nacionalismo xenófobo.

Nesse ambiente, a Ciência construiu a sua célebre caminhada e fatos de grande importância ocorreram, fixando um limite nítido entre o que foi antes deste século e o que estava acontecendo dali para frente.

Aristóteles, intocável desde os séculos V e IV a.C., passou a ser questionado. A Filosofia, que apenas cuidava do "ser", conhecia a Ciência que se propunha a "conhecer". A pesquisa e a experimentação se propuseram a conhecer o mundo e não apenas o Estado e a autoridade do passado, com suas verdades absolutas e irrefutáveis.

Permeando os acontecimentos relacionados com a Ciência nessa época, Nicolau Copérnico, que viveu entre 1473 e 1543, estabeleceu os princípios e bases da Teoria da Translação da Terra. As Leis do Movimento Planetário foram explicadas sobejamente por Kepler (1571–1630) e Galileu Galilei, que viveu entre 1564 e 1641, que estabeleceu a estrutura e as bases da Ciência Moderna ao formular o seu método experimental, tornando-se o primeiro cientista a trabalhar de forma crítica. O conhecimento especulativo não concebia e nem conhecia qualquer tipo de instrumento e os poucos existentes não eram usados tecnicamente. Galileu aperfeiçoa a luneta belga usada na navegação e a transforma em luneta astronômica, depois chamada de telescópio. Com este instrumento,

Galileu observou as montanhas da Lua, as manchas do Sol, os satélites de Júpiter, o anel de Saturno, as estrelas novas, as fases de Vênus e algumas nebulosas.

Galileu Galilei se torna o pai da Ciência Moderna, delineando o método de experimentação que compreende as fases de observação, análise, indução, verificação, generalização e confirmação.

Galileu antecedeu a todos no tratamento do tema do método no campo do conhecimento científico com sua firme disposição de discordar de Aristóteles, ao tratar da forma de buscar a verdade por meio de experimentos. Seu método é composto das seguintes fases, assim dispostas: a) **observação** dos fenômenos, em toda as suas fases e com riqueza de detalhes; b) **análise** dos elementos constitutivos desses fenômenos, com a finalidade de estabelecer relações quantitativas entre eles; c) **indução** de certo número de hipóteses ou questões a investigar, tendo por fundamento a análise da relação desses elementos constitutivos dos fenômenos; d) **verificação** das hipóteses aventadas ou questões a investigar por intermédio de experiências (experimento), o ponto mais importante da pesquisa; e) **generalização** dos resultados obtidos nas experiências para casos similares; f) **confirmação** da hipótese, obtendo-se, a partir dela, leis gerais.

O método de Galileu Galilei pode ser visualizado pelo esquema a seguir:

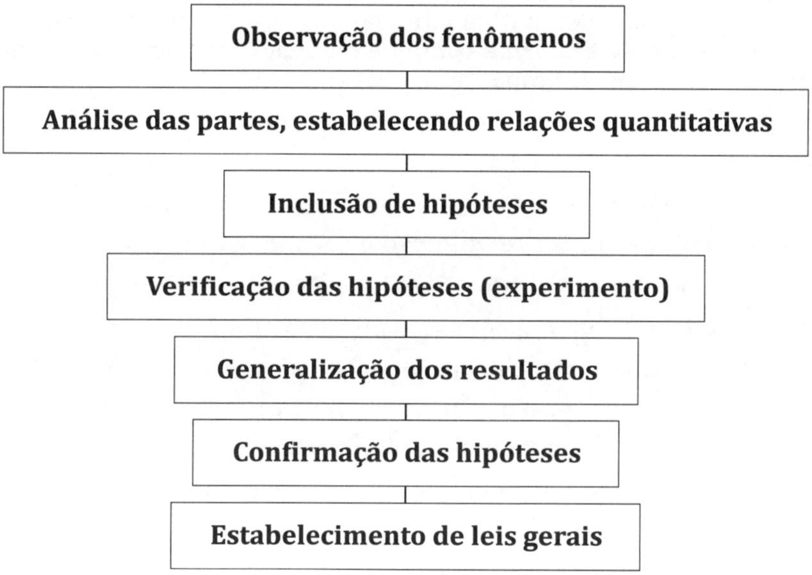

Contra esses acontecimentos ficou a Igreja Católica Apostólica Romana, que até puniu Galileu por estar atada completamente ao passado e desligada do seu sentido espiritual. Posicionou-se também contra Copérnico o alemão Philipp Melanchton, ao defender a Física e a Lógica de Aristóteles (NIELSEN NETO, 1986, p. 74).

Paralelamente a tudo o que acontecia no mundo dos conhecimentos, dois filósofos discutiam as questões do método. Eram eles René Descartes (1559–1650) e Francis Bacon (1561–1620).

René Descartes, filósofo francês, viveu no período compreendido entre 1559 e 1650. Educado pelos padres jesuítas, criticou seus métodos ao publicar a obra *Discurso do Método*, no ano de 1637. Foi advogado, viajou muito pela Europa e passou grande parte de sua existência na Holanda, fugindo das perseguições da Igreja Católica Apostólica Romana. Foi um afixionado pelas armas e serviu no exército de Maurício de Nassau, na Guerra dos Trinta Anos.

Escreveu o *Tratado do Mundo da Luz* (1633); *Discurso do Método* (1637)- contendo o seu roteiro de estudos e pesquisas na Filosofia e na Ciência; *Meditações sobre Filosofia Primeira* (1641)- na qual pratica os ensinamentos do *Discurso do Método*; *Princípios de Filosofia* (1644) e *Tratado das Paixões* (1649).

Descartes combateu ardorosamente as teses e métodos de Aristóteles e dos escolásticos, afirmando que ambos eram "inúteis" e "incertos" pela falta de meios para entender e dominar a natureza e porque não davam em suas explicações conclusões satisfatórias. Seu método consiste no que ele mesmo definiu:

> Quanto ao método, entendo por tal, regras certas e fáceis, cuja observação exata para que qualquer pessoa nunca tome nada de falso como verdadeiro e, sem despender inutilmente o mínimo esforço de inteligência, chegue por um aumento gradual e contínuo da Ciência ao verdadeiro conhecimento de tudo o que for capaz de conhecer.

A questão propriamente dita da Metodologia tem para Descartes quatro fases de real importância:

a) Nunca aceitar algo como verdade se não tem conhecimento apurado do fato, isto é, não caminhar pela precipitação e presunção;

b) Dividir cada problema ou dificuldade vivida em quantas partes for possível para facilitar a solução;

c) Ordenar os pensamentos iniciando pelas partes mais simples e fáceis de se dominar, seguindo passo a passo, como que galgando uma escada, até conhecer as coisas e objetos mais complexos;

d) Fazer sempre enumerações completas e revisão constante e cuidadosa para se ter certeza de não omitir nada.

As regras aí enumeradas evidenciam o método de Descartes. A primeira trata da EVIDÊNCIA – não ser precipitado, não aceitar como verdadeiro o que não conhece, ser mais racional que sensível. A segunda trata de dividir em partes o objeto de estudo. E a ANÁLISE – ter ideia clara e objetiva do que está fazendo, separar o que está claro, o fácil do confuso e difícil. A terceira cuida da SÍNTESE

– ordenação lógica, ordenação dos pensamentos do mais simples para o mais complexo, caminhar ordenadamente sem perder o rumo planejado. A questão e última regra trata do DESDOBRAMENTO: é o registro, a correção profunda e rotineira durante o desenrolar das outras fases. Assim não haverá omissão.

Estas regras se aplicam em qualquer ramo do conhecimento humano. Seu campo é ilimitado (Mecânica, Filosofia, Acústica, Matemática, Astronomia, Geometria, Psicologia etc.).

O método de pesquisas usado por René Descartes, esposado no seu *Discurso sobre o Método*, pode ser assim esquematizado.

Evidência

Não se precipitar em fazer afirmações sem certeza. Dar como verdade o que é realmente verdade. Fazer juízo apurado do fenômeno.

Análise

Organizar a investigação, dimensionando cada dificuldade para melhor buscar a solução.

Síntese

Conduzir-se de forma ordenada das partes mais fáceis e simples até alcançar as partes difíceis e complexas.

Enumeração

Manter-se atento, fazendo as revisões para evitar o esquecimento de partes importantes da questão estudada.

Francis Bacon, nascido na Inglaterra em 1561, viveu até 1620. Sua obra principal é o *Novum Orgaem* um (novo instrumento) e nela se encontram outras críticas acirradas contra o método de Aristóteles. Bacon diz textualmente:

> A Lógica que hoje possuímos – o conjunto de regras estabelecidas pelas escolásticas medievais, cristã e árabe, a partir do *corpus aristolicum* – é mais apta a perpetuar e fortalecer os erros transmitidos pela tradição do que a descobrir a verdade e contribuir para o progresso da Ciência. Tanto o silogismo dedutivo como até o indutivo são perfeitamente

> estéreis; em nada contribuem para nos levar a novos conhecimentos. (*Novum organum, apud* NIELSEN NETO, 1986, p. 74).

Muitos estudiosos consideram Francis Bacon um profeta da Metodologia Científica, por refutar o método de Aristóteles e porque os seus estudos deram como resultado um novo método: o indutivo-experimental. Para ele o método científico precisa basear-se na liberdade total para que o cientista seja livre de todo tipo de dogma ou preconceito, pois somente assim será possível compreender a natureza.

O ofuscamento do pensamento foi explicado por ele pelo que se convencionou chamar de quatro ídolos. O primeiro se refere à espécie humana e se compõe das ilusões de sentido, visão antropomórfica, principalmente teológica da natureza, inclusive a tendência de subestimar o valor das confirmações da Ciência. O segundo trata da obra "a República", de Platão, onde o ser humano é considerado um prisioneiro da caverna, que nada vê, apenas sombras dos objetos e coisas. O terceiro cuida da linguagem, a qual, sendo vulgar ou popular, impede o raciocínio científico. Finalmente o quarto é tido como o mais terrível, representado pelas autoridades que, com seus métodos e dogmas do passado, desestimulam e inibem as pesquisas e novas descobertas. Bacon arrematava suas ideias sobre o método usado por filósofos do passado, dizendo: "*Seria algo insensato, em si mesmo contraditório, estimar poder ser realizado o que até aqui não se conseguiu fazer, salvo se se fizer uso de procedimentos ainda não tentados.*"

Para Bacon, Aristóteles só reconhece como válida a Teoria Indutiva e Dedutiva, embora critique tanto uma como outra. Estuda apuradamente a indução a partir do silogismo e prega a importância da investigação e experiências através de processos ou métodos precisos. Não chegou a muitas conclusões. Seus exemplos de indução não são completos e exatos como a indução e dedução de Galileu Galilei.

Embora não tenha deixado completo um método, seu trabalho serviu para que outros filósofos acabassem por romper os elos de respeito exagerado aos temas e teses defendidos no passado.

Bacon termina por deixar as marcas evidentes do seu método de trabalho, estruturado nas etapas de experimentação, formulação de hipóteses, repetição, testagem de hipóteses, formulação de generalizações e leis.

O método trabalhado por Francis Bacon em sua obra *Novum Orgaem* um na qual consta a conduta, o silogismo e a abstração de Aristóteles, pode ser assim estruturada:

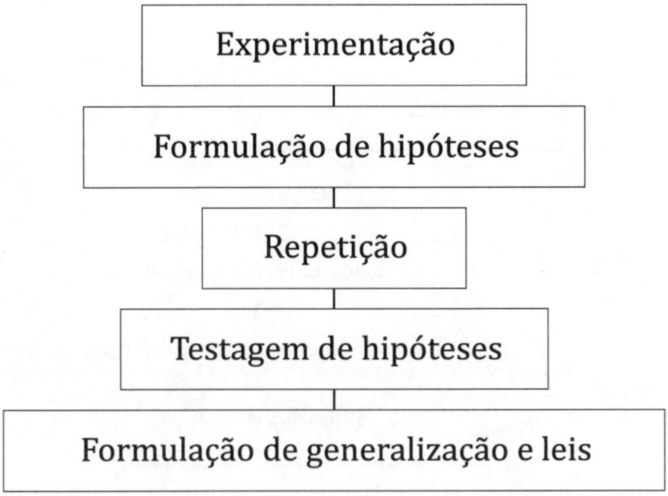

De acordo com Lahr (*apud* CERVO; BERVIAN, 1978, p. 23), Bacon sugeriu que a experimentação pudesse ser assim resumida: alargar a experiência, variar a experiência, inverter a experiência e recorrer aos casos da experiência.

4.9 MÉTODO NA ATUALIDADE

Com a velocidade do saber científico, o método foi sofrendo alterações e novos meios de trabalho metódico foram surgindo. Assim, não é importante o seu tipo ou quem foi o seu criador mas sim o fato de se ter o método como teoria da investigação. Dessa forma o cientista moderno busca chegar a sua verdade passando pelas fases seguintes, de acordo com Mário Bunge:

1) Descobrimento do problema, ou lacuna de conhecimentos;
2) Colocação precisa do problema, que pode ser novo ou velho para ser discutido;
3) Procura de instrumentos relevantes ao problema;
4) Tentativa inicial de solução com os meios identificados;
5) Invenção de novas ideias, ou seja, produção de novos dados empíricos;
6) Obtenção de uma resposta exata ou aproximada;
7) Pesquisa das consequências em relação à solução obtida;
8) Confrontação da resposta ou prova ou comprovação da solução;
9) Correção das hipóteses das teorias, dos procedimentos. Se a solução for dada como incorreta inicia-se um novo ciclo de pesquisa.

ESQUEMA DO MÉTODO NA ATUALIDADE

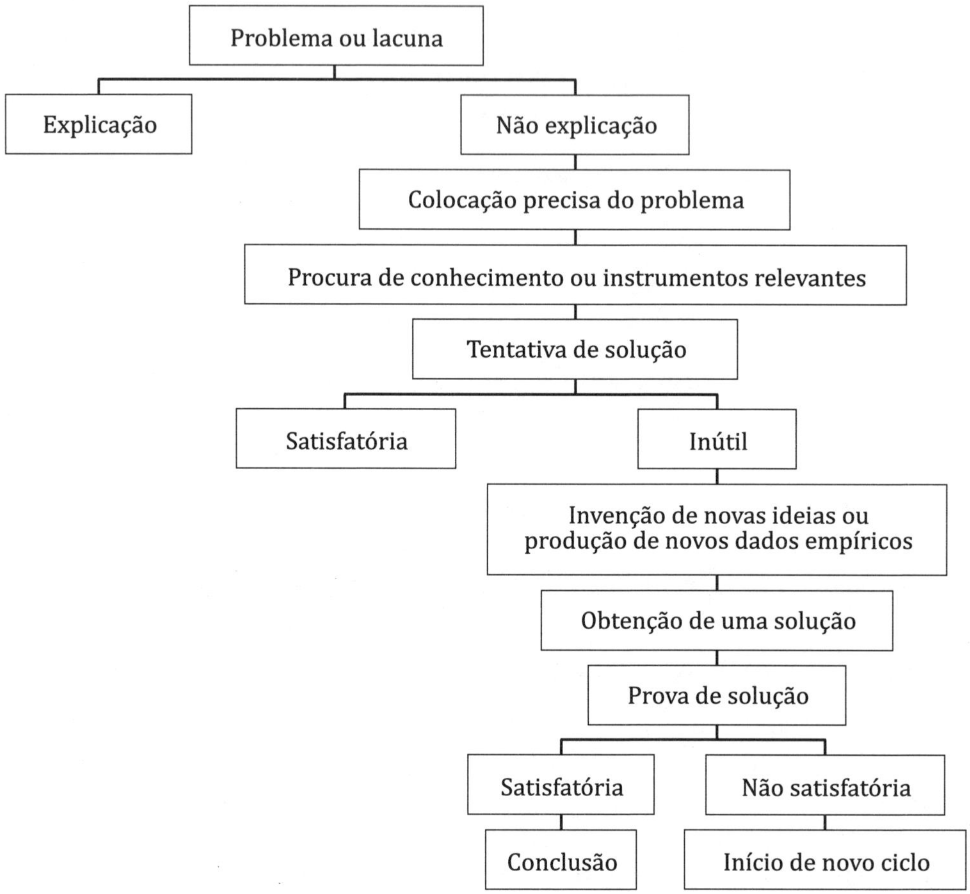

Hipóteses e Variáveis

Capítulo 5

Hipóteses e Variáveis

HIPÓTESE

O vocábulo hipótese tem origem no grego "*hypótesis*" e no latim "*hypothese*" e significa suposição, conjetura, acontecimento incerto, eventualidade, caso. Para Gil (1989, p. 35), "hipótese é a proposição testável que pode vir a ser a solução do problema". É a explicação provisória. É uma suposição que o cientista procura demonstrar com dados. Já Andrade (1993, p. 115) define hipótese como "uma solução provisória que se propõe para o problema formulado".

Das conceituações se depreende que hipótese é uma suposição, uma explicação, uma afirmação provisória, que necessita ser confirmada ou rejeitada, não de forma aleatória, mas por meio de estudos metódicos. Se confirmada a hipótese, o problema está resolvido e, caso contrário, o processo deve ser repetido ou então a hipótese fica como falsa. A confirmação não dá irrefutabilidade plena para a hipótese, que a qualquer tempo pode ser levada à prova novamente. Sempre que é comprovada, a hipótese se transforma em lei: um conjunto de leis verificadas ou confirmadas forma um sistema técnico ou científico.

Não existem regras fixas para formular hipóteses. Elas podem surgir na forma interrogativa ou afirmativa. Sua formulação exige habilidade, criatividade, conhecimento do assunto e boa bibliografia já levantada no estudo exploratório.

Entre as características da hipótese está a clareza, a simplicidade, ser passível de comprovação, não ser ambígua em seu sentido e deve ser essencialmente empírica. Uma hipótese pode ser formulada e divulgada pelo seu autor, tão logo descubra um problema que carece de respostas, mas pode ficar em estudo e somente ser divulgada quando alguma verificação tiver sido feita, ou na sua confirmação final.

5.1 TIPOLOGIA

Os principais tipos de hipóteses são: casuística, frequência de acontecimentos e subjacentes.

a) Hipótese casuística: afirma que pessoa, objeto ou fato tem certos aspectos. Este tipo de hipótese é bastante comum em pesquisa histórica por serem os dados e fatos considerados únicos.

Exemplo: o fundador da cidade do Rio de Janeiro foi Arariboia e não Estácio de Sá.

b) Hipótese frequência de acontecimentos: mostra antecipadamente que característica ocorre de maneira diferenciada em grupo, sociedade ou cultura. É comum o uso desse tipo de hipótese na área das ciências sociais.

Exemplos:

- A crença em seitas místicas é muito difundida no Planalto Central brasileiro.
- Elevado número de alunos vai à escola para se alimentar e não para estudar.

c) Hipótese subjacente: aparece com certa frequência nos instrumentos de pesquisa (formulário, questionário, entrevista).

Exemplos:

- Onde você compra sua comida? Deixa entender que a pessoa não faz a comida em casa.
- Em que área do magistério você atua?

Fundamental ( ) Médio ( ) Pós-graduação ( )

Nem toda pesquisa requer a formulação de hipóteses, principalmente aquelas relacionadas com estudos exploratórios e estudos descritivos.

A formação de hipótese, para muitos cientistas, é produto de pura intuição e ocorre de maneira repentina. Exemplo é o relato que Fermi, *apud* Kneller (1980, p. 112), fez ao astrofísico Chandrasekhar sobre sua observação que redundaria na desintegração do átomo em, 1934, quando disse textualmente:

> Estávamos trabalhando com afinco em radioatividade induzida por nêutrons e os resultados que estávamos obtendo não faziam sentido. Certo dia, quando cheguei ao laboratório, ocorreu-me a ideia de que deveria examinar o efeito da colocação de uma peça de chumbo diante dos nêutrons incidentes. E, ao contrário de meu costume, esmerei-me em ter a peça de chumbo precisamente elaborada. Eu estava claramente insatisfeito com alguma coisa, tentava todas as desculpas para adiar a colocação da peça de chumbo em seu lugar, quando disse para mim mesmo: 'Não, não quero aqui esta peça de chumbo. O que eu quero é uma peça de parafina.' Foi assim mesmo, sem advertência prévia, sem raciocínio consciente anterior. Imediatamente apanhei o primeiro pedaço de parafina que apareceu na minha frente e coloquei-o onde a peça de chumbo deveria estar.

Popper, *apud* Kneller (1980, p.113), "uma nova ideia pode surgir a alguém em qualquer área do conhecimento, mas pode ser irrelevante para a lógica do conhecimento científico". As hipóteses, na maioria dos casos, são resultado da relação entre duas variáveis.

Resumindo, hipótese significa: suposição, conjectura, acontecimento incerto, eventerabilidade, afirmação provisória, solução antecipada. Sempre necessita de ser confirmada ou rejeitada por meio de estudo sistemático. Se comprovada, passa a ser lei; mas pode a qualquer tempo ser levada novamente à prova, o mesmo ocorrendo se for rejeitada. A formulação pode ser feita de forma interrogativa ou afirmativa. Mas a criação de uma hipótese obriga o estudioso a ser criativo, ser hábil, conhecer o assunto estudado, estender e consultar especialistas. As características principais das hipóteses são a clareza e a simplicidade e ainda ser pesquisável, isto é, ser empírica. Os principais tipos são: casuística, frequência de acontecimentos, subjacente.

5.1.1 Conceituação

a) É uma proposição enunciada para responder tentativamente a uma questão (PARDINAS);

b) A hipótese de trabalho é a resposta hipotética a um problema para cuja solução se realiza toda investigação (BOUDON);

c) É a fase do método de pesquisa que vem depois da formulação do problema (RUDIO);

d) É a proposição antecipada de comprovação de uma realidade existencial (TRUJILLO);

e) É a tentativa de explicação mediante uma suposição... (ANDER-EGG);

f) É qualquer suposição ou resposta provisória para uma questão;

g) É um princípio ou condição que é aceito provisoriamente;

h) É o que se afirma ser verdade antes de qualquer experimento.

5.1.2 Características

a) Deve ser necessária, se possível, e ser verificável (NERICE, 1978, p. 125-126);

b) Deve ter apoio teórico, ser verificável, ser simples e ter relevância exploratória (HEMPEL, 1974, p. 45-69);

c) Deve apresentar relevância, possibilidade de confirmação, compatibilidade com hipóteses já confirmadas (SOUZA *et al.*, 1976, p. 74-76);

d) Para Rudio (1980, p. 81-84), são características de uma hipótese: consistência, especificidade, verificabilidade, clareza, simplicidade, capacidade de explicar o problema etc;

e) Outras características: consistência lógica, abranger conceitos comunicáveis, expressar fatos reais, estar relacionada com os técnicos disponíveis etc.

5.1.3 Construção

a) A elaboração de hipótese é de natureza criativa e exige muita experiência na área de trabalho.
b) É indispensável que se tenha formulado o problema de forma exaustiva.
c) Toda investigação em que se coleta dados no campo ou no laboratório depende de formulação de hipótese.
d) Nas pesquisas bibliográficas, nas de levantamento e nos documentais não é obrigatória a elaboração de hipótese.
e) Em qualquer pesquisa existe hipótese. Ainda que não estabelecida, ela está implícita no estudo.

5.2 VARIÁVEIS

5.2.1 Tipologia

São elementos que variam em um determinado fenômeno e podem ser medidos através da observação e experimentação. As variáveis estão implícitas dentro de uma hipótese, às quais podem apresentar variações, valores e mudanças em um determinado fenômeno ou entre vários fenômenos. As variáveis podem ser gerais, intermediárias e empíricas.

As variáveis gerais são as que de pronto não permitem ser medidas; as intermediárias são, em geral, bem concretas e se aproximam da realidade pesquisável. Finalmente, as empíricas trazem de forma clara os elementos que podem ser medidos.

Outra classificação indica os tipos de variáveis: nominais, ordinais, intervalares e de razão. As primeiras (nominais) tratam de classes e categorias de maneira classificatória. Exemplo: estado civil: solteiro, casado, desquitado, viúvo.

As variáveis ordinais ordenam os fatores para melhor quantificação. Exemplo: nível socioeconômico: classe alta, classe baixa, classe média.

As intervalares se referem aos grupos. Ex.: faixa etária de determinados grupos, renda familiar. As variáveis de razão não são comuns nas Ciências Humanas e Sociais.

Segundo Trujillo (1974, p. 144 *passim*), existem três tipos de variáveis: independente, dependente e interveniente. Variável independente (x) é o fator ou antecedente que causa ou determina ocorrência de fenômeno definitivo. A variável dependente é o efeito ou resultado que deriva da variável independente.

Já a variável interveniente (w) é a que altera a variável dependente sem provocar mudanças na variável independente.

Exemplo: alunos de escola pública e de escola particular (x) obtêm notas diferentes no concurso vestibular (y) pelo nervosismo (w) de uns e outros.

Variável pode ser definida das seguintes formas no entendimento de vários autores:

Por variável se entende, simples e prosaicamente, qualquer quantidade que varia (BOUDAN, 1979, p. 1-50). "Qualquer quantidade ou características que possa possuir diferentes valores numéricos" (PAULINE YOUNG, 1960, p. 304). "É alguma coisa que pode ser classificada em duas ou mais categorias" (KERLINGER, 1980, p. 23). "É um conjunto de valores que forma uma classificação" (GALTURNG, 1978, p. 78). "É um valor que pode ser dado por uma quantidade, qualidade, característica, magnitude, traço etc., que pode variar em cada caso individual" (TRUJILLO, 1974, p. 194).

5.2.2 Conceito

Resumindo, por variável se entende:

Classificação ou medida. Quantidade que varia e pode ser medida. Conceito operacional que contém ou apresenta valores. Propriedade ou fator de um objeto de estudo que pode ser medido. Classes de valores. Ordenação dos casos em duas ou mais variáveis.

5.2.3 Resumo da classificação de variáveis

1ª CLASSIFICAÇÃO:

Variáveis Gerais: de imediato, não permitem serem medidas.

Variáveis Intermediárias: são bem concretas e se aproximam da realidade pesquisável.

Variáveis Empíricas: com clareza trazem os elementos que podem ser medidos.

2ª CLASSIFICAÇÃO:

Variáveis ordinárias: ordenam os fatores para facilitar a quantificação.

Variáveis intervalares: se referem aos grupos (idade, sexo, escolaridade etc.).

Variáveis de razão: não são comuns nas Ciências Humanas e Sociais.

3ª CLASSIFICAÇÃO:

Segundo Trujillo, as variáveis se classificam em três tipos, quais sejam: Variável Independente, Variável Dependente e Variável Interveniente.

5.2.4 Exemplos de variáveis

a) Alunos cujos pais participam de sua vida escolar têm melhor rendimento.

1ª Variável Independente: Alunos cujos pais participam das reuniões de pais durante um ano letivo em uma turma de 5ª série.

2ª Variável Independente: Alunos da mesma turma de 5ª série em número igual ao do 1º grupo cujos pais não comparecem às reuniões promovidas pela escola.

Variável Dependente: Rendimento escolar, avaliado ao final do ano letivo, constando o número de aprovações, recuperações, reprovações e evasões.

b) Os alunos de 4ª série do município de Vitória preocupam-se com a preservação ambiental.

1ª Variável Independente: Os alunos das escolas públicas municipais apresentam maior participação nos eventos ecológicos.

2ª Variável Independente: Os alunos das escolas particulares não comparecem aos eventos ecológicos.

Variável Dependente: Nos eventos realizados em Vitória no ano letivo de 1994, observou-se maior participação por parte dos alunos da rede pública.

5.3 RESUMO DE HIPÓTESES E VARIÁVEIS

5.3.1 Hipóteses

Do grego "*hypótesis*" e do latim "*hypothese*", termo que significa suposição, conjetura, acontecimento incerto, resposta antecipada.

As hipóteses podem surgir por meio de inúmeras fontes, tais como: de observação sistemática ou estruturada a respeito de fatos, teorias e fenômenos, de estudo de problema ainda não investigado, de resultados de pesquisas já realizadas. Em qualquer caso, a fomulação de hipóteses exige muita intuição, apurado senso criativo e crítico, além de outros atributos. Não é tarefa fácil criar hipóteses.

Definição:

- É uma proposição enunciada para responder tentativamente a uma questão (Pardinas);
- A hipótese de trabalho é a resposta hipotética a um problema para cuja solução se realiza toda investigação (Boudon);
- É a fase do método de pesquisa que vem depois da formulação do problema (Rudio);
- É a proposição antecipada de comprovação de uma realidade existencial (Trujillo);

- É a tentativa de explicação mediante uma suposição... (Ander-Egg);
- É qualquer suposição ou resposta provisória para uma questão;
- É um princípio ou condição, que é aceito provisoriamente;
- É o que se afirma ser verdade antes de qualquer experimento.

Características das Hipóteses:

- Deve ser necessária, se possível e ser verificável (NÉRICE, 1978, p. 125-126);
- Deve ter apoio teórico, ser verificável, ser simples e ter relevância exploratória (HEMPEL, 1974, p. 45-69);
- Deve apresentar: relevância, possibilidade de confirmação, compatibilidade com hipóteses já confirmadas (SOUZA *et al.*, 1976, p. 74-76);
- Para Rúdio (1980, p. 81-84) são características de uma hipótese: consistência, especificidade, verificabilidade, clareza, simplicidade, capacidade de explicar o problema etc;
- Outras características: consistência, lógica, abranger conceitos comunicáveis, expressar fatos reais, estar relacionada com os técnicos disponíveis etc.

Construção de Hipóteses:

- A elaboração de hipótese é de natureza criativa e exige muita experiência na área de trabalho;
- É indispensável que se tenha formulado o problema de forma exaustiva;
- Toda investigação que se coleta dados no campo ou no laboratório depende de formulação de hipótese;
- Nas pesquisas bibliográficas, de levantamento e documentais não é obrigatória a elaboração de hipótese;
- Em qualquer pesquisa existe hipótese. Ainda que não estabelecida, ela está implícita no estudo.

Tipos de Hipóteses:

- Hipótese casuística: se refere a algo que ocorre em determinados casos. É comum nas pesquisas históricas;
- Hipótese referente a acontecimentos: são comuns nas pesquisas sociais. Elas antecipam o que vai acontecer;
- Hipótese de relação e associação entre variáveis: trata de conferir maior precisão ao enunciado;
- Hipóteses de relação de dependência entre duas ou mais variáveis: estabelece que uma variável interfere na outra.

5.3.2 Variáveis

Conceitos:

- Por variável se entende, simples e prosaicamente, qualquer quantidade que varia (BOUDON, 1979, p. 1-50);
- Qualquer quantidade ou característica que pode possuir diferentes valores numéricos (PAULINE YOUNG, 1960, p. 304);
- É alguma coisa que pode ser classificada em duas ou mais categorias (KERLINGER, 1980, p. 23);
- É um conjunto de valores que formam uma classificação. São classes de valores (GOLTURNG, 1978, p. 78-86);
- É um valor que pode ser dado por uma quantidade, qualidade, característica, magnitude, traço e etc.. Pode variar em cada caso individual (TRUJILLO, 194, p. 194).

Resumindo, por variáveis se entende:

- Classificação ou medida;
- Quantidade que varia e pode ser medida;
- Conceito operacional que contém ou apresenta valores;
- Propriedade ou fator de um objeto de estudo que pode ser medido;
- Classes de valores;
- Ordenação dos casos em duas ou mais variáveis.

Amostragem

Capítulo 6

Amostragem

INTRODUÇÃO

Toda vez que o pesquisador se depara com uma população de grande tamanho e se vê sem recursos financeiros, humanos e materiais para medi-la, ele lança mão de procedimentos de amostragem. A amostragem pertence à Estatística e é um tema complexo e extenso, por isso este texto não esgota o assunto.

O texto focaliza os tipos de amostragem, seus conceitos, procedimentos metódicos através dos quais se podem trabalhar as amostras, de maneira que elas sejam selecionadas das partes de um todo em sua essência sem distorções.

Vale dizer que quanto maior for o número de amostras do universo a ser analisado, menor será o grau de distorção. Ao contrário, quanto menor for o número de amostras dentro de uma população, maior será o risco de vícios.

Contudo, a seleção de amostras será obrigatória em praticamente todas as pesquisas, por ser impossível analisar toda a população de um universo empírico.

O dicionário indica que o vocábulo AMOSTRAGEM significa "ato ou processo de seleção de amostra".

A amostragem se torna indispensável quando, na pesquisa, se defronta com uma população consideravelmente grande a ponto de ser impossível a medição total de suas características. Torna-se obrigatória a utilização de técnicas e procedimentos para tirar de tal universo (população) amostras que permitam construir um estudo sem incorrer em distorções que iriam ferir a legitimidade, cientificidade e credibilidade do trabalho de investigação.

Para se ter consciência da importância e necessidade da amostragem, basta tentar calcular os gastos e o tempo necessários para realizar um estudo sobre a evasão de alunos em todas as escolas de 1º grau no Brasil ou em um Estado.

Daí ser óbvio o uso de procedimentos metódicos para obter uma amostra dessa população, estimando e dimensionando o fenômeno indicado na questão descrita. Para evitar erros que levariam a um resultado tendencioso, a maneira correta é utilizar um dos métodos de amostragem. Amostragem é, portanto, um processo através do qual se faz a seleção de amostras para ser analisada como parte integrante de um todo.

Entre os tipos de amostragem existem:

a) Amostra casual - aquela que é obtida por meio de um processo de amostragem casual;

b) Amostra acidental - aquela que é obtida de forma acidental;

c) Amostra indeformada - aquela que julga ter nela todos os elementos da parte de um todo;

d) Amostra pequena - amostra que tem número pequeno de elementos e conduz a pesquisa a um resultado viciado;

e) Amostra repressiva - amostra obtida por meio de procedimentos técnicos sem vícios.

Outra classificação indica dois tipos: a amostra probabilística e por julgamento.

O tipo de amostra probabilística subdivide-se em randômica, sistêmica, estratificada e por áreas. Já a amostra por julgamento pode ser: intencional e por quotas.

6.1 MÉTODOS DE AMOSTRAGEM

Os métodos de amostragem podem ser: amostragem probabilística e amostragem não probabilística ou por julgamento.

6.1.1 Amostragem probabilística

São métodos próprios da Estatística. São as amostragens nas quais a seleção é aleatória, em que cada elemento da população tem uma probabilidade conhecida de integrar a amostra. "N" é o tamanho da população e define o tamanho da população. Tem-se "1/N" como a probabilidade de cada elemento participar da amostra. Cada elemento da população tem determinada probabilidade de ser selecionado para a pesquisa. A probabilidade de cada elemento é igual "1/N", garante cientificidade à aplicação das técnicas estatísticas de inferência. Somente com base em amostragem probabilística é possível realizar inferência (indução, dedução, raciocínio) sobre uma população a partir do conhecimento da amostra.

a) Amostragem Randômica ou aleatória, simples, ao acaso.

Neste tipo de medida qualquer elemento de uma população tem a mesma probabilidade de ser incluído na amostra e cada escolha é independente da outra.

Este método é aconselhável porque os indivíduos ou elementos são selecionados de forma a evitar resultado tendencioso. Os tipos de técnicas para selecionar amostras randômicas ou simples aleatórias são:

a.a) Técnica da loteria

Elabora-se uma lista completa de todos os elementos da população. Atribui-se a cada elemento um número. Seleciona-se cada elemento até completar o tamanho da amostra desejada. Faz-se tantos sorteios quantos forem necessários. Nas tábuas de números aleatórios têm de constar dígitos de 0 a 9 arrumados aleatoriamente, ou melhor, desarrumados. Sortear até completar o número da amostra planejada. Se o número sorteado não existir na tabela prossegue o sorteio.

a.b) Solução por meio de tabelas de números randômicos

Tamanho por livres tabelas com dígitos de 0 a 9. Observando:

- se a população for de 10 > 0 a 9;
- se a população for de 100 > 00 a 99;
- se a população for de 1.000 > 000 a 999;
- se a população for de 5.000 > 0000 a 4.999.

Ao completar a organização da tabela, seguir com os procedimentos:

- escolher qualquer linha de tabela aleatória;
- retirar conjuntos de três algarismos para formar os números da amostra desejada;
- determinar previamente qual o tamanho da amostra e seguir sacando três algarismos de qualquer linha da tabela, até completar o tamanho da amostra desejada.

b) Amostragem Sistemática.

Seleção de cada enésimo termo de uma lista de elementos da população. É uma variação da amostragem simples, ao acaso ou aleatória, e é muito indicada quando a população a ser pesquisada está ordenada, como fichas em arquivo, listas telefônicas etc. Esta técnica somente é usada quando se torna impossível usar a Amostragem Simples, aleatória, por razões financeiras ou falta de recursos humanos. Procede-se escolhendo a listagem a ser usada e determina-se o intervalo constante para a seleção: cada 10º elemento de uma população de 100 elementos; cada 60º de uma população de 400 ou 600 elementos. Inicia-se a seleção do modo mais aleatório possível. O tamanho da população é **N** e o tamanho da amostra é **n**: a amostra será **a**.

Exemplo: $N = 250$ e $n = 25$ então: $\frac{250}{25} = 10$ ou $a = 10$

c) Amostragem Estratificada.

Dividir a população em grupos menores ou subpopulação, selecionando uma amostra representativa de cada grupo.

Esta técnica deve ser usada quando certas características da população precisam ser consideradas na amostra. Separar níveis econômicos, salários, classes sociais, idades etc.

Escolher as características a serem destacadas, agrupando os indivíduos por características identificadas e estabelecer o número de indivíduos a serem selecionados.

d) Amostragem por Áreas.

Quando a população tem grande dispersão geográfica, devem ser feitas listas completas dos elementos dentro das áreas geográficas. Basta selecionar as áreas aleatoriamente e nelas seguir os procedimentos randômicos, se o estudo abranger uma área muito grande e com população numerosa. Por exemplo: estudar alunos do 2º grau no Brasil. Fazer tudo seria impossível. Então, selecionam-se Estado, Município etc., de onde se vão tirar as amostras.

6.1.2 Amostragem por julgamento ou não probabilística

É um tipo de amostragem não probabilística. É aconselhado o seu uso quando o tipo randômico for de impossível aplicação. Classifica-se em amostra intencional e amostra por quotas, ou simplesmente por cotas. No primeiro caso seleciona-se apenas elementos que estejam disponíveis para compor uma amostra e busca-se adequar o estudo à escassez de recursos de mão de obra. No segundo caso a amostragem por quotas por interesse é responsabilidade do pesquisador. É selecionado um determinado número de casos para formar a amostra desejada:

a) Intencional.

b) Por quotas.

6.1.3 Exemplo de tabela de números aleatórios

Fragmento de uma página:

79375	95220	01159	63267	10622	48391	31751
33521	26665	55823	47641	86222	31704	88492
59589	49067	66821	41575	49767	04037	30934
20554	91409	96277	48257	50816	97616	22888
59404	72059	43947	51680	43852	59693	78212
42614	29297	01918	28316	25163	01889	70014
34994	41374	70071	14737	65251	07629	37329
99385	41600	11133	07586	36815	43625	18637
66497	68646	78138	66559	64397	11692	05327

6.2 RESUMO DE TÉCNICAS DE AMOSTRAGEM

População	Amostra	Variáveis
↓	↓	↓
Conjunto universo e seres, objetos, fatos	subconjunto do universo casual, sistemática, proporcional e estratificada	características da população estudada quantitativa e qualitativa

Trabalho Acadêmico e Científico

Capítulo 7

Trabalho Acadêmico e Científico

INTRODUÇÃO

Entende-se por trabalho científico aquele que, para ser executado, exige a utilização de método e técnicas de investigação e que no decorrer de sua realização são usados processos de observação, descrição, análise, demonstração, com uso de normas metodológicas.

O trabalho científico se caracteriza por ter base em processo cumulativo e não ser um produto pronto, dado como verdade única e eterna. Por outro lado reveste-se de conhecimento, em permanente movimento. Constitui verdade provisória e produz Ciência ou deriva de parte dela.

Este capítulo tem por objetivo descrever o que são trabalhos acadêmicos, suas modalidades, princípios gerais, tipologia, regras e passos necessários para elaboração, apresentação e sustentação. Os trabalhos acadêmicos como a tese e a dissertação, assim como a monografia e o TCC, são normalizados pela Associação Brasileira de Normas Técnicas (ABNT) pela NBR 14.724:2011. Os periódicos científicos 6021:2003 e o artigo científico pela NBR 6022:2003. Devem ser observadas, no que couber outras normas da ABNT, como as relacionadas com a datação de documentos, referências, citação e notas de rodapé, resumo, sumário, lombada e outras que se fizerem necessárias, além das normas de tabulação do IBGE e Código de Catalogação Anglo-Americano editado pela Febab.

Outros tipos de trabalhos acadêmicos e científicos são a comunicação científica, o artigo científico, o informe científico, o ensaio teórico e a resenha crítica ou recenção crítica. Estes trabalhos podem ser apresentados em eventos científicos.

São apresentados também neste capítulo esquemas diferenciados e enriquecidos de tese, dissertação e monografia, todos encontrados na literatura relacionada com a investigação científica. Estes esquemas são mais enriquecidos e podem ser utilizados em complementação à norma da ABNT.

Quanto aos trabalhos ditos acadêmicos propriamente, estes serão descritos em parte especial, em que se observam as normas determinadas. Considerando que são trabalhos em nível de graduação, o tratamento será com mais detalhamento e com todos modelos e padrões aceitáveis, com vistas a dar ao estudante elementos para que possa elaborar trabalhos de elevado padrão de qualidade.

7.1 TESE

Do grego *Thésis*, significa o ato de pôr, proposição; do latim *THESE*. É uma "proposição que se expõe para, em caso de impugnação, ser defendida" (DICIONÁRIO Aurélio, 1979, p. 1.371).

Para os propósitos deste trabalho, tese pode ser conceituada como uma opinião, proposição, enunciado que é apresentado e, havendo dúvida, oposição ou contestação que deve ser defendida e colocada à prova. Para outros, tese é uma proposição que trata de demonstrar assunto enunciado ou doutrina. É um "ato culminante do pensar reflexivo". Outros ainda consideram tese "um instrumento de pesquisa destinado a promover a aquisição de novos conhecimentos com o objetivo de interpretação, predição e controle do fenômeno em estudo" (LEITE, 1978, p. 1). É, portanto, de difícil conceituação.

Teve origem na Idade Média, quando em aulas públicas o autor defendia sua tese para obtenção do grau de doutor. Era um momento sublime, culminante e de grande significado intelectual.

São trabalhos que concedem ao seu autor, após cumprir vários requisitos acadêmicos, o título de doutor. A tese vem desde os primórdios da universidade. Já a dissertação de um todo é criação mais recente. Quanto ao tamanho da tese, ou seja, o número de páginas, existem muitas opiniões divergentes. Para Beaud (1997, p. 19), a tese deve ter de 300 a 500 páginas. Já para Eco (1988, p. 27), uma tese de doutoramento deve ter um tamanho médio entre 100 e 400 páginas.

Mais importante que dimensionar o tamanho de uma tese pelo número de páginas é relacionar esse tamanho com a pergunta feita na pesquisa e a consequente resposta. Se a pesquisa parte de uma questão que precisa ser respondida e se a resposta foi alcançada, pouco importa o número de páginas, mas sim a resposta ao problema investigado.

É evidente que em se tratando do nível do curso, a resposta e a formulação do plano de estudo, somando-se às exigências metodológicas, o número de páginas não vai ser muito pequeno devendo se aproximar das indicações citadas.

Nos dias atuais, serve para obtenção do título de livre-docente, além do doutoramento. A tese mostra que seu autor pode avançar nos estudos de sua área de saber e manter a capacidade de planejar, exercitar e concluir uma pesquisa, além da habilidade de reflexão, análise e síntese.

Inicia-se a tese pelo levantamento do problema colocado em bases científicas, estudo e indicação correta da solução, quando apresenta razão e evidência dos fatos com o intuito de provar se as suas hipóteses são falsas ou verdadeiras. A tese pode ser desenvolvida em um período de um a quatro anos e deve ser apresentada perante um tribunal de cinco membros, todos doutores.

Quanto ao seu tamanho, depende do problema enfocado e da área da Ciência em que o tema está situado.

A estrutura da tese é igual à da dissertação e da monografia: pré-textual e pós-textual e, segundo Lakatos (1990, p. 166), na introdução deve constar: "[...] delimitação do tema, delimitação da pesquisa, localização no tempo e no espaço, justificativas, objetivos, conceituação dos termos e metodologia usada."

Para a parte textual da tese, a mesma autora indica: "[...] metodologia ou procedimentos metodológicos, construção dos argumentos e apresentação, análise e interpretação dos dados."

Entre os predicados indispensáveis ao autor de uma tese para que alcance nível metodológico, estão a calma, a resignação, a precisão e a persistência.

Para Salvador, "[...] a redação de uma tese pode ser feita de maneira informal, popular (coloquial); estética, elegante (literária) e cognoscitiva, racional (técnica). Melhor é que acompanhe as regras de trabalhos científicos: clara, objetiva, técnica, simples e sem ambiguidades."

7.2 DISSERTAÇÃO

Dissertação é discorrer sobre um assunto em sentido aberto. No sentido estrito, dissertar significa discorrer sobre um tema, servindo-se de técnicas e métodos de trabalho. No sentido didático e científico, dissertação significa "[...] um estudo teórico de natureza reflexiva, que consiste na ordenação de ideias sobre determinado tema". É um tipo de trabalho científico para o estudante que deseja obter o título de mestre. Seu referencial teórico está situado entre a monografia e a tese, considerando-se que é mais profunda e extensa que a primeira e contém grau de reflexão e rigor metodológico, propriedades indispensáveis à segunda.

São dois os tipos de dissertação, conforme Salomon (1994, p. 182-183): "[...] dissertação monográfica, que cuida do estudo escrito e de caráter didático; dissertação científica, que decorre de pesquisa pura ou aplicada e segue metodologia própria."

Outra classificação é a de Salvador, que também distingue dois tipos de monografia, a expositiva e a argumentativa. A primeira relaciona material diverso, organiza, classifica, expõe e comunica. O segundo tipo reflexiona sobre ideias, posiciona, argumenta e apresenta, dando ideia de valor.

Quanto ao tema, problema, esquema, linguagem e estrutura, a dissertação acompanha os demais tipos de trabalhos científicos.

Entre os demais tipos de trabalhos científicos, os mais comuns são: a comunicação científica, o artigo científico, o informe científico, o ensaio teórico, a resenha crítica e o relatório. São trabalhos comuns nas universidades, centros de pesquisas e em qualquer instituição que produza conhecimento.

7.3 ESQUEMA DE TESE E DISSERTAÇÃO DE ACORDO COM A ABNT

PARTE EXTERNA

Capa (obrigatório)

Lombada (opcional)

PARTE INTERNA

ELEMENTOS PRÉ-TEXTUAIS:

Folha de rosto (obrigatório)

Errata (opcional)

Folha de aprovação (obrigatório)

Dedicatória (opcional)

Agradecimentos (opcional)

Epígrafe (opcional)

Resumo na língua vernácula (obrigatório)

Resumo em língua estrangeira (obrigatório)

Lista de ilustrações (opcional)

Lista de tabelas (opcional)

Lista de abreviaturas e siglas (opcional)

Lista de símbolos (opcional)

Sumário (obrigatório)

ELEMENTOS TEXTUAIS:

Introdução

Desenvolvimento

Conclusão

ELEMENTOS PÓS-TEXTUAIS:

Referências (obrigatório);

Glossário (opcional);

Apêndice (opcional);

Anexo (opcional);

Índice (opcional).

7.4 DEFINIÇÃO DOS ELEMENTOS DO CORPO OU PARTE TEXTUAL DA TESE E DISSERTAÇÃO

INTRODUÇÃO

O que é introdução?

- Descrição clara, simples e objetiva do tema ou problema da pesquisa.
- Apresentação sintética do problema que se quer resolver.
- Contém o objeto, a justificativa, os objetivos e a metodologia da pesquisa.
- Tem de conter uma rápida referência aos escritos existentes sobre o tema.
- Não é feita ao final do estudo. Ela precede as demais etapas de qualquer estudo, qualquer escrito ou trabalho científico.

Evitar fazer introdução

- Introdução-histórica: contendo análise histórica muito extensa e sem objetivo prático para o assunto estudado;
- Introdução-eloquente: palavreado bonito e retórico, mas sem sentido, sem objetividade e desviada do tema proposto;
- Introdução-exemplo: contém quantidade exagerada de exemplos do que é feito sem se fixar no corpo do trabalho;
- Introdução-solução: a solução é dada antecipadamente, impedindo que o leitor a busque no trabalho por meio de estudo.

A introdução é antes de tudo:

- Definição do tema: anúncio do assunto ou do problema a ser estudado;
- Delimitação do tema: extensão do tema, do prazo e dos aspectos a serem estudados;
- Localização tempo/espaço: para permitir a condução e a conclusão do trabalho.

- Justificativa: relevância do assunto, existência de estudos anteriores. O que há escrito sobre o assunto escolhido;
- Objetivos do estudo: "geral", ideia central do estudo; "específicos", aspectos concretos do estudo, isto é, as etapas intermediárias para atingir os objetivos gerais;
- Definição de termos: quando necessário esclarecer termos e conceitos a serem usados;
- Metodologia: refere-se aos aspectos de como o trabalho será feito: tipo de pesquisa, tipo de método a ser usado, técnicas a serem usadas e as hipóteses.

DESENVOLVIMENTO

O desenvolvimento é sempre dividido em capítulos, e nele é feita a explicação, a discussão e a demonstração. Sem isso, o estudo ou pesquisa ficará falha. Estes três elementos representam a fundamentação lógica do estudo.

O desenvolvimento é antes de tudo:

- é a parte mais importante de um trabalho;
- nele está a fundamentação lógica da pesquisa;
- é completamente diferente da introdução, conclusão e das recomendações;
- independente da divisão em capítulos, ele contém três estágios: explicação, discussão, demonstração. Esses três estágios são o pano de fundo de cientificidade de qualquer estudo.

Explicação:

- É o ato de tornar claro e explícito o que se apresenta duvidoso;
- É analisar e tornar compreensivo e sem ambiguidade o assunto descrito;
- A "alma da Ciência é a explicação científica" (Salomon);
- A explicação se dá quando o fenômeno é estudado em sua ocorrência, constância e consequências;
- Somente existe explicação quando há tratamento escrito do problema. É exigência do método científico.

Discussão:

- Significa a fundamentação com base na pesquisa;
- É o exame detalhado em cima da explicação da pesquisa;
- Na discussão, é feito o anúncio de proposições por parte do profissional ou pesquisador;

- Na discussão, o autor da pesquisa é confrontado com ideias contrárias;
- O autor expressa com clareza as suas posições ou teses.

Demonstração:

- É a dedução lógica do estudo ou pesquisa;
- Exige raciocínio e sequência lógica;
- Predomina a dedução por parte do pesquisador;
- Representa os fatos que comprovam as ideias do autor enunciadas na pesquisa.

CONCLUSÃO

- É a última parte do trabalho a ser escrita.
- Deve ser pouco extensa.
- Não contém citações, nota de rodapé, ela é a palavra do autor encerrando o seu trabalho.
- É diferente das recomendações.
- É o fecho do trabalho, contendo os resultados conseguidos na pesquisa.

RECOMENDAÇÕES/SUGESTÕES

- É importante, opcional.
- Não contém citação e nem nota de rodapé.
- Vem separada da conclusão.
- Deve ser feita em tópicos e é dirigida aos setores relacionados com a pesquisa.
- Nas recomendações/sugestões o profissional que fez a pesquisa mostra a sua autoridade e competência na questão estudada e solucionada.

7.5 ESQUEMA COMPLEXO DE DISSERTAÇÃO E TESE

- Capa inicial.
- Folha de rosto.
- Ficha catalográfica.
- Errata.
- Página de aprovação.
- Página de dedicatória.
- Página de agradecimento.
- Resumo em língua vernácula.

- Resumo em língua estrangeira.
- Lista de quadros, lâminas, gráficos, esquemas, siglas, apêndice e anexos (cada um em folha separada).
- Sumário.

Capítulo I - O Problema

- Introdução.
- Formulação da situação - Problema.
- Objetivo, delimitação e importância do estudo.
- Questões e/ ou hipóteses a investigar.
- Referencial teórico - Conceitual.
- Definição de termos.

Capítulo II - Revisão de Literatura

- Objetivo de revisão.
- Fontes de revisão.

Capítulo III - Metodologia

- Introdução.
- População e amostra.
- Tratamento experimental.
- Instrumento de medida.
- Coleta de dados.
- Tratamento e análise dos dados.
- Limitação de método.

Capítulo IV - Discussão dos Resultados

- Apresentação.
- Discussão.

Capítulo V - Conclusão e Recomendação

- Conclusão.
- Recomendação.

Capítulo VI – Elementos pós-textuais

- Referências.
- Glossário.
- Apêndice.
- Anexos.
- Índice.
- Capa final.

7.6 DEFINIÇÃO DOS ELEMENTOS DA ESTRUTURA DA TESE E DISSERTAÇÃO CONFORME A ABNT

Poderão ser encontrados e consultados no capítulo 11, de forma bem detalhada, todas as informações relacionadas com a forma de apresentação, montagem gráfica, definição dos elementos da estrutura e modelos de alguns elementos da parte externa e pré-textual da monografia, que é a mesma para a tese e dissertação.

7.7 COMUNICAÇÃO CIENTÍFICA

É transmitir informações, ideias, fatos, opiniões. Por ela se compartilham conhecimentos, experiências e sentimentos. Todo estudioso necessita fazer uso da comunicação científica.

7.7.1 Onde é feita a apresentação

Apresentação é feita em:

- Congressos	- Simpósios	- Seminários
- Jornadas	- Semanas	- Painéis
- Academias	- Entidades científicas	

7.7.2 Conteúdo

Observações sistemáticas traduzidas em pesquisa original, inédita e criativa. Não necessita de abundância de aspectos analíticos. Basta que as ideias sejam bem fundamentadas.

Não reproduz experiências para verificar se estão certas, como acontece nas dissertações e nas teses.

7.7.3 Finalidade

Comunicar aos ouvintes o resultado de seu trabalho e seu saber. Levar outras pessoas a reflexionar e a perceber coisas e fatos do cotidiano que estão próximos, de forma diferente. Influenciar, motivar, despertar outras pessoas para produzirem saber e conhecimento.

7.7.4 Público

Em geral é formado de especialistas, estudantes, que se interessam pelo tema em questão. Técnicos, pesquisadores, professores em geral, administradores, políticos, profissionais liberais.

7.7.5 Estrutura

Mesmo padrão exigido nos trabalhos científicos em nível internacional. Deve ser observado:

➢ os assuntos podem diferir quanto ao conteúdo e material, mas nunca quanto ao aspecto formal. Este possui três fases:

- Introdução: formulação clara do tema, apresentação sintetizada do problema, algumas referências a trabalhos anteriores, justificativa, objetivo, metodologia, delimitação, tipos de abordagem e exposição precisa da ideia central;
- Desenvolvimento: corpo do trabalho, descrição e argumentação, demonstração das principais ideias. Deve ser dividido em itens para facilitar a exposição e compreensão dos ouvintes e leitores. Frases curtas e intercaladas com as maiores, se houver. Parágrafos curtos;
- Síntese dos resultados: resumo das informações do trabalho.

7.7.6 Linguagem

Mesmas normas observadas em quaisquer trabalhos científicos. Linguagem técnica e objetiva, sem rodeios, sem elogio ou crítica demasiadamente forte.

7.7.7 Redação: estrutura

Folha de rosto:

Designação do evento (congresso, simpósio, seminário etc.); local e data do evento; patrocinador (pessoa, instituição etc.); título do trabalho e nome do autor; cargos e credenciais do autor.

Sinopse da apresentação:

É um resumo ou apresentação redigida pelo autor. Em caso de publicação, poderá ser feita pelo editor. Pode ser colocada antes da introdução ou no final. Deve ser escrita na língua pátria, inglês ou outro idioma de grande alcance internacional.

Conteúdo:

Introdução; texto de trabalho; conclusão ou recomendação; referências bibliográficas.

7.7.8 Fases da Comunicação Científica

PREPARAÇÃO: Toda a elaboração e domínio do problema proposto.

APRESENTAÇÃO: Ler com clareza e formalmente o que está escrito. Prender a atenção dos ouvintes. Dar ênfase às palavras-chave.

ARGUIÇÃO: Responder aos questionamentos com atenção e respeito. Não sabendo, ser sincero, não responder.

7.7.9 Apresentação da Comunicação

Deve ser formal, tendo na reunião um dirigente ou presidente da mesa, um secretário e o orador (autor do trabalho). A apresentação é previamente acertada quanto: ao tempo de exposição, tempo de arguição, se as perguntas serão de forma oral ou escrita. É melhor por escrito, se houver bastante tempo para a arguição.

7.8 ARTIGO CIENTÍFICO

Introdução

O Artigo Científico é a principal ferramenta que o pesquisador tem ao seu alcance para registrar os seus conhecimentos produzidos de forma organizada e sistêmica.

O Artigo Científico tem ao seu lado a Comunicação Científica, a Resenha, e o Ensaio Crítico ou Teórico, além dos documentos de divulgação científica padronizados pela Unesco, como as Memórias Científicas Originais, Publicações Provisórias ou Notas Prévias e Estudo Recapitulativo ou Informação Secundária.

É por meio da escrita que o pesquisador e qualquer profissional liberal tem a oportunidade de relatar suas descobertas, trazendo as respostas obtidas por meio do trabalho investigativo. É portanto, nesse ponto que o artigo científico aparece como instrumento de comunicação e divulgação.

A escrita é necessária no mundo da Ciência, considerando que o discurso científico ou o discurso do conhecimento organizado somente pode ser produzido por escrito, em vista de ser ele o resultado daquilo que foi visto, foi escutado, foi refletido ou pensado, foi falado e feito, restando ser registrado para evitar a sua perda e para proporcionar que outros tomem dele conhecimento.

Há de se lembrar, todavia, que escrever exige algumas habilidades, cuidados e técnicas para que os escritos possam ser entendidos e venham produzir resultados para as ciências ou parte dela de onde os escritos foram feitos. E são esses escritos que na maioria das vezes afetam o dia a dia da sociedade, ou parte dela.

Não se pode esquecer que o Artigo Científico tem de permear todo o processo de comunicação com um emissor, que é o pesquisador ou profissional liberal; um receptor, que é o público interessado ou a direção da organização interessada no estudo, e um canal, que é o papel onde está escrito o relatório em um código que é o idioma conhecido do público receptor ou interessado. Dessa forma, o processo de comunicação está completo.

7.8.1 Conceituação

Artigo Científico pode ser definido como um estudo reduzido, mas completo quanto aos assuntos tratados.

Artigo Científico é uma comunicação escrita, contendo os resultados originais de uma investigação ou pesquisa, ou parte dela.

7.8.2 Não é artigo científico

Um livro, uma tese, uma dissertação ou monografia pode, contudo, constituir parte de um desses trabalhos. Escrever de forma aleatória, subjetivamente e inobservando as regras técnicas e metodológicas. Repetir o que já foi estudado sem apresentar resultados, dar apenas a sua opinião. Escrever apenas o que pensa ou o que descobriu sem mostrar os avanços na área. Escrever unicamente sob a sua própria autoridade intelectual.

7.8.3 É Artigo Científico quando:

Contém observações e acumulação de informações; pergunta e questiona os porquês, fugindo do senso comum ou conhecimento popular; os resultados são comunicados ao público interessado; o produto conhecido por meio dos escritos pode contribuir para o bem comum.

7.8.4 Grau de cientificidade

Contém descoberta ou parte de uma descoberta verdadeira e apresenta provas do que foi descrito. Tem objetividade, clareza e palavreado apropriado. É ordenado e sistemático, segundo os parâmetros lógicos e contém interpretações claras das relações entre fatos e fenômenos.

7.8.5 Estrutura

1) Introdução.
2) Material e Método.
3) Resultados.
4) Discussão.
5) Conclusão.
6) Referências Bibliográficas.

7.8.5.1 Descrição dos elementos da estrutura

1) Introdução

É a apresentação do assunto que permitirá ao leitor ter uma visão de conjunto do tema. Deve ser redigida seguindo uma ordem lógica.

Antes de tudo, deve ser conceituado o assunto que será estudado, esclarecendo o ponto de vista sobre o qual ele será enfocado no trabalho.

Deve conter algo sobre o que existe de estudos sobre o tema, momento em que são feitas as citações e notas de rodapé, sem se esquecer das normas que regulam esses dois instrumentos (NBR nº 10.520 da ABNT e livros de Metodologia Científica).

A justificativa, os objetivos e a metodologia são outros elementos que precisam estar presentes na introdução, para permitir aos leitores ter uma visão geral e completa do estudo feito.

Segundo Galliano (1979, p. 126), é recomendável que a introdução do artigo científico seja feita de forma definitiva ao final do estudo.

Apesar da notoriedade do autor citado, o mais técnico é fazer a introdução inicialmente, deixando para colocar nela apenas os resultados ao final do estudo, considerando que ela pode ser um norteador para o pesquisador sempre que precisar rever o que projetou para o estudo.

2) Material e Método

Contém os dados de como e com o que o autor realizou o seu estudo. Embora todas as partes do artigo científico sejam indispensáveis e importantes, essa é a que ele dedicará maior atenção.

Material é o objeto ou os objetos do que foi trabalhado e do que se observou na pesquisa. Nesse item tudo que foi usado nos estudos, sejam seres humanos, animais, terá de ser descrito detalhadamente.

O método que foi citado na introdução é aqui descrito mais detalhadamente, pois ele se refere a como o trabalho será feito. Ele responde à pergunta: como será feito o trabalho? O método vai facilitar ao leitor ou avaliador conhecer a diferença entre trabalhos semelhantes, por isso, a clareza, a objetividade e a logicidade de como a pesquisa será feita são mais que necessárias.

3) Resultados

Contém os dados e os resultados obtidos após a aplicação do método em cima do material da pesquisa. A redação deve ser direta, objetiva, sucinta e clara, enfocando a relevância e significância dos resultados. É competência exclusiva do autor do estudo escolher a forma como vai apresentar os resultados. Tabelas, gráficos, figuras e fotografias são as formas mais usadas, contendo as explicações necessárias. Nessa parte, o pesquisador não coloca nenhuma referência a outros escritos, considerando que é a sua palavra mostrando os seus resultados obtidos. Deve ser a descrição dos resultados feita de forma lógica para facilitar a leitura e a apresentação das conclusões.

4) Discussão

Utiliza-se nesse tópico o verbo no passado. Objetiva mostrar as relações existentes entre os dados colhidos na pesquisa. Os resultados apresentados no item anterior são agora interpretados, criticados, justificados com a ênfase necessária. Deve ser observado neste tópico, para uma boa apresentação dos resultados, não recapitular ou repetir os resultados.

As exceções ou falta de correlação devem ser assinaladas. As consequências teóricas e as suas possíveis aplicações devem ser expostas. É por meio da apresentação detalhada e crítica dos resultados que o pesquisador mostra que conhece o assunto estudado e consequentemente o método utilizado. Na discussão se comparam resultados alcançados e interpretações dos mesmos com trabalhos anteriormente publicados. Aqueles trabalhos citados na introdução poderão permitir novas pesquisas a partir das interrogações não respondidas. Na discussão, o autor não pode mostrar insegurança ou dúvidas sobre os dados obtidos. A discussão dá vida ao trabalho, considerando que ela articula os diversos elementos que formam o estudo, dando-lhe confiabilidade.

5) Conclusão

Não é longa e nem contém citações, notas de rodapé, comparações e ideias novas. É o fecho do trabalho, a palavra do pesquisador dizendo o que conseguiu nos estudos.

É uma decorrência lógica do que foi apresentado na introdução e exposto nos tópicos: Material e Método, Resultado e Discussão. Uma boa conclusão deve conter: essenciabilidade, ou seja, apenas o que é essencial; brevidade, ou seja, ser reduzida e convincente; personalidade, ou seja, deve refletir a personalidade do autor. Na conclusão do artigo, podem ser abertas perspectivas de novas pesquisas.

6) Referências

Fazer a apresentação obedecendo as normas reguladoras da ABNT. As referências são apresentadas em ordem alfabética e os titulos das obras negritados. Elas são escritas em espaço simples com um espaço entre elas. O título "referências" é centralizado e não recebe numeração de ordem. Nela tem de aparecer todos as obras e os autores citados no texto do trabalho. Não deve conter documentos que estejam fora do contexto da pesquisa feita.

7.8.6 Apresentação gráfica

Observar na ordenação dos elementos do artigo científico o estabelecido pela ABNT, os obrigatórios e opcionais.

a) Título do artigo

Levar em conta que um artigo será lido por muitas pessoas, então deve ser elaborado com cuidado.

Deve ser redigido com o menor número possível de palavras, descrevendo bem o conteúdo do artigo.

Não deve conter abreviaturas e nem fórmulas químicas e matemáticas.

b) Autor ou autores com as suas credenciais

São as pessoas que executaram a pesquisa. Todos devem assumir a autoria do trabalho, sem especificar autoria por partes. A ordenação pode ser hierárquica ou por ordem alfabética, não havendo normas rígidas. As credenciais devem ser todas enumeradas, bem como o endereço, a instituição e o cargo que ocupa.

c) Resumo

O resumo deve ser apresentado em conformidade com as normas regularizadoras da ABNT referentes à escrita e à apresentação. Deve oferecer ao leitor um breve relato de cada parte do artigo. Não pode ser extenso, devendo ter entre 100 e 250 palavras

d) *Abstract*

Para fins de divulgação, o resumo é vertido para o inglês ou outro idioma de maior interesse para o público interessado.

e) Palavras-chave

São colocadas logo depois do Resumo e *Abstract*. São palavras tiradas do texto que bem representem o seu conteúdo.

f) Texto ou desenvolvimento

O texto contém o corpo do trabalho com as suas partes já bem conhecidas. Suas principais características são a clareza e a objetividade, comuns nas redações científicas.

7.9 ARTIGO CIENTÍFICO SEGUNDO A ABNT

O artigo em publicação periódica tem sua apresentação normalizada pela ABNT e, no que couber, devem ser observadas outras normas, como aquelas relativas às referências, numeração progressiva, apresentação de resumos, citações e notas de rodapé e as normas de apresentação tabular do IBGE

7.9.1 Conceituação e tipologia

Artigo Científico é "parte de uma publicação com autoria declarada, que apresenta e discute ideias, métodos, técnicas, processos e resultados nas diversas áreas do conhecimento".

O Artigo Científico pode ser de revisão e original.

- Artigo original é "parte de uma publicação que apresenta temas ou abordagens originais".
- Artigo de revisão é "parte de uma publicação que resume, analisa e discute informações já publicadas".

7.9.2 Estrutura do artigo

A estrutura do artigo é constituída de três partes, que são: elementos pré-textuais, elementos textuais e elementos pós-textuais.

7.9.3 Componentes da estrutura do artigo

- Elementos pré-textuais:

    Título e subtítulo (este, se houver);

    Nome(s) do(s) autor(es);

    Resumo na língua do texto;

    Palavras-chave na língua do texto.

- Elementos textuais:

  Introdução;

  Desenvolvimento;

  Conclusão.

- Elementos pós-textuais:

  Título e subtítulo (este, se houver) em língua estrangeira;

  Resumo em língua estrangeira;

  Nota(s) explicativa(s);

  Referências;

  Glossário;

  Apêndice(s);

  Anexo(s).

7.9.4 Regras a serem observadas na apresentação

- Na parte pré-textual: todos os elementos são obrigatórios. São eles: título e subtítulo (se houver), autoria com um breve currículo, resumo na língua vernácula e palavras-chave.
- Na parte textual: todos os elementos são obrigatórios. Todos os elementos que constituem essa parte e mais aqueles que se fizerem necessários.
- Na parte pós-textual, são obrigatórios: título e subtítulo (se houver) em língua estrangeira que foi feito um resumo. Resumo em língua estrangeira (*Abstract* no inglês, *Resumen* no espanhol, *Résumé* no francês).
- São opcionais nessa parte os seguintes elementos: notas explicativas, glossário, apêndices e anexos.

  As seções e subseções que precedem os títulos, alinhados à esquerda e separados por um espaço de caractere. Sua numeração progressiva deve obedecer aos critérios emanados da ABNT, assim como as citações e notas de rodapé.

  A formatação e a apresentação do texto devem atender o estabelecido pela ABNT e, no que for necessário, às normas de apresentação tabular do IBGE.

Sobre as regras gerais de apresentação do artigo, poderão ser consultados pelo leitor os textos sobre Artigo Científico, Monografia e Trabalho Acadêmico de Graduação nos quais existem mais elementos sobre esse tema.

7.10 INFORME CIENTÍFICO

a) Serve para divulgar os resultados parciais ou totais de uma pesquisa.

b) É o meio para dar publicidade aos resultados de descobertas realizadas ou os resultados parciais de um estudo em andamento.

c) É o mais sucinto dos trabalhos científicos.

d) Baseia-se apenas na descrição dos resultados obtidos em trabalho de campo, de laboratório ou de documentos.

e) Deve ser observado: redação clara, simples, técnica, de modo a ser entendida por todos.

f) Pode ser divulgado por escrito, oralmente ou em periódico. Pode ser discutido de várias formas.

7.11 ENSAIO TEÓRICO

a) É uma exposição lógica, reflexiva e analítica.

b) Argumentação rigorosa, com alto nível de interpretação e julgamento pessoal.

c) Estudo desenvolvido formalmente e de maneira discursiva.

d) Permite mais liberdade ao autor para defender uma determinada posição sem ter de se apoiar no rigor da Metodologia Científica (pesquisa e bibliografia).

e) São encontrados ensaios teóricos em dissertações e teses de mestrado e doutoramento, bem como de livre-docência.

f) Não dispensa o rigor lógico e a coerência da argumentação.

g) Exige grande informação cultural e muita maturidade intelectual.

h) É preferido por grandes pensadores e pode ser feito em quaisquer áreas do conhecimento humano.

7.12 RESENHA CRÍTICA OU RECENSÃO CRÍTICA

a) Descrição minuciosa que envolve certo número de fatos e não apenas um.

b) Consiste na leitura, estudo, resumo, crítica e na formulação de um conceito de valor sobre o trabalho que está sendo analisado.

c) É feita por pesquisadores, cientistas, professores que tenham elevado juízo crítico.

d) É utilizado também em cursos de pós-graduação e graduação.

e) Nela se mostra de forma cortês a contribuição do autor (suas abordagens, teorias, novos conhecimentos, valia da obra etc.).

f) Elogia-se nela com moderação e sinceridade.

7.12.1 Estrutura da Resenha

A resenha deve responder a alguns questionamentos, tais como: qual o assunto, suas características e as suas abordagens; quais os saberes anteriores descritos na obra e qual o seu direcionamento; se é acessível, se é bom, agradável e aconselhado ao público; se o conteúdo servirá ao grupo. Estas indagações e quesitos devem ser respondidos também em relação ao autor na elaboração da resenha.

7.12.2 Roteiro da Resenha

a) Referência Bibliográfica: Autor, Título, Imprensa (local, edição, editora, data). Número de páginas, ilustrações (tabelas, gráficos, fotos).

b) Credenciais do autor: informações gerais sobre sua formação, atividades, experiência de quem fez o estudo, quando, porquê, onde.

c) Conhecimento: resumo detalhado das ideias principais de que trata a obra: o que ela diz e se possui característica especial, como foi abordado, e se exige outros conhecimentos.

d) Conclusão do autor: existe conclusão ou não. Onde está (final do livro ou nos finais dos capítulos) e quais foram as conclusões.

e) Quadro de referência do autor: modelo teórico, que teoria serviu de base, que método usou, apreciação, mérito da obra, estilo, forma e indicação da obra.

7.12.3 Esquema de resenha bibliográfica

Autor e obra

Referência bibliográfica obedecendo à norma técnica.

Credenciais da autoria

Dados biográficos, formação, funções e atividades do autor, além da experiência e trabalhos escritos.

Digesto

Descrição parafraseada do conteúdo da obra, podendo ser feita por parte ou capítulo da obra ou em um texto cobrindo todos os capítulos ou partes. Não pode ser longa, devendo a escrita ser simples, clara e objetiva.

Indicações do resenhista

Descrição sobre a importância da obra e a quem possa interessar, informando as áreas do conhecimento abrangidas pelo estudo.

Localização da obra

Onde pode ser localizada, se está esgotada ou não. Informar se a obra está disponível para venda, empréstimo ou apenas consultas e onde está, se em depósito, se o local é particular ou público.

Resenhista

Após o término da resenha, à direita e abaixo do texto (cinco espaços), colocar o nome, título maior e principal função do resenhista.

7.13 PADRÃO UNESCO DE APRESENTAÇÃO DE TRABALHO CIENTÍFICO

7.13.1 Memórias Científicas Originais

Quando o conteúdo é inédito ou original. Quando contribui de forma elevada para ampliar conhecimentos. Seus escritos têm de permitir que um pesquisador ou cientista possa reproduzir os experimentos e obter os resultados do autor. Verificar as observações e obter os resultados descritos. Repetir as observações e comprovar as conclusões do autor. Verificar a exatidão das análises e deduções.

7.13.2 Publicações Provisórias ou Notas Prévias

Trazem no seu conteúdo informações novas. Não vêm redigidos com detalhes. Não permitem verificar provas. São escritos que guardam segredos. Em geral estão ligados a órgãos de pesquisa pertencentes ao setor produtivo. Devem ser publicados rapidamente. Podem aparecer em forma de carta contendo tópicos principais da descoberta ou ensaio.

7.13.3 Estudo Recapitulativo ou Informação Secundária

Resumo, estudo de revisão ou atualização. Contém estudo de assunto particular de informações já publicadas. É conhecido como estudo bibliográfico.

7.14 ESTILO E ESCRITA

Os trabalhos científicos devem ser elaborados com discursos feitos sem fugir de alguns princípios e regras básicos, para evitar interpretações ambíguas que possam tirar a legitimidade e cientificidade dos mesmos.

O estilo deve ser de clareza e zelo, com observância às regras gramaticais, inclusive na separação de palavras, nas formatações e tipos de letra. Os parágrafos devem ter início a oito ou dez toques da margem esquerda. Cada palavra deve ter o seu sentido próprio, isto é, não deve ter duplo sentido, dando margem a várias interpretações.

A escrita deve ser informativa, técnica e racional e não pode ter sentido retórico ou de preciosismo literário. As frases devem ser feitas na ordem direta, devem ser curtas, assim como os parágrafos não devem ser extensos. A linguagem simples, clara, objetiva, impessoal e concisa, sem ter erros e vícios.

A impessoalidade evita o uso da primeira pessoa, com frases do tipo "eu fiz", "na minha opinião". O tipo de escrita na primeira pessoa induz o autor a muitos erros e traz ao trabalho um certo grau de subjetividade. A forma mais indicada são as frases do tipo "tal estudo", "o estudo pretendido". Ter estilo simples, mas sem deixar de zelar pela clareza, simplicidade e obediência às regras gramaticais são pontos de suma importância na redação científica. A redação científica deve situar-se no campo metodológico e técnico. É importante que a escrita seja entendida pelo leitor, o que envolve a comunicabilidade que não pode faltar a qualquer produção acadêmica.

7.14.1 Sinopse de escrita científica

1) Objetividade
- Na elaboração e na redação
- No conteúdo intelectual
- No tipo de linguagem

2) Impessoalidade
- Evitar as expressões: "eu fiz", "eu penso", "na minha opinião", "a gente", "meu trabalho" — denotam subjetividade

Empregar:

- Impessoalidade pronominal: "se" e termos como:
  tal informação ...
  de tal forma ...
  o presente trabalho ...

3) Estilo

- Simples e sem retórica
- Nível culto de linguagem e corretamente
- Jamais usar termos ofensivos e gírias
- Evitar termos eruditos e preciosismo vocabular

4) Clareza e Concisão

- Frases curtas e claras
- Usar as frases na ordem direta
- Conectar as ideias de forma lógica e precisa
- Linha de raciocínio coerente

5) Modéstia

- A modéstia evita exageros
- Evidencia o conhecimento dos próprios limites pessoais
- Representa esforços na busca da perfeição

6) Cortesia

- Evita a força e a opressão
- Quem é modesto é cortês
- É indispensável no trato com outras pessoas
- Ser fidalgo e urbano é tarefa do sábio
- Quebra resistências e remove barreiras

Eventos Acadêmicos e Científicos

Capítulo 8

Eventos Acadêmicos e Científicos

INTRODUÇÃO

Os mais conhecidos tipos de atividades acadêmicas e científicas são: o Seminário, a Conferência, o Congresso, os Encontros, as Jornadas e as Mesas-Redondas. São atividades de suporte aquelas que nenhum estudante, professor ou cientista pode abrir mão de exercitar: a leitura, o estudo, o resumo, a análise de texto, pois que antecedem a qualquer trabalho de produção de conhecimento organizado.

8.1 SEMINÁRIO

Ideia Geral

O Seminário em si mesmo é uma atividade acadêmica e científica de realização comum nas instituições de ensino superior, instituições que se dedicam às pesquisas como procedimento didático e nos eventos científicos onde se discutem assuntos relacionados com todas as áreas dos conhecimentos humanos.

O Seminário tem presença marcante nos congressos, nas jornadas e nos encontros, ao lado dos métodos e técnicas didáticos de pesquisa, de estudos em grupos, de exposição, de arguição, de debate e outros dos quais se serve para se complementar.

8.1.1 Conceito

Seminário é uma técnica de pesquisa.

Seminário é um procedimento didático que consiste em levar o educando a pesquisar a respeito de um tema, a fim de apresentá-lo e discuti-lo cientificamente.

8.1.2 Finalidade

O Seminário tem por finalidade introduzir o educando nas atividades de pesquisa científica, para analisar de forma sistemática fatos e fenômenos, estruturando-os adequadamente para a sua apresentação clara, objetiva e documentada para propiciar a discussão e a sua posterior divulgação.

8.1.3 Objetivos

Os objetivos do Seminário de forma explicitada são: ensinar pesquisando; aprender fazendo; revelar tendências para a pesquisa; propiciar o domínio das técnicas e metodologias de pesquisa científica; despertar e conferir espírito científico, de curiosidade, de dúvida, de reflexão, de análise e de crítica; desenvolver habilidades para leituras, estudos, trabalho individual e em grupos; estimular e desenvolver o hábito de pensamento e análise lógicos, além de outros.

8.1.4 Componentes

1) Sendo para fins didáticos:

   Um diretor – professor da disciplina em questão;

   Um relator expositor – aluno;

   Demais participantes – demais alunos.

2) Em geral:

   Um diretor ou coordenador – professor, dirigente;

   Relator ou expositor – alunos, pesquisador, empregado;

   Comentador ou crítico – aluno, pesquisador, empregado;

   Demais participantes – alunos, profissionais etc.

3) Sendo Seminário em grupos ou subgrupos:

   Os relatores são os representantes indicados pelos grupos e subgrupos. Os demais componentes são os mesmos do item "2".

8.1.5 Atribuições dos componentes

1) Diretor ou coordenador:

   Professor da disciplina ou especialista em determinado assunto que propõe o tema orienta a pesquisa, organiza e dirige o Seminário;

   Orienta e acompanha os alunos ou pesquisadores em todo o processo da pesquisa;

   Aprecia ao final do Seminário os resultados dos estudos e da apresentação;

   É o último a falar, dando por concluído os trabalhos.

2) Relator ou expositor:

   É quem expõe o trabalho diante de todos os participantes. É escolhido pelos alunos, participantes dos grupos ou pelo diretor ou coordenador do Seminário;

   Pode ser um aluno ou vários alunos quando o Seminário é em grupos;

   Pode ser pesquisador ou pesquisadores, empregados ou técnicos.

3) Comentador ou comentadores:

   Educando ou pessoa que tenha participado dos estudos em todas as suas fases, que seja designado pelo diretor ou coordenador;

   Precisa conhecer em detalhes o trabalho a ser apresentado, considerando que irá criticá-lo de forma adequada;

   O comentador faz a sua explanação crítica antes de ser aberta a oportunidade para os demais participantes falarem.

4) Demais componentes:

   São todos os educandos que participam do Seminário;

   Cabe a eles inquirir o relator ou relatores, pedindo explicações e esclarecimentos, opondo objeções ou reforçando argumentos;

   Não podem falar antes da sua vez e nem praticar atos que perturbem os pares em suas falas.

8.1.6 Temas

Os temas que podem ser discutidos em Seminários são os mais variados possíveis. Devem ser aqueles que se distinguem por serem os mais avançados em quaisquer áreas do conhecimento humano.

No imenso universo de variedade de temas, quatro merecem destaque:

1) Temas tirados de conteúdo de uma disciplina constante de um curso que precisa ser mais bem estudado e sistematizado;
2) Temas publicados em revistas especializadas que representam significativo avanço das pesquisas em determinado assunto ou disciplina;
3) Temas próprios escolhidos por representar relevância para pesquisas em setores estratégicos para o desenvolvimento em geral e a pessoa humana em especial;
4) Temas de interesse geral e atual como filmes, peças de teatro, novelas, livros e documentos contendo estudos e novidades, escritos significativos em quaisquer campos da realidade humana.

8.1.7 Tipos de seminários

A) Seminário clássico

Pode ser denominado Seminário individual.

Esta forma de Seminário compreende os estudos feitos pelos educandos individualmente.

Pode cada educando receber um assunto para estudar.

Pode ser um assunto fracionado em partes significativas, entregues a educandos diferentes para estudar.

B) Seminário clássico em grupos

Esta modalidade de Seminário tem praticamente a mesma estruturação do Seminário clássico.

Difere tão somente porque os temas são distribuídos a grupos de educandos e não individualmente.

Pode ser um só tema fracionado em partes, cabendo cada uma a um grupo de educando.

Podem também ser vários temas atribuídos cada um a um grupo de educando.

C) Seminário em grupo

É a forma mais recente de Seminário.

Exige maior quantidade de tempo das aulas para que os estudos, apresentações e discussões alcancem os resultados desejados.

8.1.8 Desenvolvimento de cada tipo de seminário

1) Seminário clássico

a) O diretor ou coordenador do Seminário atribui um tema de estudo a um aluno que será automaticamente o relator.

b) Indica seguidamente o comentador.

c) Recomenda ao restante da classe o estudo do tema com base em uma relação de textos que trate do assunto.

d) No dia marcado para a apresentação, o relator ou expositor faz a exposição dos seus estudos de forma clara, objetiva, ordenada, detalhada e documentada dentro do tempo estipulado pelo diretor ou coordenador.

e) O comentador, após a apresentação, faz a sua apreciação, a qual pode conter objeções ou críticas, pedidos de esclarecimentos ou contribuições.

f) A classe de forma ordenada participa pedindo esclarecimentos, refutando argumentos, reforçando afirmações, podendo dar contribuições para enriquecer os estudos.

g) O diretor ou coordenador no final faz a sua apreciação, podendo arguir o relator, o comentador e os alunos. Se achar insuficiente os resultados apresentados, podem recomendar mais estudos.

h) Até o momento da apresentação não existe um texto completo sobre o tema estudado, existem, sim, as anotações do relator, do comentador e dos participantes, ou seja, o restante da classe.

i) Sendo dado como suficiente os estudos e a apresentação, será estruturado um documento onde constem todas as contribuições, podendo ser reproduzido e distribuído para todos os alunos.

j) Em seguida, será marcada pelo diretor ou coordenador na qualidade de professor uma prova para fazer a verificação da aprendizagem de toda a classe, podendo ser atribuídos pontos pela apresentação para todos os que, efetivamente, participarem da mesma.

k) Se o resultado da verificação da aprendizagem ficar a quem do esperado, poderá ser reestudado o assunto.

2) Seminário clássico em grupo

a) O relator ou expositor poderá ser um educando indicado pelo grupo que falará em nome do grupo.

b) Poderá cada membro do grupo relatar parte do tema ou assunto estudado pelo grupo.

c) O comentador será representado por um grupo, chamado grupo comentador. Poderá um membro comentar por todo o grupo ou cada membro fazer o seu comentário.

d) No restante da classe, exceto o grupo expositor e o grupo comentador, cada aluno participa de forma individual, pedindo esclarecimentos, refutando argumentos, reforçando afirmações sempre em tom de crítica para provocar o debate.

e) O restante será igual ao descrito na alínea "g" até a alínea "k" do tópico: Desenvolvimento do Seminário clássico.

3) Seminário em grupo

a) O diretor ou coordenador do Seminário apresenta o tema de estudo e as suas subdivisões aos alunos ou combina com eles esta parte.

b) O esquema geral de estudo juntamente com o tema é apresentado pelo diretor à turma ou é por ela elaborado.

c) A classe se divide em tantos grupos quantos forem os subtítulos do tema a ser estudado.

d) Cada grupo escolhe a sua parte a ser estudada e indica imediatamente um coordenador, um secretário e um relator ou expositor.

e) Os grupos estudam em primeiro lugar o tema em geral para conhecer todo o assunto que está sendo estudado pelos demais grupos.

f) Tendo conhecido o tema em geral, o grupo se volta para estudar a sua parte escolhida.

g) Cada grupo inicia o estudo com a busca de bibliografia, entrevistas com técnicos ou especialistas, coleta de dados, discussão, análise de dados e informações, confrontos de pontos de vista, até que se chegue à formulação das conclusões do grupo.

h) Durante os estudos, o diretor ou coordenador do Seminário funciona como assessor dos grupos.

i) Terminado os estudos cujo tempo poderá ser bem longo, sob a orientação do diretor do Seminário, a classe se reúne para as apresentações.

j) O primeiro grupo a se apresentar é o que se encarregou de estudar os aspectos gerais do tema, seguindo-se uma discussão geral sobre o conteúdo apresentado por esse grupo.

k) A seguir, cada grupo apresenta o seu assunto específico, dirigido pelo seu coordenador, seu secretário e relator, seguido da fala do comentador e da apreciação do diretor.

l) O diretor faz apreciação após a apresentação de cada grupo, logo seja ouvido o grupo comentador.

m) Se quiser pode ser feito texto para distribuição em classe.

n) Posteriormente se faz a verificação da aprendizagem e, se for preciso, se faz retificação da aprendizagem.

8.1.9 Esquema de seminário

1) Plano

Títulos, subtítulos e divisões. O plano deve ser antecedido da leitura e estudo de todo material com espírito crítico.

2) Introdução

Deve ser pessoal, clara, objetiva, dando ideia de todo o conteúdo do trabalho.

3) Conteúdo

Deve ser apresentado em unidades ou partes. Deve ser escrito com linguagem clara, objetiva e concisa. Deve ser evitado deter-se em pormenores.

4) Conclusão

Não pode ser longa e nem subjetiva. É a palavra pessoal sobre o que se conseguiu nos estudos.

5) Bibliografia

Deve constar nela todos os títulos e documentos consultados, em conformidade com as normas técnicas.

6) Participantes

Nome dos participantes, turma, dados da instituição, data e local da apresentação.

8.1.10 Cuidados a serem tomados na apresentação de Seminário

1) Evitar que o Seminário se torne cansativo com discussões subjetivas.
2) Impedir que os participantes falem antes da sua hora, orientando-os a fazer anotações das dúvidas, correções e acréscimos que queiram fazer.
3) O relator ou expositor não deve ser interrompido durante a sua fala, nem mesmo pelo diretor ou coordenador do Seminário.
4) O tempo estipulado para as falas de qualquer dos membros do Seminário deve ser respeitado para evitar descaminhos.
5) Nos Seminários, para cumprimento de conteúdos programáticos, deve ser evitada falta dos componentes das classes de alunos.
6) A fidalguia e o respeito mútuo devem ser observados em todo o processo de realização de um Seminário. A discordância deve ser vivenciada de forma a contribuir para o aumento do referencial teórico dos participantes do Seminário.
7) Deve o diretor ou coordenador ter o cuidado de evitar que os participantes, ou seja, que a classe ouvinte deixe de participar como um todo, considerando que alguns alunos teimem em se esconder de participar por vários motivos.
8) Ter em mente que a avaliação feita, depois de realizado o Seminário, visa, entre outros objetivos, uniformizar ou socializar conhecimentos entre todos, mas, principalmente, os que deixam de colaborar em todas as fases dos trabalhos.
9) Deve ser evitada a movimentação dos alunos e conversas paralelas.
10) Criar meios e condições para que o Seminário alcance todos os alunos, inclusive o professor na condição de diretor ou coordenador.

8.2 RESUMO DO SEMINÁRIO

8.2.1 Objetivo do Seminário

Ensinar, usando a pesquisa para revelar o gosto e habilidades para a investigação. Dominar as técnicas de pesquisa de uma determinada disciplina em atividade individual e em grupos. Sistematizar fatos observados. Dar respostas para o estudo e exatidão das ideias. Aprofundar conhecimentos, divulgar pesquisas e conhecimentos.

8.2.2 Atividades dentro do Seminário

Pode-se realizar a mesa-redonda, onde um grupo de especialistas discute determinado assunto. Depois, o assunto poderá ou não ser levado para a discussão de toda a clientela. Pode ter lugar a conferência quando especialistas falam sobre tema de interesse do evento. Pode ou não ao final haver debate. Pode, ainda, haver o Painel, onde um grupo de especialistas expõe um determinado tema, cada qual a seu turno, discutem entre si e depois poderá haver questionamentos por parte da plateia.

8.2.3 Componentes de um Seminário

a) Diretor: professor, especialista ou o responsável, que propõe o tema e orienta a pesquisa e a organização, dirige e avalia o seminário.

b) Relator: professor, especialista ou aluno (alunos), que expõe o resultado obtido na pesquisa.

c) Secretário: anota tudo o que se passa desde o início da pesquisa e durante a realização do seminário (as conclusões parciais e finais).

d) Comentador: após a exposição, critica responsavelmente a exposição, antes da discussão e do debate.

e) Participantes: alunos e convidados. Geralmente, após a palavra do comentador, são feitos questionamentos, não apenas para concordar ou discordar, mas para acrescentar, e para tirar dúvidas com perguntas pertinentes.

8.2.4 Duração do Seminário

Tempo de duas ou até quatro aulas, se for bem planejado, ou vários dias, de acordo com o planejamento. Para que haja um melhor aproveitamento por parte da clientela, é bom que ele não dure mais de três horas. A preparação do seminário pode durar vários dias, entre a pesquisa, as reuniões e a preparação do trabalho para apresentação.

8.2.5 Tipos de Seminário

a) Clássico: tem também o nome de seminário individual. A apresentação fica a cargo de um só expositor. A exposição pode ser sobre um tema inteiro ou parte dele.

b) Clássico em grupo: os participantes são dispostos em grupos (de cinco a sete membros). A exposição é feita por um membro de cada grupo ou por todo o grupo, cada membro falando sobre uma parte do tema central. Em vez de comentador, forma-se um grupo comentador ou de crítica. Este tipo de seminário deve ser bem estruturado para não haver problema na apresentação.

c) Em Grupo: inicialmente, todos os alunos estudam individualmente o tema para ter uma visão global do mesmo. Formam-se grupos de maneira a abranger todos os subtítulos do tema central. Todos os alunos nos respectivos grupos falam. Os questionamentos são colocados pelos grupos e não por alunos ou participantes individualmente.

8.2.6 Roteiro do Seminário

a) Plano: são as unidades, a saber: títulos, subtítulos, divisões. Ter lido todo o material com espírito crítico, estabelecer relações para os aspectos comuns.

b) Introdução: pessoal, bem objetiva, dar ideia do conteúdo do trabalho.

c) Conteúdo: deve ser apresentado em unidades. Escrito com linguagem clara, objetiva e concisa. Não se deter em pormenores.

d) Conclusão: interpretação pessoal, também em linguagem objetiva.

e) Bibliografia: indica todas as fontes que foram usadas e dentro da técnica.

f) Participantes: nome, turma, data e local, dados da instituição.

8.3 CONFERÊNCIA

A conferência se define como uma exposição oral de alto nível, que é feita por pessoa de elevada competência intelectual ou de pleno domínio do assunto. Poderá o conteúdo ser divulgado e publicado se houver interesse do conferencista e do organizador. A dinâmica da apresentação, tema, plateia, duração, forma de arguição, local e recursos técnicos devem ser acertados previamente.

A preparação da conferência deve ter uma sequência lógica, não ser extensa demais e ter uma introdução, conteúdo, finalidade, objetivos e descrição do assunto a ser tratado; um texto ou conteúdo das ideias principais, frases curtas, linguagem simples, clara e objetiva e uma conclusão, que é constituída de um resumo dos tópicos estudados sem repetir as mesmas palavras usadas no texto.

8.3.1 Sinopse da Conferência

Exposição oral e em público. Privativa de especialistas. Apresentação de resultado de algum trabalho individual. Poderá ser ampliada para publicação.

Deve ser preparada com antecedência. Data escolhida para apresentação, duração e clientela. Antes de iniciar deve ser comunicada a duração e se haverá debate no final. Fazer apresentação do conferencista. O conferencista deve falar com imponência, estender o olhar para toda a platéia no sentido de prender a atenção de todos. Ao final, fazer um resumo dos tópicos abordados, sem repetir o que foi dito.

O conferencista deve evitar a prolixidade. Não fazer comentários fora do tema. Não se fixar em uma única pessoa mas olhar para todos os participantes. Tempo: até uma hora no máximo. Aponta erros e falhas sem se aprofundar nas críticas.

Pesquisa

Capítulo 9

Pesquisa

INTRODUÇÃO

É por meio da pesquisa que se pode alcançar e dominar novos conhecimentos de forma metódica. Com esse procedimento técnico o homem redescobre verdades que antes permaneciam obscuras.

A pesquisa é atividade tão antiga como a própria espécie humana. Contudo, foi praticada sem procedimentos metodológicos e, naturalmente, sem o uso do vocábulo "pesquisa" e sem a utilização de instrumentos apropriados.

A pesquisa, em sua evolução pela história, passou por diversas fases, havendo época na Antiguidade que ficou dissociada de qualquer atividade profissional, caracterizando-se como estudo puramente teórico. A pesquisa, como meio de ligar teoria e prática, investigação e profissão, é característica da educação contemporânea. Todavia, é uma dádiva da Idade Média e do Renascimento. Esse início ocorreu com a criação dos grêmios culturais de estudantes, dos mestres ou *Universitas Magistrarum*. Daí, para os tempos modernos, a pesquisa seguiu buscando integrar ensino técnico e prática profissional.

Com o uso não rigoroso do termo "pesquisa" para solução de qualquer tipo de problema, esta técnica de ação ficou vulgarizada, trazendo múltiplas interpretações, igualando pesquisa à Ciência e dando como verdadeiro qualquer resultado de investigação, ainda que sem apurado processo de inferência. Como consequência maior, houve o abandono da observação sistemática da classificação e medição cuidadosa das informações detectadas, além do desprezo pela inferência, pela predição, interpretação e experimentação. Passaram a ocorrer afirmações dadas como verdadeiras, sem que o processo científico tivesse todas as suas etapas ultrapassadas com rigor, permitindo que informações pouco depuradas pela reflexão, análise e síntese transformassem hipóteses em modelos, teorias e leis científicas.

9.1 CONCEITUAÇÃO

A facilidade com que se usa o termo "pesquisa" em todas as situações do cotidiano no mundo contemporâneo tem trazido imensas dificuldades em conceituá-la e tem vulgarizado o termo, induzindo muitos a tê-lo como resposta final para certas questões. Este uso indiscriminado e exagerado do vocábulo tem desobrigado pesquisadores e usuários do uso de regras técnicas, tirando o sentido estritamente científico da pesquisa.

A conceituação de pesquisa não constitui tarefa fácil, pois cada cientista a define focalizando o aspecto que lhe é mais factível. Tal dificuldade foi demonstrada em um simpósio de pesquisadores, em 1929, que terminaram por levantar quatro definições que foram levadas à discussão e todas dadas como válidas; e houve votos a favor de que o termo é indefinível.

Para definir o que seja pesquisa, indispensável se torna indagar: "O que leva o homem a fazer pesquisa?"

Pesquisa é assim definida pelos seguintes estudiosos e cientistas:

- COPI: "O valor da investigação científica está na satisfação da curiosidade, ao efetivar o desejo de conhecer."
- Rodolfo MONDOLFO: "A pesquisa surge no momento em que se toma consciência de um problema e nos sentimos impelidos a buscar sua solução."
- GIL: "É um procedimento racional e sistemático. É requerida quando não se dispõe de informações suficientes para responder ao problema."
- CERVO e BERVIAN: "A pesquisa é uma atividade voltada para a solução de problemas, através do emprego de processos científicos."
- BARROS e LEHFELD: "A pesquisa científica consiste na observação dos fatos tal como ocorrem espontaneamente na coleta de dados, no registro de variáveis, presumivelmente relevantes para análises posteriores."
- ARISTÓTELES: "Aprender é o maior dos prazeres não só para os filósofos, mas também para toda a humanidade, por pequena que seja sua capacidade para uso [...]."

Entende-se por pesquisa, com base nos conceitos expostos, o processo, a forma, a maneira, o caminho, seguidos para alcançar resposta para uma dúvida sobre um problema, um fato, obedecendo a princípios, normas e técnicas.

Seguindo o raciocínio indagatório da pergunta "o que leva o homem a fazer pesquisa?", uma simples olhada para o início da humanidade dá a dimensão da pergunta e da resposta. É fácil imaginar o homem, criado com seus requisitos de ser racional, dotado de razão, inteligência e livre-arbítrio, um pouco acima dos demais viventes e bem abaixo de Deus. É este homem que se posiciona sobre o mundo que o cerca, sobre o seu passado e sua origem, sobre o seu presente e os motivos por que está aqui neste mundo, sobre seu futuro e seu fim último.

Estes três pontos: a origem, os objetivos e o fim último, constituíram, constituem e serão sempre as bases para o ser humano pesquisar, na busca das verdades que possam dar alívio às suas preocupações e permanentes interrogações sobre os porquês de tudo isso.

O homem primitivo partiu da contemplação do mundo, do Universo, dos fenômenos da natureza, questionou, fez indagações e iniciou a célebre caminhada que vem até hoje e seguirá buscando respostas. Na busca, caminhou a passos largos em uma época e a passadas lentas noutra, mas, sempre, sem parar.

A pesquisa é o instrumento de ação para que os conhecimentos possam ser úteis à coletividade. Cada sábio, a seu tempo, teve uma explicação para o mundo visível e o invisível, baseado na sua maneira própria de raciocinar, analisar e observar, para depois divulgar suas afirmações ou teses. Cada um justificou sobejamente o conhecimento produzido e a forma utilizada, mostrando os critérios e normas obedecidos.

9.2 CLASSIFICAÇÃO DA PESQUISA

A pesquisa pode ser classificada ou dividida de duas maneiras: a primeira, com base nos procedimentos técnicos utilizados pelo pesquisador e a segunda se baseia nos objetivos pretendidos.

Quanto aos objetivos a pesquisa pode ser exploratória, descritiva e explicativa. A pesquisa exploratória se caracteriza pela existência de poucos dados disponíveis. Objetiva aprofundar e aperfeiçoar ideias e a construção de hipóteses, ou seja, elaboração de respostas antecipadas. Seu planejamento é relativamente simples e objetivo. Na pesquisa descritiva é feita a descrição das características de uma determinada população, estudo descritivo de determinado fenômeno com suas variáveis. Já a pesquisa explicativa estuda fatores que determinam a ocorrência de determinados fenômenos. Visa aprofundar o saber sobre a realidade.

Nas ciências humanas é comum a utilização das pesquisas exploratória e descritiva. A pesquisa explicativa pode ser usada nas humanas e naturais.

No que tange à classificação da pesquisa quanto aos procedimentos usados pelo pesquisador, ela pode ser: bibliográfica, documental, experimental, *ex post facto*, levantamento, estudo de caso, pesquisa-ação e pesquisa-participante.

9.2.1 Pesquisa bibliográfica

A pesquisa bibliográfica é feita com base em documentos já elaborados, tais como livros, dicionários, enciclopédias, periódicos, como jornais e revistas, além de publicações, como comunicação e artigos científicos, resenha e ensaios críticos. Há muita semelhança deste tipo de pesquisa e o de estudo exploratório. Os livros são classificados como de leitura corrente e de referência. Estes são livros para consulta de que se pode lançar mão para conseguir dados com certa rapidez, enquanto aqueles são livros para leitura mais demorada e atenta e se referem a títulos os mais diversos.

9.2.2 Pesquisa documental

A pesquisa documental é trabalhada com base em documentos que não receberam tratamento de análise e síntese. Embora se identifique com a pesquisa bibliográfica, esta só se realiza sobre documentos analisados e pertencentes a autores que deram o estudo pronto e acabado. As vantagens deste tipo de pesquisa são a confiança nas fontes documentais, como essenciais para qualquer estudo, o baixo custo e o contato do pesquisador com documentos originais. Entre as desvantagens estão a falta de objetividade, a falta de representatividade e a subjetividade dos documentos.

9.2.3 Pesquisa experimental ou de laboratório

É aquela que determina o objeto do estudo, relacionando as variáveis, de modo a conceituar as formas de observação e controle. É usada nas ciências humanas: Psicologia, Psicologia Social, na Sociologia e nas Ciências Físicas e Biológicas. As vantagens são o grande grau de clareza, objetividade e precisão nos seus resultados. Como desvantagem conta-se o fato de ser difícil o controle entre variáveis em Estudos Sociais.

9.2.4 Pesquisa *ex post facto*

É aquela em que o experimento é efetivado depois dos fatos. Nela o pesquisador não tem controle sobre as variáveis. É bastante usada no campo das Ciências Sociais (Economia, comportamento de grandes aglomerados, estudos que envolvem sociedade global, estruturas políticas etc.)

9.2.5 Pesquisa-levantamento

Refere-se aos estudos interrogando-se, de forma clara e direta, indivíduos dos quais se objetiva saber o comportamento. Exemplos são os censos realizados pelos governos e que buscam informações de todos os componentes de um determinado universo pesquisado, por meio de amostras. Os pontos positivos são o conhecimento direto da realidade, economia, rapidez e quantificação. Os pontos negativos são a pouca profundidade, limitado grau de entendimentos sobre mudanças no grupo pesquisado e ênfase que se dá aos aspectos percebidos com mais facilidade.

9.2.6 Pesquisa estudo de caso

É o estudo que analisa com profundidade um ou poucos fatos, com vistas à obtenção de um grande conhecimento com riqueza de detalhes do objeto estudado. É usada nos estudos exploratórios e no início de pesquisas mais complexas. Tem aplicação em qualquer área do conhecimento.

9.2.7 Pesquisa-ação

É controvertida e obriga ao investigador que tenha estreito relacionamento com a realidade, isto é, pessoas e objetos da pesquisa.

9.2.8 Pesquisa participante

Está a exigir o mesmo grau de interação do pesquisador e população, bem como com os elementos que participam do estudo. É usada nas ciências humanas, para estudo de grupos desfavorecidos (camponeses, operários, índios etc.).

Margarida Maria de Andrade apresenta a mesma divisão para a pesquisa quanto aos objetivos (exploratória, descritiva e explicativa), mas para a pesquisa sobre os procedimentos apresenta apenas três tipos: pesquisa bibliográfica, pesquisa de campo e pesquisa de laboratório (experimental). Todos os demais tipos de pesquisa (participante, pesquisa-ação, estudo de caso, levantamento e pesquisa *ex-post-facto*) ficaram englobados na pesquisa de campo e na pesquisa documental.

Segundo Gil, cada tipo de pesquisa passa pelas seguintes fases ou etapas:

Estudo de caso:

Delimitação da unidade-caso; coleta de dados; análise e interpretação de dados; relação do relatório.

Pesquisa bibliográfica:

Determinação dos objetivos; elaboração do plano de trabalho; identificação das fontes; localização das fontes e obtenção do material; leitura do material; tomada de apontamentos; confecção de fichas; redação do trabalho.

Pesquisa *ex post facto*:

Formulação do problema; construção das hipóteses; operacionalização das variáveis; localização dos grupos para a investigação; coleta de dados; análise e interpretação dos dados; apresentação das conclusões.

Pesquisa experimental ou de laboratório:

Formulação do problema; construção das hipóteses; operacionalização das variáveis; definição do plano experimental; determinação dos sujeitos; determinação do ambiente; coleta de dados; análise e interpretação dos dados; apresentação das conclusões.

Pesquisa documental:

Determinação dos objetivos; elaboração do plano de trabalho; identificação das fontes; localização das fontes e obtenção do material; tratamento dos dados; confecção das fichas e a redação do trabalho.

Pesquisa-levantamento:

Especificação dos objetivos; operacionalização dos conceitos e variáveis; elaboração do instrumento de coleta de dados; pré-teste do instrumento; seleção de amostra; coleta e verificação dos dados; análise e interpretação dos dados; apresentação dos resultados.

Pesquisa-ação:

Fase exploratória; formulação do problema; construção de hipóteses; realização do seminário; seleção da amostra; coleta de dados; análise e interpretação dos dados; elaboração do plano de ação; divulgação dos resultados.

Pesquisa participante:

Amostragem institucional e metodológica; estudo preliminar e provisório da região e da população pesquisadas; análise dos problemas; programa-ação e aplicação de um plano de ação."

Nos dias atuais, quando a Ciência e a tecnologia caminham cada vez mais unidas, o comum é classificar a pesquisa em três tipos: a prática ou aplicada; a pura ou fundamental ou teórica; a experimental ou de laboratório.

A pesquisa prática ou aplicada é própria dos estudos voltados para a acumulação de conhecimentos, para solucionar problemas já conhecidos e definidos, sendo logo transformados os seus resultados em bens e serviços. A pesquisa teórica, ou pura ou fundamental, objetiva produzir saber sem qualquer propósito prático, apenas para acumular saber e conhecimento em nível téorico. Finalmente, a pesquisa experimental ou de laboratório é aquela que traz no bojo dos seus objetivos ou metas o experimento como fator principal.

Ela se vincula e se confunde com a pesquisa prática ou aplicada, e se serve do referencial teórico produzido pela pesquisa pura ou teórica.

9.3 EXIGÊNCIA DA PESQUISA

Qualquer que seja a pesquisa, independentemente da área do saber, para ter êxito necessita de pré-requisitos de ordem social, política, cultural, intelectual e moral do pesquisador, além das viabilidades de caráter técnico, lógico, financeiro, material e humano.

Segundo Gil (1989, p. 20), o pesquisador necessita ter, entre outras, as seguintes qualidades: "conhecimento do assunto a ser pesquisado, curiosidade, criatividade, integridade intelectual, atitude autocorretiva, sensibilidade social, imaginação disciplinada, perseverança, paciência e confiança na experiência."

Sem dominar o assunto a ser investigado é impossível realizar qualquer estudo, e sem dominar também as técnicas metodológicas estará o estudante ou profissional impossibilitado de produzir conhecimento organizado. A curiosidade não deve ser aquela de cunho contemplativo e de puro passatempo, mas sim curiosidade continuada e propositada que leve o profissional a se organizar e agir corretamente no sentido de avançar as etapas necessárias à consecução do trabalho. A criatividade dará ao pesquisador um sentido de permanente busca de respostas para as suas inquietações. O homem não criativo pouco avança no sentido de servir, acabando por viver na busca de ser servido. Pela integridade intelectual, a crítica e o elogio são serenos. A verdade é buscada com coerência, zelo, humildade e competência. O pesquisador se autocorrige quando busca condições para verificar os seus próprios enganos, as falhas cometidas, e o redirecionamento de ações. Esta faculdade permite ao pesquisador reconhecer que errou, corrigir-se e continuar seu trabalho. Entender, respeitar, cultivar o respeito pelos outros e lutar para que seu trabalho seja útil para a sociedade e não apenas sirva para a sua própria promoção é ter sensibilidade social. Para o pesquisador pouco importa que tenha imaginação aguçada, se ela é desordenada. O mínimo que precisa é de uma larga imaginação ordenada, para realizar o trabalho de maneira coordenada. A perseverança e a paciência são atributos indispensáveis ao produtor do saber organizado, o qual precisa superar dificuldades próprias e aquelas advindas do relacionamento institucional e coletivo. Por fim, quem pesquisa necessita confiar no que está fazendo e ter certeza de que será vitorioso. Confiar na Ciência, sem contudo dar a ela e ao cientista caráter de divindade e infalibilidade.

A pesquisa, para ser executada, exige ainda recursos de ordem material, humano e financeiro, sem os quais, como qualquer outro empreendimento, não alcançará sucesso. Para isso o pesquisador precisa ter capacidade para idealizar seu estudo, planejando todas as etapas e quantificando todas as necessidades em cada um dos três tipos de recursos especificados, por meio de um orçamento elaborado adequadamente.

Além das exigências já mencionadas, a pesquisa ainda carece de legitimidade, de ser comunicada ao público e de servir para o bem comum para algum segmento da humanidade.

9.4 MÉTODOS E TÉCNICAS DE PESQUISA

A pesquisa é a forma que a Ciência possui para conhecer a realidade empírica. A maneira de proceder em uma pesquisa foi, durante muito tempo, a de descrever a realidade. Mas a partir do século XVII passou-se, além da descrição, a fazer a experimentação. Todavia, para qualquer tipo ou forma de pesquisa, existem métodos e técnicas apropriados que exigem habilidades do investigador para escolher o método e a técnica mais indicada para o seu estudo, de maneira a permitir que alcance com relativa facilidade e tranquilidade os objetivos e metas pretendidos.

Pesquisar não é somente querer e conhecer o assunto da pesquisa. Implica em mais alguns atributos. A escolha do método e da técnica a serem usados em uma pesquisa passam pela criatividade, imaginação, iniciativa e disciplina dos estudiosos, além do sentimento de originalidade, isto é, da volta ao princípio, ao estudo. Assim também escreve Van Dalen e Meyer *apud* Rudio (1983, p. 14): "O trabalho de pesquisa não é de natureza mecânica, mas requer imaginação criadora e iniciativa individual [...], não é uma atividade feita ao acaso, porque todo trabalho criativo pede o emprego de procedimentos (o grifo é nosso) e disciplinas determinadas."

9.4.1 Métodos de pesquisa

A pesquisa se utiliza de métodos para alcançar afirmações que possam ser apresentadas como válidas. Entre os métodos de pesquisar estão os de abordagem e os de procedimentos. Os métodos de abordagem se referem ao modo como são desenvolvidos os procedimentos no estudo dos fenômenos para chegar à verdade e se classificam em método dedutivo, indutivo, hipotético-dedutivo e método dialético. Já os métodos de procedimentos se referem à forma de proceder do estudioso em cada etapa da pesquisa e não sobre o plano como um todo. Seus principais tipos são: os métodos, histórico, comparativo, estatístico, funcionalista, estruturalista e monográfico ou estudo de caso.

Quanto aos métodos de abordagem que se dividem em dedutivo, indutivo, hipotético-dedutivo e dialético, situam-se no campo do raciocínio e da argumentação e se desenvolvem de forma lógica sendo extremamente racionais e caracterizados por procedimentos gerais.

9.4.1.1 Método dedutivo

Foi usado por René Descartes (1596–1650), que se afasta do indutivo até então sem oposição. As suas fases principais são a evidência, a análise, a síntese e a enumeração. Entre as áreas do conhecimentos onde pode ser usado estão a Sociologia, a Economia, a Matemática, a Lógica e a Física Teórica. Pode fundamentar estudos nas ciências formais e nas ciências da natureza. O método dedutivo tem suas proposições enfocadas na situação geral para explicar as particularidades e chegar à conclusão da afirmativa.

Ex.: Todo ser humano é racional – ideia geral.

Sebastião e Maria são humanos – ideia particular.

Logo, Sebastião e Maria são racionais – conclusão.

9.4.1.2 Método indutivo

O método indutivo foi usado por Francis Bacon (1561–1626). Constitui-se na observação e experimentação dos fenômenos estudados e obriga o pesquisador a seguir as etapas de: experimentação, criação de hipóteses, repetição, teste das hipóteses, generalização e formulação de leis. Foi o próprio Bacon quem, para evitar vícios, usou três tábuas chamadas de tábua de presença, tábua de ausência e tábua dos graus. Sua base essencial é fazer afirmações do particular para o geral. Assim que é particularmente confirmado, conduz o estudioso a formular teorias e leis gerais. Segundo Andrade (1993, p. 105-106), este método se confunde com o método experimental, que tem as seguintes etapas: "observação, hipóteses, experimentação, comparação, abstração e generalização".

Cervo e Bervian (1978, p. 23) afirmam que Francis Bacon, com suas regras para a experimentação, desejou "alargar a experiência – aumentar pouco a pouco, tanto quanto possível, a intensidade do que se supõe a causa, com a finalidade de observar intensamente o fenômeno [...]; variar a experiência – significa aplicar, a diferentes objetos (fatos, fenômenos), a mesma causa; inverter a experiência – consiste em aplicar a determinante contrária da suposta causa com a finalidade de verificar se o fato contrário se produz; recorrer aos casos da experiência – o objetivo aqui é verificar 'o que se pode pescar' no conjunto das experiências (os grifos são nossos)." Exemplos: a) o papagaio 1 é verde e amarelo; o papagaio 2 é verde e amarelo; o papagaio 3 é verde e amarelo; o papagaio n é verde e amarelo. Logo, todo papagaio é verde e amarelo; b) o calor dilata o ferro – particular; o calor dilata o bronze – particular; o calor dilata o cobre – particular. Logo, o calor dilata todos os metais – geral universal.

A indução ocorre como processo em três fases: a observação dos fenômenos, a descoberta da relação e a generalização da relação. Na primeira etapa, é feita a observação dos fatos ou fenômenos, a análise para a descoberta e explicação das causas de sua ocorrência. Na fase seguinte, a da descoberta da relação, é feita a comparação para conhecer a relação entre fatos ou fenômenos. Na terceira fase, generaliza-se o que existe de comum entre fenômenos iguais, inclusive daqueles que não foram observados.

Exemplo: "O homem Pedro é mortal.

O homem José é mortal.

O homem João é mortal."

Logo, todo homem é mortal.

Hegenberg (1976, p. 1-169-178) focaliza os tipos de indução que são:

1) Da amostra para a população:

a) Generalização indutiva: quando da amostra se parte para uma hipótese universal.

Exemplo: Todos os gêmeos univitelinos observados possuíam padrão genético idêntico.

Logo, todos os gêmeos univitelinos têm padrão genético idêntico.

b) Generalizações universais: da descrição da informação obtida por intermédio dos elementos observados passa-se à conclusão, envolvendo afirmações sobre todos os elementos que faziam parte da amostra.

Exemplo: Todo sangue humano da amostra observada é composto de plasma.

Logo, todo sangue humano é composto de plasma.

c) Generalizações estatísticas: as generalizações afirmam que apenas certa parte dos elementos do conjunto possui tal ou qual propriedade.

Exemplo: 85% das pessoas cujo sangue foi analisado eram portadores de fator Rh.

Logo, 85% das pessoas são portadores do fator Rh.

2) Da população para a amostra (dessa população):

a) Estatística direta: parte da população para uma de suas amostras, tomadas ao acaso:

Exemplo: 90% dos jovens que frequentam o curso de bacharelado de Economia à noite trabalham.

Logo, 90% dos que irão matricular-se à noite no curso de Economia serão pessoas que trabalham.

b) Singular: parte da população para um caso específico, tomado ao acaso.

Exemplo: A grande maioria dos assalariados tem renda mensal igual a um salário-mínimo.

José, sendo um assalariado (escolhido aleatoriamente), tem renda mensal igual a um salário-mínimo.

3) De amostra para amostra:

a) Preditiva-padrão: a partir dos elementos observados para uma amostra aleatória.

Exemplo: Todas as barras metálicas até hoje observadas dilataram-se sob a ação do calor.

Logo, estas barras metálicas, escolhidas ao acaso, se dilatarão (sob a ação do calor).

b) Preditiva estatística: igual à anterior, mas indicando a proporção estatística.

Exemplo: Cerca de 87% dos estudantes de Medicina que conhecem latim identificam os termos médicos mais facilmente.

Logo, destes estudantes de medicina, escolhidos aleatoriamente, se conhecerem latim, cerca de 87% reconhecerão mais facilmente os termos médicos.

c) Preditiva singular: igual às anteriores, porém referindo-se a um caso particular, tomado ao acaso.

Exemplo: Quase todos os estudantes de cinema apreciam os curtas-metragens.

Logo, João, estudante de cinema, escolhido aleatoriamente, gosta de curtas-metragens.

4) De consequências verificáveis de uma hipótese para a própria hipótese:

Exemplo: Sendo impossível testar diretamente a afirmação de que "a Terra é redonda", parte-se de consequências verificáveis como um navio que se afasta do observador parecerá afundar lentamente; a circunavegação deve ser possível, mantendo uma rota unidirecional; fotografias tiradas a grande altitude devem mostrar a curvatura etc.

5) Por analogia: quando os objetos de uma espécie são bastante semelhantes, em determinados aspectos a objetos de outra espécie, sabendo-se que os da primeira têm determinada propriedade e não sabendo se os da segunda apresentam ou não essa propriedade, por analogia, já que os objetos das duas espécies são muito parecidos sob certos aspectos, conclui-se que serão parecidos em relação a outros aspectos especificamente na propriedade pesquisada: os objetos da segunda espécie apresentam também aquela propriedade que se sabe estar presente nos da primeira espécie. Esquematicamente:

Objetos do tipo X têm as propriedades G, H etc.

Objetos do tipo Y têm as propriedades G, H etc.

Objetos do tipo X têm as propriedades F.

Logo, objetos do tipo Y têm a propriedade F.

Exemplo: realizando-se experiências com ratos, percebe-se que certa substância que lhes é ministrada traz determinados efeitos secundários indesejáveis. Por analogia, sendo ratos e homens fisiologicamente semelhantes, pode-se sustentar que "a nova substância trará para o homem o aparecimento dos mesmos efeitos indesejáveis".

9.4.1.3 Método hipotético-dedutivo

As formas de trabalhar pelas inferências indutiva e dedutiva sempre foram divergentes, desde os tempos de Sócrates e Platão, seguindo como fonte de estudo por parte de Aristóteles. Foi, mais tarde, a indução usada por outros estudiosos como Locke, Berkeley, Hume e Stuart Mill. E o primeiro a questionar a eficácia do método indutivo foi Hume, seu grande seguidor. Depois dele, quem mais criticou o indutivismo foi Karl R. Popper, que não somente questionou mas recusou seu uso e formulou um novo método, o hipotético-dedutivo, com as seguintes fases ou etapas: expectativas ou conhecimento prévio, problema, conjecturas e falseamento.

Karl Raymond Popper defende que todo problema deve ser encaminhado de maneira crítica e racional e que com seu método hipotético-dedutivo podem ser construídas conjecturas que precisam ser testadas de diversas maneiras para se asseverar que "o avanço da Ciência não se deve ao fato de se acumularem ao longo do tempo mais e mais experiências. Ela avança, antes, rumo a um objetivo remoto e, no entanto, atingível, o de sempre descobrir problemas novos mais profundos e mais gerais e de sujeitar suas respostas sempre a testes provisórios, a testes sempre renovados e sempre mais rigorosos". Com esse pensamento Popper procurava descartar em definitivo a indução, mostrando a sua impossibilidade de permitir aprofundar a experimentação. Arrematava este crítico do indutivismo que o único método científico era o seu método hipotético-dedutivo, por muitos motivos, mas principalmente por reconhecer que o ideal da verdade em Ciência é inatingível. Então se passa a detectar erros e a eliminá-los por meio da experimentação.

9.4.1.4 Método dialético

Dialético equivale a diálogo, e já na Antiga Grécia era conhecido por Heráclito de Éfeso e Parmênides. Para o primeiro prevalecia a Dialética e para o segundo, a Metafísica. Este acreditava que a essência do ser humano era profunda e mutável e sujeita não apenas a fatores superficiais comandados unicamente pelo relacionamento entre pessoas.

Um século depois Aristóteles fez ressurgir os conceitos da Dialética na sua Metafísica, a qual predominou até a Renascença. Nesse período, pelos ensinamentos de Montaigne (século XVI) e Diderot (século XVII), a dialética toma força e ocupa lugar de destaque. Com Hegel, Marx toma em definitivo o lugar da Metafísica. Na visão histórica é possível delinear as seguintes fases da Dialética: dos filósofos jônicos, de Aristóteles, de Hegel, de Marx, e de Engels.

Em resumo, o pensamento dialético foi o seguinte, segundo seus personagens:

a) Heráclito: Tudo é muito mutável e tudo muda por meio do conflito. O seu mais famoso exemplo é o que diz respeito a uma pessoa não poder banhar-se duas vezes em um rio, porque tanto o rio como a pessoa sofrem alterações com o tempo. Nega qualquer estabilidade no ser humano. Prevalece a Dialética;

b) Parmênides: O homem é dotado de uma essência imutável, não temporária e nem passageira. Mutável, para ele, eram as mudanças. A Metafísica é superior à Dialética. O homem não tem algo mais profundo;

c) Aristóteles: Falta da Dialética para defender a sua Metafísica e esta prevalece em seus ensinos até a queda de suas ideias no Renascimento e na Reforma (séculos XVI e XVII);

d) Montaigne e Diderot: cada um a seu tempo, séculos dezesseis e dezessete, respectivamente, pregaram com ênfase a dialética e ela se tornou importante para todos;

e) Hegel: Dá novo impulso à dialética a qual vive o seu período de esplendor. Pregou em seu diálogo que no Universo tudo interage. Para ele existem mudança e movimento, nada se altera isoladamente; as coisas e as pessoas se interdependem. Era uma volta aos pensamentos do pré-socrático. Heráclito evoca a força do espírito sobre a matéria. A mudança da matéria é menos importante que as do espírito. Para ele a Dialética é a forma lógica e racional de tudo, da vida;

f) Hegel e Marx: Acrescentaram aos princípios da Dialética o componente material que implica a ausência do espírito. No Universo e na vida nada há mais importante que a matéria. Tudo pode ser mudado por meio das ideias. O ser humano é natural e concreto e é movido pelos conflitos sempre existentes na sua essência. Por estes conflitos, discutindo-se as ideias, é alcançada a verdade.

Embora seja controvertida a classificação das leis ou princípios da Dialética Materialista, são elas: ação recíproca, unidade polar, mudança dialética, negação, passagem da quantidade à qualidade e interpretação dos contrários, contradição. Resumidamente estas quatros leis podem ser: "tudo se relaciona", "tudo se transforma", mudança qualitativa e luta dos contrários.

Quanto aos métodos de procedimentos, eles são comuns nas Ciências Sociais, sendo os principais: método histórico, comparativo, estatístico, funcionalista, estruturalista, monográfico ou estudo de casos e tipológico.

No texto sobre "método" o leitor encontrará mais dados sobre método de pesquisa nas Ciências Sociais.

9.4.2 Técnicas de Pesquisa

Da mesma forma que a realização de uma pesquisa exige o uso de métodos, exige também o uso de técnicas. Método e técnica são componentes indispensáveis ao processo da investigação. Com o método é estabelecido o roteiro de ação, ou seja, as fases do estudo desejado, e com a técnica se relacionam os modos ou maneiras de como será efetivada a pesquisa.

Técnicas, portanto, são as normas usadas em cada tipo de estudo, em quaisquer das áreas do conhecimento humano. As técnicas de pesquisa se classificam em documentação indireta e documentação direta. Na documentação indireta estão incluídas a pesquisa bibliográfica, a pesquisa documental e os estudos exploratórios. Nela são usados todos os tipos de documentos escritos, como livros, periódicos, jornais, revistas, filmes, fotografia etc.

A documentação direta se utiliza de todo tipo de observação e se classifica em observação direta intensiva e observação direta extensiva. O primeiro tipo se fundamenta na observação em si e pode ser dividido nas seguintes modalidades: observação sistemática, assistemática, não participante, em equipe, individual, na vida real e em laboratório. O outro tipo de observação direta intensiva é a entrevista, que pode ser estruturada e não estruturada. Sobre entrevista, o texto "técnicas de aprendizagem" tem maiores informações.

A observação direta extensiva fundamenta-se na aplicação de questionários, formulários, testes, pesquisa de mercado e história de vida.

A observação como técnica para a tomada de posição e conhecimento é o instrumento mais antigo que a humanidade conhece. No presente, é de suma importância na construção do saber e será relevante enquanto existir o ser humano. Somente com o desenvolvimento racional da observação é que ela passou a servir à Ciência, pois deixou de ser apenas contemplativa ou causal e passou a ser feita de forma sistemática.

Observar não é somente ver e ouvir, sem usar os estímulos da mente, pois esta informação não resultará em qualquer avanço em direção a um resultado que traga benefício à coletividade e traz compreensão das coisas e fatos a um nível individual muito restrito e sem profundidade. Contudo, a observação em nível científico não tem por fim acabar com a observação ocasional, espontânea ou vulgar, mas completá-la e melhorá-la para que passe a ter validade. Embora a observação possa ser classificada nos vários tipos já mencionados, os mais comumente usados são: o da observação assistemática e o da observação sistemática.

9.4.2.1 Observação assistemática

É aquela que acontece sem prévio planejamento e sem qualquer tipo de controle. Pode ser chamada de observação ocasional, simples ou não estruturada. O saber humano se utiliza desse tipo de observação para estudar determinados fenômenos processando-se conjecturas e ações para transformar uma observação simples em um trabalho empírico de vulto. O bom observador não é evidentemente o que vê tudo e consegue relatar o que viu, mas aquele que vê o que outros observadores não viram. Quem observa de forma assistemática não avança mais que o próprio campo do conhecimento popular ou vulgar. Ver e observar sem usar o raciocínio é apenas contemplar.

Exemplos desse tipo de observação são os mais diversos que podem ser tirados do cotidiano. Típico é o da mãe que leva seu bebê ao médico e vai logo dizendo que o filho tem febre. O médico pergunta se a febre ocorre pela manhã ou à tarde, se é após o banho, se é antes ou depois da alimentação. A resposta da mãe é: "Não sei, doutor." Ela nada observa. Sabe apenas que o filho fica muito quente e que a isso se dá o nome de "febre". Outro exemplo é o do indivíduo que foi ao médico e com a ponta do dedo indicador apertava cada parte do corpo e dizia "dói aqui, dói aqui e aqui, doutor". Todo o corpo do paciente era uma dor só. O médico que observava as lamúrias do paciente tomou-lhe pelo braço e apontando para o seu dedo disse: "Amigo, é o seu dedo que está quebrado."

Beveridge conta, em tom de anedota, que um médico de Manchester dava uma aula e meteu o dedo em uma amostra de urina de um paciente diabético e levou-o à boca para prová-la. Seguidamente mandou que os alunos fizessem o mesmo. Estes, embora com muita repugnância, imitaram o professor que lhes ensinou o valor da observação criteriosa quando disse: "Introduzi na urina o dedo polegar, mas lambi o dedo indicador."

9.4.2.2 Observação sistemática

É também conhecida por observação planejada, estruturada ou controlada e sugere um planejamento prévio, um plano de ação e uma avaliação dos resultados. Este tipo de observação pressupõe as perguntas: por que observar? Para que observar? Como observar? O que observar? Quem observar? Além disso, ela exige a indicação do campo, do tempo, da duração e os instrumentos a serem usados.

A observação sistemática é uma técnica de vital importância para a pesquisa científica, enquanto a observação assistemática apenas serve aos interesses da Ciência. Quanto à aplicação, a observação sistemática efetua-se de forma direta e de forma indireta. Neste caso, por meio de instrumentos e daquele quando o fenômeno é observado imediatamente.

No âmbito da observação sistemática, os exemplos se acumulam e muitos deles mostram que a descoberta ocorreu por acaso, sem intenção prévia, fruto do olhar e ouvir de forma organizada, continuada e coordenada. Como exemplo está o caso do "prendedor velcro", cuja invenção partiu da observação de George de Mestral que ao voltar de um passeio no campo, estando com sua calça coberta de carrapicho da bardana, resolveu examinar como eles se agarravam ao tecido e daí para frente seguiu-se todo o processo de invenção do novo fecho. Outro exemplo é o de Sir Isaac Newton que viveu de 1642 a 1727, quando em uma tarde em que tomava chá no jardim viu cair uma maçã e observou criteriosamente sua corrida em direção à terra. Desse ato sistemático nasceu a Teoria e depois "Lei da Gravidade".

Finalmente, um exemplo tirado do dia a dia, de um menino do meio rural cuja História foi narrada ao autor quando aluno daquele já ex-menino da roça. Contou o professor Emanuel Ferreira Neto que, quando menino, descobriu um ninho de urubu, onde a fêmea chocava seus ovos. Juntando-se com outros moleques, trataram de pegar o animal. A maneira encontrada foi fazer uma casinhola ao lado da entrada da pedra por onde a urubu-mãe passava. Feito isto, um dos meninos nela ficou, mas a presa permaneceu estática na árvore seca próxima ao local. Desocupada a casa, tratou ela de aquecer os ovos. No dia seguinte dois meninos ficaram na espera; saiu um, nada modificou; saiu o outro e a mãe urubu voou para o seu ninho. No terceiro dia três garotos se acotovelaram na barraca e gradativamente foram saindo e só depois que o último saiu é que ela foi aquentar os seus ovos. No quarto dia, quatro meninos, e novamente a cada período de tempo saía um e ao final, após o último, ela entrou na gruta. No quinto e último dia, cinco meninos se esconderam, e ao sair o quarto menino, a mãe urubu voou da árvore seca para o seu ninho e foi agarrada pelo quinto guri, que não havia saído da casinhola. Conclusão a que chegou aquele garoto: "urubu conta até quatro!".

9.5 PESQUISA BIBLIOGRÁFICA

Ander-Egg (1978, p. 28) define pesquisa bibliográfica como sendo "o procedimento reflexivo sistemático, controlado e crítico que permite descobrir novos fatos ou dados, relações ou leis em qualquer campo do conhecimento". Ela se presta a qualquer tipo de estudo exploratório e à delimitação de assunto, tema ou problema de um estudo ou pesquisa. Necessária é a pesquisa bibliográfica para a elaboração de quaisquer tipos de trabalho acadêmico ou científico, tais como: tese, dissertação, monografia, artigo, comunicação, resenha ou ensaio científico. Pode a pesquisa bibliográfica ser usada nos cursos de 2º grau, superior, pós-graduação e por qualquer tipo de estudioso, independente de estar vinculado a um curso. Suas técnicas são o uso de fichário de autores, fichário de títulos ou de obras e fichário de assuntos e seus instrumentos; são os documentos escritos, como livros, periódicos, publicações técnicas, revistas, boletins, folhetins, anais e anuários.

Outros tipos de fichas podem ser usadas na pesquisa bibliográfica, tais como: ficha de resumo, de comentário, de glossário, de citação literal, de citação parafraseada e ficha de assunto.

As fichas usadas podem ser de tamanho variado entre 12,5 x 20,5cm, 10,5 x 15,5cm e 7,5 x 12,5cm, ou de outro tamanho e, caso não disponha de fichas, pode o estudante, ao iniciar uma pesquisa bibliográfica, usar folhas avulsas com os títulos indicados. De qualquer forma o uso de fichas facilitará o arquivamento, controle e manuseio a qualquer tempo.

Cada ficha trará, entre outros, os seguintes dados obrigatórios: título da ficha, cabeçalho, referência bibliográfica e corpo ou texto.

As fichas, em uma pesquisa bibliográfica, servem para: identificar as obras; conhecer seu conteúdo; fazer as citações; analisar o material; elaborar análise crítica, reflexiva e fazer a síntese. A ficha como instrumento de pesquisa foi criada por Rosier, abade e membro da Academia Francesa de Ciência no século XVII e até hoje o seu uso é feito por inúmeras instituições e quase todos os pesquisadores.

Segundo Lakatos e Marconi (1990, p. 44), as fases da pesquisa bibliográfica são as seguintes: "escolha do tema, elaboração do plano de trabalho, identificação, localização, compilação, fichamento, análise, interpretação e redação."

O primeiro passo é escolher o tema ou assunto que deseja ou precisa desenvolver para depois cumprir outras etapas que são integrantes e devem ser levadas a efeito de forma ordenada. A etapa seguinte será a estruturação de um esquema provisório de trabalho, contendo os tópicos que se deseja tratar organizando-os esquematicamente: introdução, desenvolvimento e conclusão. Melhor é que esse plano seja elaborado após a coleta dos dados necessários à leitura do trabalho. O terceiro passo é identificar ou reconhecer o assunto, buscando catálogos, bibliotecas, editoras onde possam ser localizadas relações de documentos relacionados com o assunto a ser desenvolvido. Logo após, deve ser feita a localização de todo material que tenha relação com o tema estudado, devendo a seguir ser feita uma relação em ordem de importância. Em seguida vem a arrumação e ordenamento de material, se possível, dividido para cada parte do trabalho. Segue-se o fichamento que se dá pela leitura atenta de cada obra com base nos objetivos do trabalho a ser produzido. De posse das fichas, devidamente ordenadas, realiza-se a análise e interpretação dos elementos coletados usando as técnicas da reflexão, crítica, comparação e síntese. É a redação que encerra o trabalho, que deve passar pela primeira revisão e organização editorial. Datilografado ou digitado, passa por uma segunda revisão e está pronto para a apresentação.

Para Andrade (1993, p. 41-42), as fases da pesquisa bibliográfica são quatro: "escolha e delimitação do tema, coleta de dados, localização das informações e documentação dos dados (anotações e fichamento)."

Este roteiro parece mais fácil e mais simples ao prever a escolha do tema, sua delimitação e, logo após, o estudo preliminar ou exploratório que consiste na busca dos dados necessários. A seguir prescreve a localização das informações com uma leitura prévia, uma leitura seletiva, uma leitura crítica e analítica e, finalmente, uma leitura interpretativa. Após esta fase segue o fichamento, a redação e a apresentação do trabalho.

9.5.1 Resumo de Fichas e Exemplos

a) Nas fichas, as referências bibliográficas obedecem às normas técnicas da ABNT.

b) Nas fichas de indicação de obras e de autores, observar: cabeçalho, referência bibliográfica, texto ou corpo, indicação para quem serve e local onde se encontra a obra.

c) Nas fichas de parte da obra ou de toda ela devem ser referidos todos ou alguns dos aspectos: campo do saber que é abordado, problemas significativos que foram tratados, conclusões alcançadas, contribuições da obra, onde foram pesquisados os dados encontrados na obra e que métodos foram usados: abordagem (indutivo, dedutivo, hipotético-dedutivo, dialético); procedimento (histórico, comparativo, monográfico, estatístico, tipológico, funcionalista, estruturalista etc.).

d) Nas fichas de citações o estudante deve atentar para usar aspas; colocar o número da página de onde tirou a citação; não alterar a citação; na supressão, colocar os três pontos antecedidos e seguidos de espaços, se for no início e fim da citação; se no meio, colocar entre parênteses; nas supressões de um ou mais parágrafos, utilizar uma linha completa de pontos; usar a expressão [*sic*] entre colchetes, se encontrar erros no texto a ser citado.

e) Nas fichas de resumo ou de conteúdo, deve ser observado: é desnecessário seguir a estrutura da obra; as palavras usadas são do estudante e não do autor da obra estudada; não são longas demais estas fichas e não é uma relação do sumário ou índice da obra consultada.

f) Ficha de comentário ou ficha analítica. Nela o estudante apresenta sua explicação, interpretação e crítica das ideias contidas na obra. Pode conter comentários sobre como o autor trabalhou, a análise, a crítica, a interpretação, a comparação e explicação da importância da obra para o estudo que está sendo feito.

Ficha de Citação ou Transcrição

LEITURA

GIL, Antonio Carlos. *Como elaborar projetos de pesquisa*. 2. ed. São Paulo: Atlas, 1989. p. 67-70.

"Leitura exploratória: esta é uma leitura rápida do material bibliográfico... Leitura seletiva... Leitura mais profunda, mas não definitiva:... Leitura analítica: é feita a partir de textos selecionados... ordenar e sumariar as informações contidas nas fontes... passa pelos seguintes momentos: leitura integral da obra, identificação das ideias-chaves, hierarquização e sintetização das ideias... leitura interpretativa: é mais complexa... liga acontecimentos outros já obtidos com os da leitura analítica.

Ficha de Glossário

1. Ciência: conhecimentos do certo pelo real, conhecimento coordenado.
2. Lógica: Ciência que estuda as leis do raciocínio.
3. Maiêutica: método de diálogo criado por Sócrates.
4. Método: caminho seguido para se alcançar um objetivo pretendido.
5. Monografia: trabalho que descreve um único tema, com profundidade e clareza.
6. Silogismo: raciocínio formado por três proposições: premissa maior, premissa menor e conclusão.

Ficha de Autor

SANTOS, Izequias Estevam dos. **Símbolos para o Amapá**. Macapá: Gov. do Território do Amapá, 1980.

Ficha por Assunto

O CERRADO TOCANTINENSE

SANTOS, Izequias Estevam dos. Eu poeta do cerrado? Palmas: **Jornal do paralelo** 13 dez. 1993.

Ficha de Esquema

Fases da pesquisa bibliográfica
1 - Escolha do tema e delimitação dos objetivos.
2 - Elaboração do plano de ação.
3 - Identificação das fontes de consulta.
4 - Localização e identificação do material.
5 - Seleção e organização do material coletado.
6 - Leitura e compilação dos dados coletados.
7 - Redação das partes em fichas.
8 - Redação geral do trabalho.
9 - Organização do trabalho.
10 - Revisão geral.
11 - Entrega.

Documentação para o trabalho

MILLS. C. Wright - **A imaginação sociológica (The sociological imagination)**. Rio: Zahar, 1965 - Apêndice: "Do artesanato intelectual", p. 211-243.

> "Desenvolvendo o arquivo, podemo-nos experimentar como escritor e, assim, como se diz, desenvolver nossa capacidade de expressão. Manter um arquivo é empenhar-se na experiência controlada" (p. 213).

9.6 ESQUEMAS E RESUMO DE PESQUISA

9.6.1 Esquema de pesquisa bibliográfica

- Capa inicial
- Folha de rosto
- Ficha catalográfica
- Folha de aprovação
- Dedicatória
- Agradecimentos
- Resumo
- Sumário

- Relação de quadros, tabelas, gráficos, siglas e anexos
- Introdução
- Determinação do tema objetivo
- Descrição do plano de trabalho
- Identificação e localização das fontes
- Obtenção do material
- Leitura de fichas
- Redação do trabalho
- Conclusão
- Recomendação
- Referências
- Glossário
- Anexos
- Capa final

9.6.2 Esquema de pesquisa-levantamento

- Capa inicial
- Folha de rosto
- Ficha catalográfica
- Aprovação
- Dedicatória
- Agradecimentos
- Resumo
- Relação de quadros, tabelas, gráficos, siglas e anexos
- Sumário
- Introdução
- Especificação dos objetivos
- Operacionalização dos instrumentos de coletas de dados
- Elaboração dos instrumentos de coleta de dados
- Pré-testes dos instrumentos
- Seleção de amostra
- Coleta e verificação de dados
- Análise e interpretação dos dados
- Apresentação dos resultados

- Conclusão
- Recomendações
- Referências
- Glossário
- Anexos
- Capa final

9.6.3 Esquema de pesquisa estudo de caso

- Capa inicial
- Folha de rosto
- Ficha catalográfica
- Folha de aprovação
- Dedicatória
- Agradecimentos
- Resumo
- Sumário
- Relação de quadros, tabelas, gráficos, siglas e anexos
- Introdução
- Definição da unidade de caso
- Coleta de dados
- Análise e interpretação dos dados
- Redação do relatório
- Conclusão
- Recomendações
- Referências
- Glossário
- Anexos
- Capa final

9.7 PROJETO E RELATÓRIO DE PESQUISA

A pesquisa, qualquer que seja, tem, *a priori*, três fases que se integram e interagem que são: o planejamento, a execução e a apresentação. As duas primeiras etapas se materializam por meio do projeto de pesquisa, e a terceira, com o relatório de pesquisa e o problema da pesquisa.

Antes da elaboração do projeto que antecipa a pesquisa outros passos são indispensáveis e necessários, e entre eles estão os estudos preliminares ou estudos exploratórios, que visam a dar ao pesquisador a ideia exata do estágio em que se encontra a questão a ser desenvolvida. São, portanto, o ponto de vista teórico de outros estudos de pesquisas já elaborados no âmbito do tema em questão. Vem a seguir, ainda precedendo o projeto de pesquisa, a revisão bibliográfica, que consiste na seleção e análise do material colhido em ordem de importância para a pesquisa. Em seguida, pode ser elaborado um anteprojeto, que contenha dados que integram as diversas partes que se referem aos aspectos teóricos e metodológicos, bem como a definição de termos. Por último, prepara-se o projeto de pesquisa de forma detalhada e completa, dentro do rigor científico.

O desenvolvimento ou execução da pesquisa consiste em uma ação constante, racional e metódica, sem fugir ao que prescreve o projeto e com atenção sempre redobrada para fazer as correções e redirecionamentos, às vezes, necessários. Finalmente, vem a terceira etapa que é a apresentação da pesquisa por meio de um relatório.

9.7.1 Projeto de Pesquisa

Qualquer tipo de pesquisa requer a elaboração prévia de um projeto, que vulgarmente se denomina "projeto de pesquisa". Muitas vezes, erroneamente, aparece como "plano de pesquisa", mas projeto se refere a um todo, enquanto plano significa cada parte da pesquisa que forma o todo.

A apresentação de projeto de pesquisa é normalizada pela ABNT em uma NBR específica e, quando for o caso, outras normas da ABNT devem ser observadas, principalmente as que tratam de referências, numeração progressiva de seções, sumário, índice, citações, lombada e as normas de apresentação tabular do IBGE.

Toda pesquisa se inicia quando o estudioso é tomado por uma perplexidade em torno de um problema e necessidade, surgindo as conjecturas para dar tratamento ou resposta à questão. Nesse momento começa a elaboração do projeto, quando são formuladas as seguintes indagações: Quem? O que quero descobrir ou o que quero fazer? Por quê? Para que e para quem fazer? Onde? Como? Quem? Com quanto? Quando fazer? Com quanto fazer?

Estas perguntas ao serem respondidas redundarão no corpo ou estrutura do projeto de pesquisa. Assim:

1º) Quem? Refere-se ao pessoal, autor, coordenador, pessoal técnico, instituições participantes, instituições financeiras, título, subtítulo, início e término previstos.

Deve este ítem conter endereços completos das pessoas e instituições;

2º) O que fazer, ou o que quero descobrir? Constitui a formulação do problema, o enunciado das hipóteses, se for o caso, e estabelecimento das bases teóricas do estudo a ser feito, além de demonstrar as consequências advindas com o resultado da pesquisa;

3º) Por quê, para quê e para quem? Referem-se às justificativas da pesquisa (por quê), motivos de ordem prática e teórica que ensejam pesquisar o assunto e o que trará de lucro ou benefício para a sociedade. Objetivos gerais da pesquisa (para quê) é a definição clara do que se deseja conseguir com o estudo, exposto de maneira bem geral e abrangente mas sem ser muito extensiva. Para quem? Refere-se aos objetivos específicos e deve conter as situações particulares pela aplicação dos objetivos gerais;

4º) Onde? Como? Com quê? Quanto? Quando? Nesta parte está considerado o trabalho em si, ou seja, o plano de experimento. Onde e como referem-se ao campo de observação e variáveis que sejam importantes para o estudo, características da população, justificativa do uso de amostras (se for o caso) e plano de experimento que será usado na pesquisa. Os instrumentos a serem usados (com quê) devem ser descritos e relacionados às informações que se deseja colher, quais serão os procedimentos e que resultados se pretende obter com os dados coletados; Quanto? Relaciona-se com o uso das provas estatísticas, tais como a forma de obtenção e de tratamento dos dados estatísticos, tipos de tabelas e maneira de elaborá-las, que tipos e quais as provas que serão dimensionadas para comprovar as hipóteses, além da previsão da interpretação dos dados. Quando? Responde sobre a definição de tempo para planejamento, execução e apresentação da pesquisa, compreendendo todas as suas fases. É o cronograma;

5º) Com quanto fazer? Toda e qualquer pesquisa para ser feita envolve gastos e esta pergunta se refere ao orçamento ou plano de custos. Nele devem ser incluídos os gastos com recursos materiais e humanos de maneira bem discriminada.

Castro (1977, p. 113-119) dimensiona o projeto de pesquisa em doze etapas, que são:

> 1ª) O que estou querendo descobrir? 2ª) Estabelecimento dos objetivos do projeto. 3ª) Determinação do valor da pesquisa. 4ª) A escolha das variáveis empíricas. 5ª) Cálculo do valor na precisão e do custo do erro. 6ª) A intimidade da pesquisa. 7ª) A determinação dos obstáculos mais sérios na pesquisa. 8ª) A escolha dos métodos. 9ª) Preparar uma descrição detalhada dos métodos de análise. 10ª) A coleta de dados. 11ª) A análise dos dados. 12ª) A redação do relatório de pesquisa.

Para Gil, um projeto de pesquisa deve ser composto das seguintes partes: "Identificação, Objetivos, Justificativa, Sistema conceitual, Teoria de base, Metodologia, Suprimentos e Equipamentos, Anexos e Bibliografia."

Existem vários modelos de projetos de pesquisa com nomenclaturas diferentes mas que acabam por significar a mesma coisa. Para efeito puramente didático, é adotado o seguinte esquema de projeto de pesquisa.

9.7.1.1 O projeto de pesquisa segundo a ABNT

São elementos que compõem a estrutura de um projeto de pesquisa na parte pré-textual: a capa, a lombada, a folha de rosto, a lista de ilustrações, a lista de abreviaturas e siglas, a lista de símbolos e o sumário. Na parte textual: o problema, as hipóteses, os objetivos, as justificativas, o referencial teórico, a metodologia, os recursos e o cronograma de execução. Na parte pós-textual: as referências, o glossário, os apêndices, os anexos e o índice.

9.7.1.1.1 Estrutura do projeto de pesquisa de acordo com a ABNT

PARTE EXTERNA:

Capa – opcional;

Lombada – opcional.

PARTE INTERNA

A)Elementos pré-textuais:

Folha de rosto – obrigatório.

Lista de ilustrações – opcional.

Lista de tabelas – opcional.

Lista de abreviaturas e siglas – opcional.

Sumário – obrigatório.

B) Elementos textuais: (todos obrigatórios)

Problema;

Hipóteses;

Objetivos;

Justificativa;

Metodologia;

Recursos;

Cronograma.

C) Elementos pós-textuais:

Referências – obrigatórias.

Glossário – opcional.

Apêndice – opcional.

Anexo – opcional.

Índice – opcional.

9.7.1.1.2 Regras a serem observadas na apresentação do projeto de pesquisa

FORMATO:

Papel branco formato A4, tamanho 21 cm x 29,7 cm.

- DIGITAÇÃO:

Digitado ou datilografado somente no anverso das folhas em cor preta, devendo ser usada outra cor apenas para as ilustrações.

- ESPACEJAMENTO:

Fonte 12 para todo o texto com exceção das citações com mais de três linhas, notas de rodapé, paginação e as legendas das ilustrações e das tabelas, que devem ser apresentadas em letra menor e uniforme ao texto.

- CITAÇÃO COM MAIS DE TRÊS LINHAS:

Fazer um recuo de 4 cm a partir da margem esquerda, não colocar aspas e nem parágrafo para ela. Nos textos datilografados, observar apenas o recuo do parágrafo.

- MARGEM:

Nas folhas o texto deve ser apresentado com 3 cm de margem esquerda e superior e 2 cm de margem direita e inferior.

- ESPACEJAMENTO:

No texto digitado ou datilografado o espaço deve ser de 1,5 entrelinha, com exceção das citações com mais de três linhas, referências, legenda das ilustrações e tabelas, tipo de projeto de pesquisa e nome da entidade, que são apresentados em espaço de entrelinhas simples.

- TÍTULOS DAS SEÇÕES E SUBSEÇÕES:

São separados por dois espaços de 1,5 do texto que precede e que sucede.

- TIPO DE PROJETO E NOME DA ENTIDADE:

Quando apresentados na folha de rosto são alinhados do meio da mancha para a margem direita.

- NUMERAÇÃO INDICATIVA DE SEÇÃO:

É alinhada pela margem esquerda e precede o título, que é separado da numeração por um (1) espaço. A numeração progressiva das seções é recomendada para evidenciar o ordenamento do projeto e o seu entendimento com mais facilidade.

- TÍTULOS CENTRALIZADOS:

Os títulos sem indicação numérica, como lista de ilustrações, lista de abreviaturas e siglas, lista de símbolos, sumário, referências, glossário, apêndices, anexos e índices, são sempre apresentados no centro da mancha do texto.

- NUMERAÇÃO DAS PÁGINAS:

  A partir da folha de rosto todas as páginas são consideradas e não numeradas, começando na primeira folha da parte textual à numeração em algarismos arábicos. A numeração é aposta alinhada pela margem direita ao alto, situando-se a 2 cm da borda. Sempre que houver mais de um volume a numeração em todos eles é mantida de forma única. A numeração segue contínua do início ao fim do texto, inclusive nas folhas onde estão apêndices e anexos quando existirem.

- INÍCIO DA SEÇÃO PRIMÁRIA:

  Por serem as partes mais importantes do projeto ou texto, os títulos das seções primárias devem ter início em folha distinta.

- CITAÇÕES:

  Sempre que fizer uma citação observar as normas da ABNT.

- ABREVIATURAS E SIGLAS:

  Quando usadas no texto pela primeira vez devem ser escritas por extenso e ao final serem colocadas entre parênteses. Após a primeira vez, pode ser usada a abreviatura ou a sigla no texto.

- EQUAÇÕES E FÓRMULAS:

  São alinhadas pela esquerda e, se necessário, numeradas com algarismos arábicos alinhados à direita, antecedido de reticências e entre parênteses. No texto permite-se o uso de uma entrelinha maior para facilitar a escrita de elementos como expoentes, índices etc.

- ILUSTRAÇÕES:

  Quaisquer que sejam elas (desenho, esquemas, fluxogramas, fotografias, mapas, gráficos, organogramas, plantas, quadros, retratos etc.), sua identificação é colocada na sua parte inferior, antecedida do vocábulo designativo, seguido da numeração de ordem que aparece no texto, em arábico, título ou legenda explicativa (resumida) e da fonte. Qualquer que seja a ilustração ela deve ser colocada o mais perto possível do trecho onde é referida.

9.7.1.1.3 Descrição dos elementos que compõem o projeto de pesquisa

Para efeito didático nesta obra são considerados obrigatórios todos os elementos que compõem um projeto de pesquisa. Fica, contudo, a critério do autor do projeto decidir qual elemento é dispensável e qual deve constar em seu projeto.

PARTE EXTERNA

- CAPA:

  Elemento opcional. Se colocado deve conter os seguintes dados: nome da instituição a que será submetido o projeto, autoria, título, subtítulo (se houver) com subordinação ao título e precedido de dois pontos, local (cidade) onde será apresentado, ano de depósito ou de entrega;

- LOMBADA:

Elemento opcional. Se couber no trabalho deve obedecer às normas ditadas pela ABNT.

PARTE INTERNA

Elementos pré-textuais:

- FOLHA DE ROSTO

  Obrigatória: autoria, título, subtítulo precedido de dois-pontos, tipo do projeto de pesquisa e instituição a que será submetido, local (cidade) da entidade onde será apresentado, ano de depósito ou entrega.

- SÚMULA CURRICULAR DA AUTORIA

  Devem ser apresentados em folha distinta dados curriculares do autor ou autores, em caso de exigência.

- LISTAS

  As listas de ilustrações, tabelas, abreviaturas, siglas e símbolos, se couberem no trabalho, devem ser colocados em folhas distintas conforme reglula a ABNT, devendo consultar previamente as partes desta obra que cuidam do assunto.

- SUMÁRIO

  Deve ser elaborado de maneira que apareçam os tópicos ou seções principais do trabalho, seguidos do número das páginas onde se encontram. O sumário é normalizado pela ABNT.

Elementos textuais:

- PROBLEMA

  O problema da pesquisa responde à pergunta o quê? Refere-se ao objeto da pesquisa, o que será pesquisado. O problema pode aparecer simplesmente como "Problema", descrição da "Situação Problema" ou "Formulação do Problema". Qualquer que seja a denominação deve ser escrito de forma completa para permitir que a resposta a ser dada seja possível.

- HIPÓTESES

São explicações antecipadas com base na formulação do problema da pesquisa e que sempre necessitam de solução por meio da pesquisa. Nem sempre cabe hipótese em um estudo, como por exemplo, nas pesquisas bibliográficas e documentais. Devem ser feitas de forma clara, consistente, objetiva e lógica, sempre baseadas no conhecimento advindo da descrição do problema.

- OBJETIVOS:

Identificar com clareza o problema; apresentar a delimitação do problema; apresentação das hipóteses que serão testadas (se for o caso); definir com clareza os objetivos que se pretende alcançar. Os objetivos variam de acordo com o tipo de estudo ou pesquisa a ser realizado. Em estudos práticos, levantamentos e estudos de casos, os objetivos gerais e os específicos são descritos resumidamente e vêm isolados do dimensionamento do problema e da formulação das hipóteses. Responde às indagações: Para quê? Para quem?

- JUSTIFICATIVA

Descreve o porquê da pesquisa, sua importância e relevância para o setor ou para a sociedade. Se for pesquisa científica ou acadêmica, mostrar: avanços dos conhecimentos relacionados com o tema da pesquisa e quais as melhorias que poderão advir com a pesquisa; qual a relevância para a instituição, grupo ou comunidade, e nível de interferência dos resultados para alterar a realidade virtual. Se a pesquisa tiver caráter prático, a justificativa pode levar em conta os objetivos da instituição responsável. Em pesquisas que são financiadas, a justificativa deve ser elaborada com objetividade, clareza e detalhamento.

- **Responde à indagação: Por que?**

- SISTEMA CONCEITUAL

É exigido quando o projeto de pesquisa trata de tema complexo. Se for este o caso, deve ser feita a conceituação clara dos termos contidos na questão a ser estudada e nas hipóteses formuladas. Não precisa descrever este ítem em pesquisas cujas referências empíricas são claras, como nos estudos de grupos por idade, sexo, escolaridade, estado civil, nacionalidade, ocupação etc.

- TEORIA DE BASE

Somente é exigido quando existe uma ou mais teorias que sustentam o estudo a ser feito. Depende da área da Ciência onde está se realizando a pesquisa. Os estudos nas áreas da Antropologia, Economia, Psicologia, Ciência Política e

Sociologia têm suporte em teorias para o que é importante dimensionar qual ou quais teorias fornecem indicação à pesquisa.

- METODOLOGIA

  É o ponto mais complexo da pesquisa pois nele se faz a explanação e a demonstração da metodologia a ser adotada; escolha dos métodos de abordagem que serão utilizados, podendo ser o indutivo, o dedutivo, o hipotético-dedutivo ou o método dialético; escolha dos métodos de procedimentos que serão usados (histórico, comparativo, etnográfico, monográfico ou estudo de caso, estruturalista, estático, funcionalista e tipológico); seleção das técnicas de coleta de dados, demonstrando por quais instrumentos será feita a coleta de dados (como será feita a tabulação, a análise dos dados e qual a forma do relatório); descrição da população ou delimitação do universo da pesquisa, que consiste na determinação do espaço geográfico, espaço de tempo e indicadores ou aspectos que serão pesquisados. Caso contrário, o estudo pode ficar inviabilizado. Para efeito de pesquisa, "população" não significa apenas pessoas ou habitantes mas sim a totalidade de elementos de um determinado universo; descrição do tipo de amostragem que será usado: se probabilístico (aleatória simples ou randômica, sistêmica, estratificada e por área) ou probabilística ou por Julgamento (intencional ou por quotas), este, pouco usado. Escolhido o tipo de amostragem, deve ser explicado como será feita a seleção e caracterização das amostras; descrição de como será processado o tratamento estatístico, nível de significância, controle das variáveis e a prova das hipóteses, se for o caso.

- **Responde às indagações: Como? Com quê? Onde? Quanto?**

- ORÇAMENTO OU CUSTO

  Fazer o orçamento bem detalhado, contendo custos com pessoal e material. Fazer o orçamento de forma realista, precedido de um levantamento de preços. Deve ser colocado um ítem para despesas imprevistas. Os custos com pessoal colaborador devem ser feitos em dias e, para os consultores, em horas trabalhadas. Entre os dados que devem constar de forma detalhada no orçamento estão: salários, honorários, diárias, transporte, computação etc.

- **Responde à indagação: Com quanto?**

- INSTRUMENTOS:

  Também conhecidos como suprimentos e equipamentos.

  Descrição minuciosa dos tipos de instrumentos que serão usados (questionário, formulário, manual de tabulação e de instrução para entrevistadores e pesquisadores, além da relação de equipamentos necessários, como lápis, canetas, papel, pastas etc.).

- **Responde à indagação: Como?**

▪ CRONOGRAMA:

Dividir a pesquisa em partes para facilitar a sua execução sem atropelos. Indicar o tempo a ser gasto em cada fase sem olvidar-se de que algumas atividades se superpõem.

Elementos pós-textuais

- REFERÊNCIAS

Denominada também revisão bibliográfica, consiste no relacionamento de todos os livros, periódicos, revistas e quaisquer tipos de publicações que foram consultadas para a elaboração do projeto de pesquisa e de todos os documentos que servirão para dar continuidade ao estudo. Levar em conta que nenhuma pesquisa nos dias atuais parte do "zero", mesmo que seja um estudo exploratório. Existe alguma coisa já feita sobre o assunto ou mesmo algo que se possa relacionar com o tema. Relacionar a bibliografia de forma técnica é indispensável.

- APÊNDICE

Incluir no projeto, quando couber. São textos ou documentos produzidos pelo autor do projeto. Podem ser cópias de instrumentos da pesquisa como: testes, manuais, roteiros de entrevistas, formulários, questionários etc.

- ANEXOS

Colocar exemplares dos instrumentos a serem usados na pesquisa como: testes, manuais, roteiros de entrevistas, formulários, questionários etc. Inserir no projeto, quando couber. São documentos não produzidos pelo autor do projeto.

9.7.2 Relatório de Pesquisa

Os trabalhos acadêmicos solicitados nos cursos de pós-graduação *lato* e *stricto sensu* são relatórios de pesquisa apresentados respectivamente sob a forma de Monografia, Dissertação e Tese. Esses relatórios de pesquisa são pré-requisitos para a obtenção dos títulos de especialista, mestre e doutor e em sua forma de apresentação obedecem as regras da ABNT.

9.7.2.1 Elementos do relatório de pesquisa, segundo Martins (1990, p. 17)

São partes ou elementos que compõem um projeto de pesquisa, segundo esse autor: capa; folha de rosto; ficha catalográfica (como parte da identificação); sumário; índice; introdução, devendo esta conter antecedentes do problema, o que existe produzido sobre o assunto, pontos críticos, objeto e objetivo da pesquisa, hipóteses e revisão bibliográfica; metodologia, contendo tipo de estudo, caracterização da população, plano de amostragem, instrumentos da pesquisa, forma de tratamento dos dados, limitações do problema; apresentação e discussão dos resultados; conclusões e recomendações; bibliografia e anexos.

9.7.2.2 Elementos do relatório de pesquisa, segundo Andrade (1993, p. 135-138)

Um relatório de pesquisa abrange introdução, composta de: título, delimitação do assunto, objetivos, hipóteses, variáveis, universo da pesquisa, justificativa e procedimentos; desenvolvimento, dividido em: apresentação dos resultados conseguidos, análise e interpretação por meio de tabelas e gráficos, além da discussão dos resultados; conclusão, que se refere a um resumo interpretativo com uma revisão dos fatos mais importantes e descrição sobre confirmação ou rejeição das hipóteses; parte referencial contendo a bibliografia, apêndice e anexos.

9.7.2.3 Passos e condições necessários nos relatórios de pesquisa segundo Lasso de La Veja

Lasso de La Vega (1969, p. 657) indica dez passos ou condições que devem constar das publicações técnicas ou relatórios:

1º Passo: escrever parágrafos breves, de 16 a 20 palavras por frase.

2º Passo: utilizar palavras, cláusulas e frases simples em vez de complexas.

3º Passo: utilizar palavras familiares e breves, ante às longas.

4º Passo: suprimir palavras desnecessárias e fazer que cada palavra seja a que mais apropriadamente expresse a ideia.

5º Passo: utilizar os verbos ativos em vez dos passivos.

6º Passo: para as ilustrações escolher assuntos, temas e conceitos que se refiram a coisas que se possam ver e tocar. Suprimir os abstratos.

7º Passo: utilizar redação coloquial e fugir do emprego dos jargões técnicos.

8º Passo: utilizar variedade de expressões; suprimir as formas monótonas. Deve-se redigir com vida e colorido.

9º Passo. Empregar redação familiar. Compor as novas ideias com as correntes e simples.

10º Passo. Escrever para expressar, não para impressionar. Recorde-se que os grandes homens utilizam palavras simples e que os homens medíocres usam palavras complicadas.

9.7.2.4 Roteiro de relatórios científicos de acordo com Souther (1957, p. 144-148)

Ainda de acordo com Souther, os relatórios de documentos científicos devem seguir o seguinte roteiro, que serve para qualquer tipo de relatório desde que devidamente adequado:

<u>a) Análise do problema</u>:

- Quem lerá o informe?
- Qual é o alcance do informe?
- Que ação industrial se propõe?
- Para que foi pedido especificamente?
- Quanto tempo se leva para sua realização?
- Que diretrizes, instruções etc. devem ser levadas em conta?

<u>b) Planejamento do trabalho</u>:

- Que classe de informação deve incluir-se: fator, informações, resultados, conclusões, recomendações ou combinações?
- Que há de conhecido e o que há de desconhecido nele?
- Quais os elementos de maior importância e quais os de menor?
- Que estudos prévios, informes, relatórios etc. podem ser acrescentados?
- Quem pode prestar auxílio?
- Que investigação deve ser feita?

<u>c) Investigação do problema</u>:

- Os dados oferecem segurança?
- São completos?
- Os dados reunidos são suficientes para o estudo que se planeja realizar?
- Estão delineadas todas as fases?
- Quais são os fatores e os resultados mais importantes?
- Os resultados excedem os dados?
- Deve realçar-se a importância dos dados, métodos, resultados ou conclusões?

- Requer a natureza própria do informe que todas as fases se apresentem em todos os detalhes?

d) Exposição do informe:

- Que ordem ou organização fará com que o estudo preencha melhor seus objetivos?
- Que nível e que estilo requer para que seja compreendido pelos leitores?
- De que forma pode ser ordenado o material reunido, a fim de poupar tempo aos leitores?
- Que forma especial convém imprimir-lhe para que responda mais adequadamente ao uso que se fará dele?
- Requer-se uma exposição dos objetivos?
- A complexidade do informe requer sumário, índice ou resumo?
- Que dados específicos, exemplos, detalhes e ilustrações se requerem para atingir a maior clareza do informe?
- Que fatos devem ser interpretados, explicados e esclarecidos?
- Que parte do informe importa destacar?

e) Organização do informe:

- Cumpra-se a organização estabelecida para começar.
- Não se deve desperdiçar tempo.
- Deve-se redigir o mais rapidamente possível, deixando para depois o polimento, para não se perder agilidade, força e brilhantismo.
- Trabalhar-se-á por partes, em períodos, se o trabalho for longo e complexo.
- Deve-se incluir, de imediato, tudo o que pareça conveniente, ainda que mais tarde seja aconselhável suprimi-lo.

f) Controle do informe:

1) Organização:

- O assunto, a matéria, está claro desde o início?
- Estendeu-se demasiadamente no começo do trabalho?
- O desenvolvimento do trabalho se dá progressivamente por etapas?
- As relações entre uma etapa e outra estão claras?
- Deixa para o leitor a conclusão dentro do esperado ponto de vista?

2) Conteúdo:

- Está a matéria suficientemente completa para os objetivos perseguidos pelo informe?

- Requerem-se mais detalhes, exemplos, modelos ou ilustrações?
- Requerem os dados ou supostos maior número de explicações ou interpretações?
- Os pontos principais estão suficientemente esclarecidos?

3) Forma:

- A forma adotada torna as partes bastante acessíveis?
- Os começos e fins de cada seção estão bem indicados, mediante os títulos devidos e adequadamente especificados?
- A forma adotada representa bem a coordenação e subordinação da matéria?
- A organização necessita de modelos, sumários, índices, resumos?

4) Estilo:

- O estilo adotado facilita a rapidez da leitura?
- Conseguiu-se o significado ou significação exata?
- O estilo está suficientemente claro para referir-se a ele posteriormente?
- Há algum desperdício, material inútil, que deva ser retirado?
- São as frases diretas e efetivas?
- Está correta a "mecânica"?

h) Modificação do estudo:

- Far-se-ão as mudanças necessárias, acréscimos e supressões.
- *Idem* às alterações que sejam procedentes.
- *Idem* às necessárias e estilísticas.

i) Preparação final:

- Utilizam-se os materiais normalizados.
- Deve ser precisa, cuidadosa e exata.
- Sobre o manuscrito final, só se devem admitir pequenas emendas.

Contudo, mesmo que o roteiro seja mais condensado e resumido, deve conter dados necessários para que o destinatário possa fazer uma boa leitura e compreender a totalidade do informe. O próprio Lasso de La Vega (1969, p. 662) focaliza como indispensáveis a um relatório: uma introdução, demonstração dos resultados obtidos, descrição do método usado, títulos consultados e demonstração dos experimentos realizados. Já os resultados alcançados devem ser apresentados em um roteiro que contenha objetivos e metas do estudo; exposição consubstanciada da forma do trabalho e do material usado; análise detalhada dos resultados; esquema e uma conclusão detalhada.

9.8 RELATÓRIO TÉCNICO E/OU CIENTÍFICO

Os relatórios técnicos e/ou científicos se referem a conteúdos de documentos resultantes de investigação ou pesquisa e desenvolvimento, onde são expressos progressos e avanços alcançados sobre questões técnicas ou científicas em temas ou assuntos que envolvam os interesses nacionais. Esses relatórios podem advir de entidades e empresas privadas ou de órgãos públicos e são feitos em quaisquer ramos das atividades humanas. Sua elaboração e apresentação deve acompanhar as normas reguladoras da ABNT.

9.8.1 Normalização

Os relatórios técnico-científicos quanto à sua forma de elaboração e apresentação, são normalizados pela ABNT. Pessoas e organismos envolvidos na elaboração desse tipo de relatório, no que couber, se obrigam a aplicar o disposto na legislação específica que regula a tramitação de documentos públicos classificados como sigilosos, devendo ainda atentar para as determinações emanadas do Conselho de Metrologia (CONMETRO).

No que couber, devem ser observadas as normalizações da ABNT, em especial as NBRs sobre referências, numeração das seções, sumário, resumo, informação e documentação – Número Padrão Internacional para Publicações Seriadas – ISSN, Código de Catalogação Anglo-Americano e Normas de Apresentação Tabular do IBGE.

9.8.2 Conteúdo e sua natureza

Um relatório técnico e/ou científico tem de conter, de maneira organizada e sistemática, dados e informações para leitores especializados e qualificados com conteúdo pormenorizado sobre as conclusões do estudo, além de conter obrigatoriamente as recomendações.

São responsáveis por esse tipo de relatório seus autores, organismos e pessoas a quem será submetido. Importante e indispensável é trazer também os dados de identificação do próprio relatório, do seu produtor, do seu distribuidor ou do organismo responsável por ele.

Por trazer em seu bojo informações de interesse nacional e relevantes para o desenvolvimento econômico e social e que podem gerar reações e disposições diversas, o relatório técnico e/ou científico tem certo grau de sigilo que pode limitar a sua divulgação e impor condições às pessoas que a ele têm acesso. Os prejuízos aqui mencionados podem ser para o produtor, pessoa ou instituição, governos, populações e até países, não sendo viável dimensionar o tamanho e as consequências de tais perdas.

O nível de sigilo, que pode ser "Reservado", "Secreto", "Confidencial" e outros, é indicado pelos seus responsáveis nos termos da legislação brasileira em vigor.

9.8.3 Estrutura do Relatório Técnico e/ou Científico

Sua estrutura é composta de parte externa, que contém a capa e lombada, e parte interna composta de elementos pré-textuais, elementos textuais e elementos pós-textuais.

PARTE EXTERNA

Capa (opcional)

Lombada (opcional)

PARTE INTERNA

Elementos pré-textuais

Folha de rosto (obrigatório)

Errata (opcional)

Agradecimentos (opcional)

Resumo na língua vernácula (obrigatório)

Lista de ilustrações (opcional)

Lista de tabelas (opcional)

Lista de abreviaturas e siglas (opcional)

Lista de símbolos (opcional)

Sumário (obrigatório)

Elementos textuais

Introdução (obrigatório)

Desenvolvimento (obrigatório)

Considerações finais (obrigatório)

Elementos pós-textuais

Referências (obrigatório)

Glossário (opcional)

Apêndice (opcional)

Anexo (opcional)

Índice (opcional)

Formulário de identificação (opcional)

9.8.4 Elementos da estrutura do relatório de pesquisa

PARTE EXTERNA

CAPA:

Elemento opcional. Se inserida no relatório deve conter os dados da primeira capa.

PRIMEIRA CAPA

Nela aparecem o nome e o endereço do organismo responsável pela autoria do relatório; número do relatório, inclusive ISSN, se for destinado à publicação, o título e o subtítulo (este, se houver); a classificação de segurança, quando couber.

SEGUNDA, TERCEIRA E QUARTA CAPAS

É recomendado não inserir informações nessas capas.

Elementos pré-textuais

FOLHA DE ROSTO

Elemento obrigatório. **Deve constar no verso da folha:** nome da instituição que solicitou ou elaborou o relatório, título e subtítulo (este, se houver). Se o relatório tem vários volumes deve ter um título geral e, em cada volume, constar um título específico do seu conteúdo.

A numeração de cada volume deve ser feita em algarismos arábicos.

Código de identificação (se houver): indicação da categoria do relatório, data, indicação do assunto, número sequencial do relatório na série. Natureza do relatório (se houver): deve constar o título do projeto, programa ou plano, classificação de segurança, autor ou autores com títulos, qualificação, entidades a que pertencem, local da instituição responsável ou do solicitante e ano da publicação apresentado em algarismos arábicos.

No verso da folha de rosto pode constar os seguintes dados que são opcionais: Comissão de estudos, colaboradores, coordenação geral (com dados gerais), qualificação, função. Opcionalmente podem ser colocados dados internacionais de catalogação-na-publicação (CIP).

ERRATA

É um elemento opcional que deve ser colocado, se houver, na folha seguinte à folha de rosto; em geral vem em folha avulsa ou encartada.

AGRADECIMENTO

É opcional, se inserido deve ser colocado após a errata.

RESUMO NA LÍNGUA VERNÁCULA

Elemento obrigatório conforme normas da ABNT. Texto condensado do documento que enfatiza os pontos mais relevantes de todo o trabalho, com descrição clara e concisa de forma que o leitor tenha ideia de todo o trabalho sem a sua leitura completa. Deve conter no máximo 500 palavras, é escrito em parágrafo único, sem citações, ilustrações, símbolos etc. Em relatórios com mais de um volume o resumo aparece apenas no primeiro e, se cada volume tiver uma parte do trabalho, cada uma delas terá o seu próprio resumo.

LISTA DE ILUSTRAÇÕES

Opcional. Quando preciso podem ser apresentadas listas para cada tipo de ilustração (desenhos, esquemas, fluxogramas, fotografias, gráficos, mapas, organogramas, plantas, quadros, retratos). Na relação deve ser indicado o título e a página onde se encontra.

LISTA DE TABELAS

Opcional. Devem ser indicados na relação o título da tabela e a página onde se encontra.

LISTA DE ABREVIATURAS E SIGLAS

Opcional. Corresponde à relação de abreviaturas e siglas usadas no relatório e apresentadas em ordem alfabética.

LISTA DE SÍMBOLOS

Opcional. É a relação de símbolos e/ou convenções que são usados no corpo do trabalho contendo os seus respectivos significados.

SUMÁRIO

Obrigatório. É a relação completa das partes ou seções do texto desde a introdução até os elementos pós-texto ou pós-liminares, trazendo a numeração das páginas onde se encontram. Nos relatórios encadernados em volumes o primeiro deve conter um sumário geral e, nos demais, um sumário para cada parte de cada volume.

Nos trabalhos monográficos, o sumário é inserido após o último elemento pré-textual. É iniciado no anverso da folha e se necessário deve ser concluído no verso da mesma folha. Nas publicações periódicas, deve ser inserido na mesma posição em todos os fascículos e em todos os volumes. Ele pode ser colocado no anverso da folha de rosto e concluído no verso, se preciso. Nos relatórios pode se situar na primeira capa e concluído na quarta capa se necessário.

O termo "sumário" é sempre centralizado, em qualquer idioma, e os seus itens são alinhados à esquerda. Quanto à estrutura do sumário, a numeração precedente se inicia na introdução e segue até a conclusão, os itens pós-textuais não são numerados. Todos os itens primários são escritos em maiúsculas e negritados. Os itens secundários são apresentados em minúsculas e negritados. Os terciários e seguintes, se houver, em minúsculas sem negrito.

Elementos Textuais:

INTRODUÇÃO

Obrigatório. Deve ser um texto demonstrativo, não muito extenso, dos objetivos, justificativa e relevância do trabalho, e circunstâncias que impeliram a sua elaboração, devendo conter ainda a relação do estudo com outros trabalhos, no que respeita a estudos já elaborados. Não devem constar da introdução detalhes sobre os experimentos nem sobre os métodos usados, e nem deve antecipar as considerações finais, as conclusões e recomendações do estudo.

DESENVOLVIMENTO

Obrigatório. É parte importante no relatório. Deve conter tantas seções e subseções quantas forem necessárias para facilitar uma boa leitura e entendimento do texto. Pode ter seções como: descrição de métodos, teorias, procedimentos experimentais, discussão de resultados, conclusões, recomendações etc.

CONSIDERAÇÕES FINAIS

Obrigatório. São exposições feitas de forma clara, objetiva, que, se longas, podem ser divididas em partes. A parte conclusiva não deve conter citações, notas e dados que ainda sejam passíveis de discussão. As considerações finais relatam o que se conseguiu no estudo.

Elementos pós-textuais

REFERÊNCIAS

Obrigatório. Observar as regras da ABNT. Incluir todos os títulos usados na construção do trabalho, principalmente aqueles com citações nos textos e notas de rodapé. O termo "referências" é sempre centralizado na folha. Em qualquer tipo de estudo escrito as referências são escritas em espaço simples, alinhadas à esquerda, sem numeração precedente de ordem e os títulos e subtítulos das obras são negritados.

APÊNDICE

Opcional. Sua identificação se dá por letras maiúsculas consecutivas, travessão e título, e com maiúsculas dobradas quando pela quantidade são esgotadas as letras do alfabeto. (Ex.: APÊNDICE A, seguido do título)

ANEXO:

Opcional. São anexos os textos não produzidos pelo autor que servem para confirmar ou provar a veracidade de afirmações e que têm por objetivo melhorar a compreensão do texto. Referem-se a ilustrações, descrição de equipamentos, técnicas e processos, material de acompanhamento que não pode ser colocado no texto e modelos de formulários e impressos que não aparecem no texto.

A identificação dos anexos é feita por meio de letras antecipadas pela palavra anexo (Ex.: Anexo A).

FORMULÁRIO DE IDENTIFICAÇÃO

Opcional. Título e subtítulo, classificação de segurança, número de ordem e data do relatório, título do projeto, programa ou plano, autor ou autores, instituição executora e patrocinadora com endereços, resumo, palavras-chave, edição, número de páginas, número de volume, ISSN, tiragem, preço, distribuidor, observações.

9.8.5 Regras gerais na apresentação do relatório

a) Margens esquerda e superior de 3 cm; direita e inferior de 2 cm; espacejamento simples; numeração de páginas em algarismos arábicos; fonte 12 e tipo de fonte igual para todo o relatório; fonte menor que doze para legenda, fonte consultada, notas, ilustrações e tabelas.

b) Numeração de páginas: desde a primeira capa até o fim do sumário as folhas não são consideradas e nem numeradas. A partir da primeira folha da introdução inicia-se a numeração das páginas com algarismos arábicos até o final do relatório.

c) Posição da numeração: os números são colocados ao alto e à direita das folhas ímpares, observando-se 2 cm da borda superior e respeitando-se a margem direita. Nas folhas pares a numeração é colocada na parte superior respeitando-se a margem esquerda e 2 cm da borda superior.

d) Relatório publicado: nos relatórios publicados são usados a frente e o verso das páginas, não deixando páginas em branco.

e) Relatório volumoso: quando o relatório for muito volumoso deve ser dividido em unidades para facilitar o seu manuseio. Cada parte chamada de volume deve ser identificada com a palavra "volume", seguida do número correspondente, podendo ser usada a forma abreviada. As páginas devem ser numeradas de forma contínua em todos os volumes.

f) Um projeto e vários relatórios: quando dentro de um mesmo projeto são elaborados vários relatórios, é comum reunir-se todos eles sob um só título, dividindo-se cada um por partes no relatório.

g) Várias edições de relatório: quando um relatório é editado mais de uma vez, com revisão de todo ou de parte de seu texto, aparece no anverso da folha de rosto, com indicação da última edição. A data da edição é necessária quando se faz reimpressão.

h) Numeração das seções: como esse tipo de relatório em geral é longo, o uso da numeração indicativa das seções facilita a leitura do texto. A numeração é em algarismos arábicos, recomendando-se que se limite a seção quinária.

i) Citações: as citações servem para dar maior clareza ao texto, bem como reforçam a autoridade dos responsáveis desde que relacionem as ideias citadas com as do texto. Devem ser feitas e registradas de acordo com as normas técnicas constantes da ABNT.

j) Notas de rodapé: Deve-se limitar ao estritamente necessário. As notas de rodapé nos relatórios técnicos e/ou científicos, se forem utilizadas, devem obedecer às normas técnicas especificadas na NBR que trata do assunto.

k) Abreviaturas e siglas: Devem ser apresentadas após a forma completa do nome entre parênteses na primeira vez em que é mencionada.

l) Ilustrações: Devem se situar no texto o mais perto possível de onde são referidas. Devem ser numeradas em arábicos durante todo o texto. Todas as ilustrações usadas devem acompanhar o formato do relatório para evitar problemas de reprodução. As ilustrações devem ser preparadas com simplicidade e clareza, acompanhando a forma determinada pelas normas técnicas.

m) Tabelas: Devem ser apresentadas de acordo com as normas da ABNT. São numeradas consecutivamente e não devem conter nada além dos dados que sejam necessários e que constem no texto. Quando a tabela não couber em uma página deve continuar no início da seguinte com o título repetido logo após a palavra "continua" ou "continuação". Tabelas impossíveis de serem lidas na forma normal do texto devem ser colocadas de maneira que o texto seja movimentado no sentido dos ponteiros do relógio. As tabelas de largura que excedam ao tamanho do papel são apresentadas em páginas de espelho (verso e frente) e as linhas devem ser numeradas na primeira e na última colunas. Quando for necessária a utilização de unidades de medidas e grandezas, seus múltiplos e submúltiplos, a grafia e a forma de expressão devem acompanhar as determinações do CONMETRO.

n) Figuras: são as imagens visuais que complementam o texto como mapas, fotografias, desenhos, esquemas diagramas etc. São numeradas em algarismos arábicos escrevendo-se a palavra Figura seguida do número e do título.

9.9 O PROBLEMA DE PESQUISA

Muito embora este assunto tenha sido tratado na parte referente à monografia, devido a sua importância estão sendo feitas mais algumas referências.

Toda pesquisa inicia-se por um problema que, tornado real, precisa ser respondido. Na sua escolha o pesquisador deve ter em mente que não é uma tarefa simples e fácil. O problema na pesquisa responde à pergunta: o quê, isto é, qual o objeto da pesquisa, o que se deseja estudar. No problema estão envoltas a hipótese básica e as hipóteses secundárias, se for o caso, as variáveis e a relação existente entre elas.

Ao formular o problema da pesquisa deve o pesquisador fazê-lo de forma clara, precisa, objetiva, sem ambiguidade. Verificar se o problema proposto é possível de ser investigado e se é fácil de solução.

Por outro lado, o problema da pesquisa deve ser solucionável, ser delimitado a uma dimensão possível de alcance e poderá ser elaborado a partir de perguntas.

Rudio (1983, p. 75) diz, textualmente: "Formular o problema consiste em dizer, de maneira explícita, clara, compreensível e operacional, qual a dificuldade com a qual nos defrontamos e que pretendemos resolver, limitando o seu campo e apresentando suas características."

9.9.1 Como solucionar o problema

Em toda atividade desenvolvida pelo ser humano surgem problemas que precisam ser solucionados. Sempre que se estabelece perplexidade, dúvida, indecisão, espanto e admiração a respeito do caminho a seguir para atingir o êxito final, vê-se o homem frente a um problema que necessita ser resolvido.

A conceituação do que seja problema, segundo os melhores autores e textos, indica que o vocábulo envolve a ideia de questão ligada aos domínios da Matemática. A origem vem do grego "*próblima*", e do latim "*problema*". Segundo o Dicionário Aurélio, problema "é questão matemática proposta para que se lhe dê a solução" ou, "questão não resolvida e que é objeto de discussão, em qualquer domínio do conhecimento". Segundo o Dicionário Melhoramentos, problema "é uma questão difícil, delicada, suscetível de diversas soluções".

Para se dar solução a um problema é necessário formular um conceito sobre o seu conteúdo, a sua profundidade e as consequências. Volta-se para a introspeção, abstração e meditação, com vistas a tratar o problema em toda a sua amplitude de forma racional e calculadamente, para que a solução venha a se concretizar pelo uso do raciocínio, da razão e da inteligência e não apenas baseado no casualismo e na emoção.

Conquanto se refira à área da Matemática, o termo "problema" permeia todo conhecimento humano e está presente na vida do indivíduo de forma consciente ou inconsciente.

A solução de um problema é antecedida pelo estudo do mesmo quando se procura obter o máximo de informações, a sua profundidade e complexidade, estudo das várias alternativas, escolha da melhor, e análise dos possíveis resultados. Do estudo surgirá a solução mais apropriada que ensejará uma tomada de decisão, e esta será sempre parceira do homem quando tiver a seu cargo a resolução de um problema. Problema, portanto, indica a necessidade de se ter informações, formular procedimentos, escolher alternativas, tomar decisão e assimilar resultados.

Segundo Costello e Zalkind, as principais barreiras a serem transpostas na solução de um problema são: *predisposição inadequada, ausência ou uso inadequado de informações em uma situação nova, a análise defeituosa do problema*. O fracasso e frustração na resolução de um problema advêm, portanto, da pouca informação, da recusa em se aprofundar no conteúdo do mesmo, falta de estabelecimento de várias alternativas e do seu conhecimento detalhado. Soma-se ainda a falta de raciocínio, de julgamento comedido e ausência de escolha acertada do caminho mais adequado a seguir, além da incapacidade de avaliar o processo de solução. Por outro lado, o ser humano nem sempre tem uma postura de equilíbrio, de trabalho metódico, de pesquisador e de ser racional ao se deparar com um problema, seja em nível pessoal ou em nível de grupo. Daí o fracasso e o desalento com o resultado obtido pela solução encenada.

O problema dentro de uma organização, com o qual o administrador se defronta, apresenta-se de forma variada e em graus de complexidade e exige solução. Esta vem das mãos do gerente ou administrador. Da solução depende o sucesso tanto do seu autor como da organização. Na administração o problema passou a ser objeto de estudo no âmbito da Teoria Matemática da Administração, em 1947, com a publicação dos trabalhos de Von Neuman e Morgenstern sobre a Teoria dos Jogos. Teve prosseguimento com os estudos de Wald e Savage tornados públicos em 1954. Todavia, foi no período da II Guerra Mundial que o problema foi tratado com mais acuidade, pois os aliados saíram dos laboratórios para testar no campo das batalhas as suas armas.

Classificam-se em dois grupos principais: o de problema estruturado e o de problema não estruturado. O primeiro grupo é definido plenamente pelas suas próprias variáveis. Sua natureza, causas e efeitos são bem conhecidos. Pode ser classificado em decisões sob certeza, decisões sob risco e decisões sob incerteza. O segundo grupo não é claramente definido. Nem todas as suas variáveis são conhecidas e denota grande grau de incerteza qualquer decisão a seu respeito.

A solução de um problema envolve nova situação com simples mudança ou inovação, podendo acarretar avanços ou regressão no processo ao qual está envolto. Para F. de Souza Maia Junior, quatro são as fases para se chegar à solução de um problema: exame da situação, elaboração de um plano, formulação de um plano e supervisão da ação planejada.

O exame da situação envolve a delimitação do problema, a situação existente e a motivação para a ação.

A formulação das linhas de conduta a seguir, análise dos obstáculos às atividades enquadradas, levantamento dos fatores favoráveis e desfavoráveis e seleção da melhor solução.

A elaboração do plano ocorre no momento em que a alternativa de solução é escolhida, devendo conter as tarefas previstas até o equacionamento do problema, podendo ser simples ou complexas conforme a sua natureza.

A terceira fase ou etapa consiste na arrumação do plano de ação, que se dá em estreito relacionamento com a etapa anterior. Consiste nas normas diretivas baixadas pela direção executiva da instituição, do projeto ou simplesmente da pessoa a quem o problema está afeto.

A fase referente à supervisão da ação planejada diz respeito ao controle e acompanhamento racional e continuado de todo processo decisório, desde o surgimento do problema até a solução completa, medindo-se os resultados e consequências.

Segundo o modelo proposto por Kurt Lewin, a solução de um problema se dá pela dinâmica das mudanças em três tempos distintos e integrados entre si: de descongelamento, de mudanças e de congelamento.

Surgido o problema, inicia-se toda uma sequência de atividades para identificar, estudar e listar alternativas, momento em que se materializa o descongelamento.

A seguir, com a elaboração do plano de ação e execução das tarefas determinadas, ocorre a mudança ou inovação, vindo em sequência um novo congelamento da situação após a tomada da decisão e conhecida a solução do problema.

Para Vilma Pereira Galvão (1980), em Tese apresentada à Universidade da Califórnia, quatro são as fases ou etapas para a solução de um problema: identificação do problema, análise, alternativas de ação e avaliação da solução.

Lester Bittel (1987), em sua obra intitulada *Supervisão Eficaz*, estuda a solução de um problema de forma sistemática e indica oito etapas que precisam ser escalonadas, gradativadas e integradas para se alcançar, finalmente, o equacionamento de qualquer problema.

A primeira etapa cuida de enunciar o problema de forma clara e objetiva, evitando frases e afirmações genéricas ou de explicações subjetivas. Na segunda etapa identifica, descobre e relata o problema com maturidade, segurança e competência. A etapa seguinte, a terceira, se destina a relacionar o maior número possível de causas, mostrando-as de forma ordenada e descritas sem divagações. A quarta etapa é própria para seleção das causas que possam ter feito emergir o problema. Na quinta etapa deve ser feita uma relação com o maior número possível de alternativas de solução, de forma que permita a escolha do melhor caminho para se chegar à decisão final. A sexta etapa serve para avaliar todas as alternativas propostas e escolher a mais indicada, devendo ser observado o efeito positivo ou negativo de cada uma, bem como os reflexos posteriores à decisão. Na sétima etapa é feita a escolha da solução mais indicada, descoberta na fase anterior. Esta é a fase da tomada de decisão. A última etapa, a oitava, serve para a elaboração de um plano de ação bem detalhado e contendo todas as atividades que serão efetivadas para dar cabo ao problema.

Pela observação do texto é possível verificar que a solução de um problema segue os mesmos trâmites na visão dos vários autores estudados e cujos pensamentos foram expostos. Conclui-se, portanto, que qualquer problema deve ser resolvido de forma racional e metódica e não pelo emocional e de forma aleatória.

Contudo, qualquer que seja a questão a ser resolvida, precisa haver um certo equilíbrio entre razão e emoção. Por outro lado deve ficar claro que as técnicas para a solução de um problema precisam ser exercidas em todos os ramos do conhecimento humano, inclusive para se chegar a resultado satisfatório em uma pesquisa.

9.9.2 Resumo de problemas de pesquisa

- De maneira formal, problema é um enunciado, uma fórmula, uma declaração.
- De forma semântica (significado linguístico), problema é uma dificuldade, algo ainda sem solução e que precisa ser determinado com precisão para se buscar solução por meio de exame, avaliação crítica e finalmente conhecer a solução da questão.
- O problema é o objetivo central da investigação ou pesquisa, ou de qualquer estudo que se queira fazer.

Para formular o problema:

- Buscando a sua origem dentro da questão que se apresenta ao pesquisador.
- Pelas experiências pessoais vividas em situações que deseja investigar.
- Pelo uso de situações e circunstâncias pessoais, profissionais, da experiência científica própria ou de outras pessoas.
- Pelo ouvir sugestões de uma personalidade no assunto desejado.
- Pela aquisição de elementos pelo estudo, pelo saber do próprio estudante a pesquisar.

Segundo J. C. Almarck, para encontrar um problema digno de estudo, é necessário:

a) analisar o que cada um sabe;

b) buscar lacunas (faltas, vazio, omissão) ou regiões obscuras (não esclarecidas) no conhecimento;

c) atender às incongruências (inadequado, impróprio, incompatível) e contradições (incoerências entre palavra e ação, entre afirmação atual e anterior) aos assuntos polêmicos e às conclusões não demonstradas;

d) seguir os exemplos e as sugestões de leituras, conferências ou da reflexão própria.

W. A. Mc Call aconselha a quem deseja formular um problema:

a) converter-se ou transformar-se em um erudito em uma ou mais especialidades;

b) exercitar o empenho sobre qualquer obstáculo que se apresente;

c) ler, ouvir e trabalhar com sentido crítico;

d) iniciar a investigação e estar atento aos problemas que surgem;

e) persistir no exame dos problemas que surgem.

Essas duas últimas indicações são discutíveis, pois indicam o início de uma pesquisa sem se ter devidamente formalizado o problema, sem direção segura e continuando o exame de problemas já solucionados.

Compreensão do tema

- Necessário é que se tenha perfeita e profunda compreensão do tema.
- Em geral o estudioso reclama do leitor que não entende o texto e o estudante acusa o escritor de fazer texto incompreensível.
- Quem vai formular um problema de pesquisa deve saber que o entendimento de escritos diferem de uma Ciência para outra. Assim, quem lê textos de Filosofia, de Matemática ou artes terá dificuldades diferentes.
- A Filosofia se expressa em linguagem, o que permite obscuridade de expressão. As demais áreas do conhecimento nem sempre se baseiam na linguagem para demonstrar suas ideias e verdades.

Pode gerar dificuldades de compreensão do tema:

- Dificuldades em relação às questões tratadas.
- Incompreensão do problema por parte do autor lido.
- Incompreensão do problema do próprio leitor.

Toda incompreensão do tema poderá referir-se às Questões Intelectuais, as quais podem ser superadas com:

- Leitura prévia de obras básicas.
- Reiteradas leituras de textos sobre o tema.
- Detida meditação em torno do tema.

Resumindo, compreender o tema significa:

- Saber desenvolver as questões nele implícitas (envoltas).
- Estar em condições de explicar o tema a outras pessoas.
- Poder pontuar aspectos particulares (dando exemplos e casos) e aplicações práticas possíveis.

Perigos em não entender o tema:

- Explicação parcial do problema proposto, a pesquisa fica incompleta.
- Focalização parcial e lateral do problema proposto.
- Resultado fora do objetivo desejado.
- Não se estuda o problema de forma lógica.

A escolha do tema depende de:

- Vocação para solucionar questões ou problemas.
- Curiosidade e criatividade para descobrir fatos novos.
- Querer aprender a servir, e não apenas conseguir um título.
- Existência de material disponível para a pesquisa.

Na escolha do tema, ter os seguintes cuidados:

- Não escolher tema considerado fácil e acessivo.
- Escolher tema importante e relevante para a sociedade.
- Ler e estudar repetidas vezes os textos, caso se sinta despreparado para pesquisar.
- Não buscar grandes temas como: a existência de Deus, o valor da ciência, Filosofia e Religião.
- Não ter predisposição preconceituosa contra nada.

9.10 EXEMPLOS DE PESQUISAS NAS CIÊNCIAS

Objetiva o texto dar alguns exemplos de pesquisas levadas a efeito nas várias áreas das ciências mostrando, assim, ao leitor que a pesquisa não tem limitações.

Basta que o estudioso tenha habilidade para essa atividade. Com esses exemplos de programas de pesquisas e descobertas, o raciocínio e a motivação do leitor serão aguçados ao verificar quão grandes e numerosos são os problemas que podem ser investigados e transformados em respostas que sirvam à sociedade.

9.10.1 Nas ciências factuais

Nas ciências fáticas ou factuais, que baseiam seus estudos e conclusões em fatos, o exemplo vem da física e funda-se no conceito de Aristóteles de que a Natureza não suporta qualquer tipo de vácuo. O funcionamento da bomba de sucção está baseado neste princípio. Galileu se intrigou com o fato da bomba que jogava água somente a 10,33m de distância. A perplexidade de Galileu resultou na pergunta: "Por que" tal princípio estava restrito a 10,33m e não generalizado e universalizado? Por que o " horror ao vácuo" da Natureza chegava apenas a essa altura? Contudo, esse sábio se enganou dando como solução a afirmativa de que a "coluna de água" se partiu sob a ação do seu peso. O problema voltou a ser estudado, após a morte de Galileu, por Torricelli, o qual, da perplexidade e da dúvida, estabeleceu o problema que exigia solução e verificou que a questão era relevante. O estudo exploratório foi feito por ele no campo do peso do ar. A conjectura indicava que o peso do ar pressionava a água do poço, e, ao subir, o pistão da bomba produzia a sucção e a água subia pelo cano. Como hipótese, estava o peso da água, que era de 10,33m e que resistia à pressão do ar. A seguir, o trabalho seria testar a hipótese. Sabendo Torricelli que o mercúrio é 14 vezes mais pesado que a água, tratou de usá-lo em um tubo de vidro com 0,90m de comprimento por 0,01m de diâmetro fechado de um lado. A predição foi de que a pressão do ar faria o mercúrio subir a uma altura 14 vezes menor que a da água, isto é, a 0,60m de altura. Colocado o mercúrio no tubo, fechou com o dedo a sua abertura, mergulhando-o em uma outra vasilha de mercúrio. Resultou que o mercúrio desceu 0,76m e o espaço superior do tubo (0,14m) ficou vazio. A hipótese estava comprovada e este vazio do tubo passou a se chamar de "vazio de Torricelli". Além disso, três novos inventos foram conhecidos: uso do mercúrio para experiência com gases, técnica da produção de vácuo e invenção do barômetro.

Mais tarde, Pascal voltou ao problema ao discutir que na planície ou na montanha o resultado deveria ser o mesmo do princípio comprovado por Torricelli. Perir, seu cunhado, levou o barômetro para uma montanha e quanto mais subia, mais baixa ficava a coluna de mercúrio.

9.10.2 Na Medicina

Outro exemplo é o da pesquisa na Medicina. O problema ocorreu em um hospital de Viena (Áustria) entre 1844 e 1848 e se refere aos trabalhos de investigação de

Ignácio Semmelweis. No primeiro ano de trabalho no citado hospital, das 3.157 mães internadas, 259 (8,2%) faleceram de febre puerperal. No ano seguinte, as mortes somaram 6,8% das internações e, no ano posterior, isto é, 1846, os óbitos subiram para 11,4%. Paradoxalmente, em outra enfermaria do mesmo nosocômio, as mortes nesses três anos foram bem menores, ou seja, de 2,3% e 2,7, respectivamente. A essência da questão estava nestas diferenças. Várias hipóteses foram levantadas. Primeira: influências epidêmicas tornadas sem base porque não eram gerais. Na maternidade vizinha estavam diminuindo e não existiam casos em toda a cidade de Viena, apenas naquele hospital. Segunda: a causa era o grande aglomerado de pessoas internadas, ideia contrariada porque na outra enfermaria as mães estavam nas mesmas condições. Terceira: atribuíram o caso às dietas e à atenção dos médicos. Foi também rejeitada. Quarta: as mortes eram provocadas pela presença de um padre que percorria todas as enfermarias. Foi pedido ao religioso que não entrasse primeiro na enfermaria com maior índice de mortes. Nada mudou. Quinta: as mães internadas na primeira sala descansavam de lado e as da outra sala, de costas. Mudou-se a posição de descanso e as mortes continuaram. Nenhuma hipótese foi comprovada e a resposta ao problema veio casualmente quando um estudante feriu com um bisturi um médico ao realizar uma autópsia. O médico morreu com os mesmos sintomas da febre puerperal. Semmelweis, sem conhecer aspectos de micro-organismos nas infecções, deu como causa da morte ingresso de resíduos do cadáver na corrente sanguínea do médico. Nova hipótese foi formulada: envenenamento do sangue com material sujo. Os transmissores eram os estudantes e médicos pela falta de cuidado de todos nos trabalhos de autópsia, exame das internas e lavagem simples das mãos. Tomados todos os cuidados de asseio e desinfecção das mãos e objetos, o resultado apareceu: no ano de 1848 as mortes baixaram para 1,27% na primeira enfermaria e 1,33% na segunda.

A verificação ocorreu pela comparação de dados e fatos, mostrando que as parteiras não dissecavam cadáveres e que as mães, ao serem internadas, não eram examinadas por médicos e não sofriam de febre puerperal. Os estudos posteriores comprovaram que os dissecadores de cadáveres não faziam um bom trabalho de assepsia antes de examinar as parturientes, e que a febre puerperal era causada por esse erro dos médicos.

9.10.3 Na Astronomia

Na Astronomia o exemplo se refere à descoberta do planeta Netuno quando, ao ser calculada a órbita de Urano, pela Teoria de Newton, constatou-se que a órbita calculada era diferente daquela observada. Adams (1845) e Le Verrier (1846) lançaram a hipótese de que tais perturbações na órbita de Urano eram provocadas por um novo planeta. Foi pedida a verificação da hipótese por Le Verrier a Galle, que no mesmo dia descobriu o novo planeta.

9.10.4 Na Psicologia

Em Gontinga, um congresso de Psicologia estava em curso. De súbito entrou um homem correndo e outro atrás dele com arma em riste. Aos quarenta presentes foi pedido que cada um redigisse um informe, relatando o ocorrido, e vários resultados foram obtidos. Um único participante relatou tudo com 20% de erros; 14% dos participantes tiveram 20% a 40% de erros em seus relatórios; 25% cometeram 40% de erros e metade dos presentes relatou erros fantasiosos, a uma proporção de 10%. Ninguém sabia que o caso foi "fabricado". Todos eram homens de Ciência e acostumados a conviver com pesquisa. Mesmo assim houve erros. Cada um observou o fato de maneira diferente.

Para o pesquisador todo cuidado é pouco para evitar falsa observação em desacordo com o fato ocorrido, o que conduz a resultado vicioso.

Instrumentos da Pesquisa

Capítulo 10

Instrumentos da Pesquisa

INTRODUÇÃO

A pesquisa se utiliza de instrumentos para a coleta de dados indispensáveis à compreensão da realidade investigada.

Os instrumentos mais comuns em uma pesquisa, principalmente nos estudos explorativos e estudos descritivos, são o questionário e a entrevista, existindo além destes o formulário e o painel.

A escolha do instrumento é de competência do pesquisador e deve ser levado em conta o tipo de estudo e os objetivos pretendidos. Qualquer que seja o instrumento a ser utilizado, deve ser bem elaborado e bem dimensionado para que o resultado esperado seja alcançado.

Os instrumentos são peças importantes que o pesquisador lança mão no momento que idealiza a forma de como vai coletar os dados para o estudo. Urge que sejam selecionados os instrumentos mais apropriados para o objetivo desejado e que se definam as regras para a medição do fenômeno revestida de validez, confiabilidade e precisão.

A validez dá ao cientista a certeza de que o instrumento consegue medir o que se deseja. A confiabilidade indica que o instrumento tem consistência técnica, ou seja, se aplicado em diferentes grupos produz resultados iguais. A precisão denota exatidão plena fornecida pelos instrumentos quanto ao fenômeno estudado ou investigado.

Pelos dados colhidos é que se mede qualquer informação em Ciência, ou seja, se busca mensurar um fenômeno. Toda medição se traduz em um tipo de observação sistemática, racional ou controlada.

Segundo Ander-Egg (1976, p. 48), existem duas formas de quantificação de fenômenos quando se levantam dados: a quantificação rigorosa e a quantificação aproximada. A primeira é utilizada quando se trata fenômenos demográficos, econômicos e geográficos. A segunda forma é aquela que, embora não permita uma mensuração exata, transparece uma significativa exatidão matemática.

10.1 QUESTIONÁRIO

O questionário se caracteriza por conter um conjunto de ítens bem ordenados e bem apresentados. Outra particularidade é a exigência de resposta por escrito e a limitação nas respostas.

Ao elaborar um questionário deve ser observada a clareza das perguntas, tamanho, conteúdo e organização, de maneira que o informante possa ser motivado a respondê-lo.

O questionário pode ser classificado em <u>aberto</u> ou de <u>pergunta aberta</u> e <u>fechado</u> ou de <u>pergunta fechada</u>.

O questionário aberto contém perguntas que permitem ao informante dar respostas livremente. Apresenta como vantagem a obtenção de respostas com maior teor de detalhes, o que fornecerá mais profundidade ao pesquisador sobre a realidade em estudo. Todavia, mostra-se difícil de apuração ou tabulação.

Exemplos:

Qual a sua opinião sobre os políticos brasileiros?

Fale sobre o que acha da Constituição Brasileira de 1988.

O questionário fechado ou de perguntas fechadas se caracteriza por ser composto de questões què podem ter várias respostas. O questionado terá de escolher uma ou mais respostas, assentadas em um espaço limitado ao lado delas. Com vantagem para este tipo de questionário está a facilidade em respondê-lo e tabular os dados escolhidos. Como aspecto negativo está o fato de não se aprofundar nas questões pesquisadas e deixar o informante com pouca liberdade nas respostas.

Para esse tipo de questionário existem três tipos de perguntas:

a) Questões com alternativas ramificadas (dicotômicas) – as respostas são fixas.

Exemplo: Você é capitalista? Sim ( ) Não ( )

Marque qual é o seu maior grau de instrução:

☐ 3º grau ☐ mestre ☐ doutor

b) Perguntas que medem a intensidade da opinião e da reação do informante. São chamadas de escalas de atitudes, escalas de diferencial semântico ou escalas "LICKERT". Nestes tipos de questões podem existir várias escalas de medição, dependendo unicamente dos objetivos e habilidade do pesquisador.

➢ Qual é o seu grau de concordância com a política agrícola do Governo Federal?

1	2	3	4	5	6
Discordo totalmente	Discordo bastante	Discordo pouco	Concordo pouco	Concordo bastante	Concordo totalmente

Favor indicar a sua opinião sobre o controle externo do Judiciário no Brasil, registrando com um X na linha graduada.

Totalmente a favor — Equilíbrio — Totalmente contra

10 5 0 5 10

➢ Registre o grau de <u>intensidade</u> que melhor define sua opinião sobre:

O magistrado <u>X</u> estuda para dar as suas sentenças.

<u>Escala</u>:

1 – Não

2 – Pouco

3 – Medianamente

4 – Muito

c) Perguntas com opção de respostas múltiplas.

Exemplo:

➢ Dos programas exibidos na televisão, quais os de sua preferência?

( ) SBT – Repórter ( ) Programas políticos

( ) Noticiário ( ) Música sertaneja

( ) Jornal Nacional ( ) Filmes policiais

( ) Jornal da Terra ( ) Outros

10.1.1 Aplicação do questionário

Poderá ser feita a aplicação diretamente ou indiretamente através dos correios, fax e telex. A aplicação através do contato direto permite ao pesquisador explicar os objetivos do estudo e tirar dúvidas do informante. Os dados coletados estarão mais isentos de vícios, mas impede que a aplicação seja feita em uma população numerosa.

Quando a aplicação é feita indiretamente, deve ser fornecida a lista de instruções. Este processo de coleta de dados permite aumentar o número de amostras. Seu ponto negativo são os desvios e a não devolução, além de trazer dúvidas nas respostas.

10.2 FORMULÁRIO

O formulário é usado quando o pesquisador pretende do informante respostas mais amplas e com maiores detalhes. É usado como roteiro para as entrevistas e se aproxima muito do questionário aberto. Para este e os demais instrumentos da pesquisa, deve-se preceder a elaboração, a organização de um plano para ordenar as perguntas e dar sequência lógica ao conjunto de elementos a serem coletados. O formulário, como os demais instrumentos, deve ter um início, um meio e um fim interligados e interagidos.

O formulário pode ser aplicado a qualquer tipo de informante, o qual não escreve apenas responde. É flexível, permite ao entrevistador reformular a indagação caso seja necessário e permite coletar dados mais numerosos e complexos que no questionário. Nele o pesquisador exerce um papel decisivo como diretor da conversa.

10.3 PAINEL

É um tipo de entrevista que se realiza por meio de uma reunião onde se conversa informalmente, levantando os assuntos desejados mas de forma coerente, lógica e organizada. Deve ser preparado um roteiro antecipadamente, onde constem as perguntas que, inclusive, podem ser repetidas com enfoques diferentes.

10.4 ENTREVISTA

A entrevista é um excelente instrumento de pesquisa e é largamente usada no mundo das organizações com múltiplas finalidades. Houve tempo em que ela foi colocada sob suspeita havendo, inclusive, proposta de investigadores para que fosse suspensa até que sua validade empírica pudesse ser comprovada. Conquanto seja instrumento questionado, a entrevista é um grande aliado dos pesquisadores e desde que usada com critérios técnicos os resultados são bons.

A eficácia da entrevista passa pela competência e preparo do entrevistador. Todo ser humano se vê, no seu cotidiano, envolvido com a entrevista ora como entrevistado ora como entrevistador, e isto ocorre nas ações mais simples e até nas mais complexas. Por certo, todo profissional que necessita fazer uma entrevista gostaria de poder contar com um relativo número de regras que viessem facilitar a sua empreitada. Todavia, isto é quase impossível pois cada entrevista é um caso particular. Elas variam de acordo com o objetivo e, em qualquer situação, o entrevistador necessita ter bastante compreensão da natureza humana. Para entrevistar satisfatoriamente um indivíduo precisa de preparo antecipado como qualquer outro profissional. Esta preparação se refere ao ambiente, horário, conhecimento e informações sobre o entrevistado, além de estar certo dos objetivos da entrevista, do que deseja e como vai efetivar o encontro.

A entrevista pode ser estruturada ou padronizada e não estruturada. No primeiro tipo as perguntas são as mesmas para todos os entrevistados, o que garante maior controle nas respostas, inclusive no resultado do estudo ou pesquisa. No segundo o entrevistado tem maior liberdade para formular suas respostas e o entrevistador não está obrigado a obedecer a qualquer tipo de roteiro prestabelecido. Como desvantagem, apresenta a dificuldade em reoganizar e quantificar os dados recolhidos.

Qualquer que seja o tipo de entrevista, deve haver um planejamento prévio, obtenção dos dados em conformidade com os objetivos do trabalho e registro seguro dos dados colhidos, além da análise dos mesmos de forma técnica e sem vícios.

Uma entrevista estruturada deve ser planejada obedecendo às seguintes etapas: determinação dos objetivos, avaliação da importância dos mesmos, levantamento dos itens, aplicação em algumas pessoas (duas ou quatro). Se aprovado: selecionar os futuros entrevistados, levantar informações sobre eles, relacionar locais de execução, fazer contato com os elementos a serem entrevistados, fazer cronograma de execução, realizar as entrevistas e apurar os dados colhidos.

Para a entrevista não estruturada o planejamento é mais simples e consta de: elaboração dos ítens, seleção dos sujeitos, informações dos sujeitos, cronograma, execução e apuração.

As entrevistas focalizadas, clínicas e dirigidas também se classificam como não-estruturadas ou despadronizadas.

Entre as características que um entrevistador deve cultivar, segundo estudo elaborado por Richardson em 1954, estão:

a) capacidade para esconder os sentimentos e não se tornar agressivo;
b) capacidade para empatizar com os outros sem perder a estabilidade emocional;
c) capacidade de analisar dados e de trabalhar com certo grau de liberdade;
d) capacidade para ser cordial a fim de que as pessoas se disponham a falar, mas sem ser "quente" ou "ameaçador";
e) capacidade de dosar o tempo, isto é, com que rapidez movimenta-se na entrevista em situações diferentes;
f) capacidade de causar uma boa primeira impressão. Nem muito "nativo" nem muito "estrangeiro". Capacidade de parecer diferente no ponto em que se espera que seja diferente;
g) capacidade para ajustar os dados a uma estrutura teórica sem distorcê-los;
h) capacidade de não se tornar ansioso se não for aceito imediatamente;
i) capacidade para receber retaliações;
j) capacidade para tolerar o amor e a hostilidade nos outros e em si;
k) capacidade para analisar sentimentos;
l) capacidade para observar uma situação enquanto se envolve na mesma;
m) capacidade de manter em mente os objetivos finais da pesquisa durante a entrevista;
n) capacidade para criar para si um papel profissional que seja compreensível para as pessoas que está estudando;
o) cordialidade aberta em vez de curiosidade disfarçada;
p) mobilidade social não agressiva;
q) conscienciosidade ao registrar dados e ao escrever relatórios;
r) capacidade de escrever com clareza;
s) memória para detalhes e nomes;
t) capacidade de encontrar satisfação ao falar ou ouvir pessoas;
u) percepção, paciência, fortaleza moral, admiração, sinceridade, apreciação sincera de pessoas;
v) capacidade de aceitar ser incompreendido;
w) flexibilidade para registrar dados, isto é, capacidade ou para operar diretamente com a memória ou para tomar notas completas.

Exemplo de entrevista estruturada:

1) Nome completo ______

2) Estado civil ______

3) Idade ______ Ano do nascimento ______

4) Cidade onde reside ______

5) Grau de instrução ______

6) Atividade principal ______

7) Partido político ______

8) Tipo de música ______

9) Escritor preferido ______

10) Tipo de leitura ______

11) Medo ______

12) Sonho ______

13) Comida preferida ______

14) Mania ______

15) Votou para Presidente da República? ______

Exemplo de entrevista não estruturada:

Entrevistador: (cumprimentos e apresentação)

Entrevistado –

Entrevistador: Qual a sua opinião sobre os políticos?

Entrevistado –

Entrevistador: Como cidadão, qual tem sido a sua participação para melhorar o Brasil?

Entrevistado –

Entrevistador: Diante da sua opinião, não acha que está fazendo pouco pelo Brasil?

Entrevistado –

Entrevistador: Qual é o seu perfil de cidadão que passa para os mais novos como exemplo a ser seguido?

Entrevistado –

Entrevistador: Qual é a sua opinião sobre o voto obrigatório? Sendo o Brasil uma democracia, o voto não deveria ser facultativo?

Entrevistado –

Entrevistador: Como gostaria de ser lembrado pelo povo após se aposentar?

Entrevistado –

Entrevistador: (agradecimento e fecho)

10.5 PRÉ-TESTE

Qualquer que seja o instrumento aplicado para a realização da pesquisa, é importante a testagem das amostras para evitar erros maiores e desvios incontroláveis quando a coleta de dados estiver sendo realizada.

Com o pré-teste é possível melhorar, cortar e incluir questões após conhecer os resultados práticos.

10.6 HISTÓRIA DE VIDA

Na atualidade, muitos pesquisadores buscam dados por meio da história de vida para investigação relacionada com a Antropologia, a Sociologia, a Ciência Política e em outras áreas do conhecimento. Os dados são levantados por meio de entrevistas que exploram aspectos que envolveram a vida dos entrevistados, procurando reconstruir a sua vida até o presente. Pode também ser entrevistado indivíduo que conheça a pessoa da qual se interessa pesquisar. Esta técnica é bastante usada nas pesquisas participantes e em pesquisas que se utilizam do Método Dialético, em Estudos Sociais e Políticos em grupos sociais.

Monografia e Tcc

Capítulo 11

Monografia e TCC

INTRODUÇÃO

Todos os trabalhos acadêmicos são normalizados pela ABNT e esses trabalhos são: a Tese de doutorado, a Dissertação de mestrado, a Monografia comum aos cursos de especialização e o Trabalho Acadêmico de Graduação (TCC) exigido para a conclusão dos cursos de graduação. A diferença básica entre os tipos de trabalhos em questão é o nível de estudo e o aprofundamento dos mesmos. Todos conferem títulos, a exceção do TCC que apenas serve de pré requisito para a abtenção dos diplomas de graduação, seja bacharelado ou licenciatura. Todo trabalho acadêmico se caracteriza como trabalho científico, porquanto é elaborado de forma sistematizada e organizada, busca resposta de forma criteriosa utilizando métodos e técnicas para a organização, elaboração, apresentação e divulgação.

Além da NBR que orienta a elaboração e apresentação dos trabalhos acadêmicos, no que couber devem ser observadas as NBRs sobre sumário, resumo, lombada, numeração da seções, referências, citação, notas de rodapé, ordem alfabética, normas para datar, projeto de pesquisa e outras.

11.1 CONCEITUAÇÃO, CARACTERÍSTICA, CIENTIFICIDADE, OBJETIVO, FINALIDADE, TIPOS

CONCEITUAÇÃO

O *Dicionário Aurélio* mostra que o termo origina-se de Mon(o) + Graf(o) + ia, e tem o significado de "estudo minucioso que se propõe esgotar um tema restrito". Autores diversos definem monografia de diferentes maneiras, em vista dos variados fins a que se destina e por ser utilizada em todos os campos do conhecimento humano. Eis alguns conceitos (a conceituação de Monografia é válida também para TCC):

Asti Vera (1989, p. 163):

conceitua monografia como sendo "tratamento escrito de um tema específico."

Salomon (1994, p. 180):

define-se como monografia "tratamento escrito de um tema específico que resulte de interpretação científica com escopo de apresentar uma contribuição relevante ou original à Ciência."

A Associação Americana de Livrarias define" monografia como "um trabalho sistemático e completo sobre um assunto particular, usualmente pormenorizado no tratamento mas não extenso no alcance."

CARACTERÍSTICAS

a) Tema específico.
b) Tratamento específico.
c) Contribuição importante para a Ciência.
d) Tema limitado.
e) Tratamento com profundidade.
f) Limitação a uma Ciência ou a uma parte dela.
g) Tema restrito e particular.
h) Uso de Metodologia Científica.
i) Contribuição pessoal à Ciência.
j) Trabalho escrito, sistemático e completo.
a) Descobrir verdades sobre temas de interesse de uma Ciência ou parte dela.
b) Redescobrir e reestudar assuntos já estudados anteriormente.
c) Esclarecer fatos ou teorias já estudados mas que permanecem obscuros e sem pleno conhecimento.
d) Ordenar e metodizar saber e conhecimento.
e) Aumentar o referencial científico por meio de trabalho metódico.
f) Levar ao conhecimento da comunidade científica e do público novas descobertas.

OBJETIVOS

a) Descobrir verdades sobre temas de interesse de uma Ciência ou parte dela.
b) Redescobrir e reestudar assuntos já estudados anteriormente.
c) Esclarecer fatos ou teorias já estudados mas que permanecem obscuros e sem pleno conhecimento.

d) Ordenar e metodizar saber e conhecimento.

e) Aumentar o referencial científico por meio de trabalho metódico.

f) Levar ao conhecimento da comunidade científica e do público novas descobertas.

CIENTIFICIDADE

a) Conter uma descoberta verdadeira.

b) Apresentar provas do que é descrito.

c) Ser objetiva. Qualquer outro pesquisador conseguirá o mesmo resultado pelo que está demonstrado.

d) Ter uma formulação geral porque a Ciência classifica e relaciona fatos ou fenômenos na busca dos princípios que os governam.

e) Ser ordenada, sistemática, segundo parâmetros lógicos.

f) Ser composta de interpretação e relações entre fatos e fenômenos.

FINALIDADE

a) Externa: quando se destina à obtenção de título e como avaliação escolar.

b) Interna: para satisfazer o desejo interior de saber, conhecer e produzir conhecimento. É feita pelo prazer de estudar e de pesquisar.

Segundo Barquero (1979, p. 27-28), a monografia tem as seguintes finalidades:

a) "manifestar a própria personalidade, revelando os gostos e as tendências, exteriorizando o espírito de iniciativa e a criatividade, demonstrando a amplitude de juízos, revelando a capacidade de seleção em função de metas determinadas, revelando progressiva liberdade no trato científico."

b) "expor cultura, saber e conhecimento. A própria cultura e experiência, adquirida da leitura, vivência, conhecimento, etc.; a capacidade analítica e valorativa em relação a princípios, objetivos e critérios próprios; capacidade de distinguir os fatos das opiniões, as diferentes relações entre os fatos e os fenômenos; as próprias opiniões, deduções, realizações etc."

c) "comunicar por escrito o resultado de uma descoberta pessoal."

TIPO

a) Monografia escolar: são os trabalhos didáticos apresentados ao final de um curso específico. São as monografias apresentadas para obtenção do grau de especialista, conseguido nos cursos de pós-graduação *lato sensu*.

b) Monografia científica: trabalho científico para obtenção do grau de mestre.

Para Salomon (1972, p. 213), existem dois tipos de monografia: o *lato* e o *stricto*. ***Lato***: trabalho de primeira mão que resulte de investigação científica. Inclui as dissertações, as teses, certos relatórios de pesquisa, informes científicos ou técnicos e as memórias científicas. ***Stricto***: quando se identifica com as teses de doutoramento e de livre-docência.

NÃO É MONOGRAFIA

a) Repetir o que foi escrito sem apresentar novo enfoque. Não é, portanto, copiar.

b) Responder a questionários; mandar que pessoas o façam em forma de simples tarefa escolar.

c) Apenas dar opinião sobre algo sem fundamentar com dados correlacionados e embasados.

d) Descrever ideias de forma abstrata sem base metodológica e alheias aos objetivos do estudo.

e) Escrever sob a sua própria autoridade intelectual.

f) Citar palavras e frases bonitas sem sentido e conteúdo.

É MONOGRAFIA QUANDO

a) Contém observações e a acumulação de informações.

b) Busca e estuda as relações e regularidades que podem existir entre informações e observações.

c) Pergunta e questiona os seus porquês.

d) É baseada em leituras, estudos e experiências que permitam comprovações.

e) Os resultados produzidos são comunicados ao público.

f) O produto conhecido pode contribuir para o bem comum.

11.2 ELABORAÇÃO PRÉVIA DO ESQUEMA DO ESTUDO

Após ter em mente bem explicitado o tema, passa-se à fase de elaboração do esquema, o qual poderá sofrer alterações ao longo do estudo. A feitura do esquema pode ser levada a efeito de duas formas:

a) Relacionar os Ítens que compõem a parte preliminar ou pré-textual; em seguida, anotar os capítulos, ítens, subítens, conclusão, recomendações/ sugestões que representam o corpo do trabalho e, por fim, relacionar os ítens que formam a parte pós-textual ou parte referencial da monografia.

b) Redigir as perguntas ou afirmações que deverão ser respondidas ao final do trabalho. Essa forma não invalida a primeira mas exige do estudante conhecer bem os assuntos ou quesitos formulados para poder discuti-los. Por este método, pode-se fazer quantos questionamentos desejar, desde que eles estejam de acordo com a abrangência estipulada para o estudo.

Qualquer que seja o esquema de monografia ou TCC, na montagem final devem ser acrescentados os elementos pré-textuais e os pós-textuais.

RELEVÂNCIA DO ESQUEMA

A elaboração do esquema, ou plano de um trabalho, muitas vezes é vista pelo aspecto quantitativo. Mas este critério é um tanto falso, pois deve se adequar à qualidade e coerência, lembrando que o tamanho depende dos objetivos, do tema escolhido e dos aspectos a serem estudados. Exemplo digno de nota é o trabalho de Evaristo Galois que viveu 20 anos e suas obras somam cerca de 50 páginas, mas seu nome é sempre lembrado pelos que labutam no campo da Matemática.

A função do esquema ou plano é ajudar, dirigir, permitir correção e proporcionar a conclusão do estudo sem atropelos. Altera-se, refaz-se sempre que a realidade assim o exigir.

Ao elaborar um plano, o pesquisador poderá fazê-lo de forma dialética contendo tese, antítese e síntese; poderá usar o tipo nocional, onde irá verificar a natureza da questão, se existe essa natureza e qual o seu valor, sempre questionando ou perguntando.

Outras formas de elaborar um esquema são os tipos comentário, desenvolvidos pela explicação, discussão e avaliação; comparativo, onde se mostra o que é comum e o que é oposto, ordenando-se os dados ao final.

11.3 DEFINIÇÃO DOS ELEMENTOS DA ESTRUTURA DA MONOGRAFIA E TCC

São componentes da estrutura do texto os seguintes elementos: parte pré-textual ou preliminar, parte textual ou corpo do trabalho e parte pós-textual ou referencial.

Capa

Nome da instituição, nome do autor, título e subtítulo, se houver; número de volumes, se houver, devendo ser colocado em cada capa; local onde está situada a instituição onde o trabalho será apresentado e ano da entrega ou depósito do trabalho. O nome da instituição não é obrigatório na capa.

Lombada

A forma correta de apresentar a Lombada é normalizada pela ABNT. A Lombada pode ser necessária ou não.

A lombada contém o nome do autor, título do trabalho e os elementos alfanuméricos de identificação como, por exemplo, número de volumes e número de série, tudo escrito de forma longitudinal do alto para o pé da lombada com vista a facilitar a leitura quando o trabalho estiver no sentido horizontal, com a face voltada para cima.

Suportando a lombada podem ser colocados nela outros dados como editora, edição, além de outros elementos.

Folha de rosto

Contém no seu anverso o nome do autor, título principal do trabalho escrito de forma objetiva, clara e precisa de maneira que seja identificado com facilidade o seu conteúdo; subtítulo, se houver, devendo ser evidenciada ligação e subordinação ao título principal, escrito logo em seguida ao título, precedido de dois-pontos; número de volumes, se houver mais de um, devendo constar em cada folha de rosto a especificação do volume respectivo; natureza do trabalho (tese, dissertação, monografia, trabalho de conclusão de curso); objetivo do trabalho (aprovação em disciplina, grau pretendido); nome da instituição onde será apresentado; área de concentração; nome do orientador e co-orientador, se houver; nome da localidade (cidade) onde será apresentado e ano de entrega ou depósito. No seu verso contém a ficha catalográfica.

Ficha catalográfica

É colocada no verso da folha de rosto, devendo conter os elementos constantes do Código de Catalogação Anglo-Americano, editado pela FEBAB. Entre outros deve conter o nome do autor com o ano de nascimento; título do trabalho e subtítulo, se houver; nome do autor escrito na ordem direta; edição, se revisada, atualizada ou ampliada; local da edição; editora; ano da edição; número de páginas e tamanho; códigos ISBN e CDD, além das palavras-chave das partes principais que formam a obra. Para a elaboração dessa ficha aconselha-se buscar a ajuda de um profissional de Biblioteconomia.

Errata

Se for necessária, deve ser colocada logo depois da folha de rosto, disposta da seguinte forma:

ERRATA			
Folha	Folha	Onde se lê	Onde se lê
51	51	prano	plano

Folha de aprovação

É colocada após a folha de rosto ou da errata, se for o caso. Contém o nome do autor, título do trabalho, subtítulo (se houver); natureza, objetivo, nome da instituição que será submetido, área de concentração, data da aprovação, nome dos componentes da banca com titulação, assinatura e instituições a que pertencem. A data de aprovação e a assinatura dos membros da banca examinadora são colocadas após a aprovação do trabalho.

Dedicatória e Agradecimentos

Se colocados devem seguir à folha de aprovação, sendo uma em cada folha. Embora seja opcional, por se tratar de dois elementos que dizem respeito a aspectos de foro íntimo e não da produção intelectual do trabalho, por vezes em uma dedicatória e em um agradecimento se denotam qualidades de reconhecimento, humildade e grandeza interior do autor.

Epígrafe

É um elemento opcional que adotado deverá ser colocado depois da folha dos agradecimentos. Pode constar também nas folhas de abertura das seções primárias do trabalho. Se colocado depois dos agradecimentos, deve ser escrito embaixo e à direita do anverso da folha e, se na abertura das seções primárias, deve ser colocado antes do título da seção, no canto direito da folha. A autoria pode ou não ser indicada, sendo obrigatória a colocação das aspas em qualquer situação.

Resumo na língua vernácula

Deve conter entre 150 e 500 palavras nos trabalhos acadêmicos. Se constitui de frases objetivas e afirmativas, sem que seja uma simples relação dos títulos e subtítulos do trabalho. O verbo deve ser usado na voz ativa e na terceira pessoa do singular, sendo recomendado o uso de parágrafo único. Ao final devem ser colocadas as palavras-chave que mais expressam e representam o texto escrito, antecedidas pela expressão "Palavras-chave:", separadas entre si por ponto.

Resumo em língua estrangeira

Deve ser digitado ou datilografado de acordo com as mesmas exigências do resumo na língua vernácula. Se feito em inglês é o *Abstract*, em espanhol o *Resumen* e em francês o *Résumé*. Contém ao final as palavras-chave no mesmo idioma do resumo.

Lista de ilustrações

Se couber no trabalho, deverá acompanhar a ordem que elas constam no texto, cada uma com o seu nome específico seguido do número da página. Se for necessário, deverá ser elaborada listas separadas para cada tipo de ilustração como, por exemplo, retratos, esquemas, gráficos, plantas, quadros, desenhos, fotografias, organogramas, fluxogramas, mapas e outros, devendo cada lista ser feita em folha separada.

Lista de tabelas

Cabendo no estudo, deve ser feita na ordem que elas aparecem no texto, seguidas do nome e do número da página onde cada uma se encontra.

Lista de abreviaturas e siglas

No caso de ser necessária, deve ser elaborada em ordem alfabética, seguida das expressões escritas por extenso. Devem ser elaboradas separadamente a das abreviaturas e das siglas.

Lista de símbolos

É um elemento opcional. Se necessário deve ser feito na ordem que os símbolos aparecem no texto, seguido do respectivo significado.

Sumário

Elemento obrigatório. Nos trabalhos monográficos, o sumário é inserido após o último elemento pré-textual. É iniciado no anverso da folha e, se necessário, deve ser concluído no verso da mesma folha. Nas publicações periódicas deve ser inserido na mesma posição em todos os fascículos e em todos os volumes. Ele pode ser colocado no anverso da folha de rosto e concluído no verso, se preciso. Nos relatórios pode se situar na primeira capa e concluído na quarta capa, se necessário.

O termo "sumário" é sempre centralizado, em qualquer idioma, os seus itens são alinhados à esquerda. Quanto à estrutura do sumário, a numeração precedente se inicia na introdução e segue até a conclusão, os itens pós-textuais não são numerados. Todos os itens primários são escritos em maiúsculas e negritados. Os itens secudários são apresentados em minúsculas e negritados. Os terciários e seguintes, se houver, em minúsculas sem negrito.

Introdução

Constitui a parte inicial do trabalho na qual deve constar os objetos da pesquisa, delimitação do tema tratado, justificativa, objetivos e algumas informações sobre a forma em que o trabalho será elaborado.

Desenvolvimento

É a parte principal do corpo do trabalho. Contém a exposição bem ordenada do assunto pesquisado. Em geral é apresentado dividido em partes ou capítulos e estes em seções e subseções elaborados em conformidade com o assunto que foi abordado.

Conclusão

Em geral, é última parte do trabalho na qual são apresentadas as conclusões alcançadas pelo autor de acordo com o que foi previamente projetado. Nela são apresentadas as conclusões relativas aos objetivos ou as hipóteses conforme o caso.

Na conclusão é opcional descrever os desdobramentos relacionados com a importância ou relevância, a síntese, a projeção, repercussão e encaminhamentos dos resultados obtidos.

Recomendação e/ou sugestão

Este elemento deve ser considerado quando o trabalho acadêmico é um relatório de pesquisa sob a forma de monografia, dissertação, tese, também nos relatórios técnico-científicos por se tratar de trabalhos que comunicam algum resultado de investigação.

Referências

Constitui-se elemento obrigatório em qualquer tipo de trabalho acadêmico e escritos que se referem à produção de conhecimento organizado. Sempre que for fazer a apresentação de referências há necessidade de se obedecer as normas reguladoras da ABNT.

Têm de ser relacionadas por ordem alfabética e alinhadas pela esquerda, e não podem ser ordenadas com numeração. Informações e toda orientação de sua apresentação podem ser encontradas no capítulo que trata especificamente desse assunto.

Glossário

Embora seja indicado como opcional, o glossário é importante, considerando-se que nele são relacionados os termos mais rebuscados ou difíceis, com uma definição clara e resumida que poderá ajudar com mais rapidez o leitor evitando que ele tenha de recorrer ao dicionário.

Apêndices

São documentos elaborados pelo autor, sendo dados como opcionais. Contudo, se colocados no trabalho poderão ajudar o leitor na compreensão do texto e argumentação do autor. Deve ser escrito com letras maiúsculas consecutivas, seguida de travessão e do título. São ordenados por letras maiúsculas e quando esgotadas as 23 letras do alfabeto, se utilizam letras dobradas.

Exemplo:

APÊNDICE A – População geral do Brasil 1940-1980.

Anexos

Documentos não elaborados pelo autor que quando colocados no trabalho auxiliam na fundamentação e ajudam o leitor a entender e comprovar o texto. São escritos com letras maiúsculas consecutivas, seguidos da letra indicativa da ordem e de travessão, vindo em seguida o título. Utilizam-se para ordenar as letras do alfabeto que, se esgotadas, devem ser utilizadas dobradas.

Exemplo:

ANEXO A – Quadro demonstrativo das fases da Lua com seus reflexos sobre a Terra observada do espaço sideral.

Índice

É um elemento opcional, sendo colocado no texto por opção do autor ou exigência da instituição e, incluido no trabalho, deve ser observada a regulamentação ditada pela ABNT.

Quanto à ordenação, o índice pode ser apresentado em ordem alfabética, sistemática, cronológica, numérica e alfanumérica. Quanto ao enfoque ou tipo pode ser por autores, assuntos, títulos, pessoas/e ou entidades, nomes geográficos, citações, anunciantes e matérias publicitárias.

11.4 ASPECTOS RELACIONADOS COM A APRESENTAÇÃO

Formato

O texto de trabalhos acadêmicos, como trabalho de conclusão de curso (TCC), monografia, dissertação, tese e outros relatórios de pesquisa são digitados ou datilografados em papel branco no formato A4, tamanho 21 cm por 29,7 cm, usando-se apenas o anverso das folhas, com exceção da folha de rosto, em cujo verso é colocada a ficha catalográfica.

Salvo recomendação especial, deve ser usada a fonte tamanho 12 e letras em cor preta para todo o texto, com exceção das citações de mais de três linhas, notas de rodapé, paginação e legendas das ilustrações e das tabelas que geralmente são apresentadas com fonte tamanho 10.

A ABNT recomenda que a parte textual e pós textual seja datilografada ou digitada no anverso e verso da folha. Não consta obrigatoriedade, apenas recomendação.

Margens

Na apresentação dos textos, devem ser observados, para as margens superior e esquerda, 3 centímetros. E para as margens inferior e direita, 2 centímetros.

Espacejamento e início do texto

Nos textos digitados ou datilografados, o espaço entre linhas é de 1,5. Em espaço simples, são apresentadas as citações de mais de três linhas, notas de rodapé, referências, legendas das ilustrações e das tabelas, ficha catalográfica, natureza do trabalho, objetivos, nome da instituição e área de concentração a que é apresentado o trabalho.

Início das seções e subseções

Os títulos das seções devem iniciar na parte superior da mancha ocupada pelo texto, obedecendo praticamente os mesmos 3 cm estipulados para a margem superior, separados por entrelinhas de dois espaços 1,5 do texto que se segue. Também os títulos das subseções devem ser separados por entrelinhas de dois espaços 1,5 do texto que precede ou sucede.

Início do texto da folha de rosto e folha de aprovação

A ementa apresentada na folha de rosto e folha de aprovação, constando a natureza do trabalho, objetivo, nome da instituição e área de concentração onde será submetido, começa do meio da mancha (espaço da folha coberto por texto dentro dos limites das margens) para a direita.

Apresentação das notas de rodapé

O espacejamento das notas de rodapé obedece as margens do texto, que são separadas dele por um espaço simples de entrelinhas e antecedido por um traço ou filete de 3 cm desde a margem esquerda.

Indicativo numérico da seção

A numeração que ordena a seção fica antes do seu título e alinhado pela margem esquerda, ficando separada por um espaço de caractere.

Títulos sem indicativo numérico – São centralizados

Conforme norma da ABNT, são centralizados na folha os títulos sem indicativo numérico como errata, agradecimentos, lista de ilustrações, lista de abreviaturas e siglas, lista de símbolos, resumos, sumário, referências, glossário, apêndices, anexos e índices.

Paginação e numeração das folhas

A partir da folha de rosto, todas as folhas devem ser contadas e não numeradas. A numeração tem início na primeira folha da parte textual com números arábicos e segue até o final do trabalho

No anverso da folha a numeração é colocada no canto superior direito da folha a dois (2) centímetros da borda, obedecendo a margem direita do texto. No verso da folha a numeração é colocada no canto superior esquerdo da folha a dois (2) centímetros da borda da folha.

Nos trabalhos com mais de um volume, a numeração deve ser contínua em todos eles desde o primeiro ao último. Nos trabalhos que tenham apêndices e anexos, devem ser seguidas as mesmas regras, numerando essas folhas de forma contínua ao texto.

Numeração e escrita dos títulos das seções e subseções

A numeração sistemática das partes do texto serve para evidenciar a apresentação e facilitar a compreensão do mesmo.

Os títulos das seções primárias do texto são iniciados em folha separada ou distinta, alinhados à esquerda, podendo fazer destaque deles com negrito, itálico, grifo, caixa alta ou versal.

Equações e fórmulas

Devem ser apresentadas de forma destacada do texto para facilitar a leitura. Se indispensáveis, podem ser numeradas em arábicos, colocadas entre parênteses com alinhamento à direita e antecedidos por reticências. Nelas é utilizado um espacejamento de entrelinhas maior que o do texto para permitir a escrita dos elementos, expoentes e índices.

Siglas

Sempre que aparecerem em um texto, elas devem estar relacionadas com a escrita completa do nome a que se referem, colocando-as ao final entre parênteses. Depois da primeira vez, a sigla pode ser escrita sem o nome completo.

Ilustrações

Nas ilustrações como quadros, mapas, fotografias, esquemas, plantas, organogramas e outros, a identificação deve constar na parte inferior antecedida do vocábulo designativo, seguida do número arábico de ordem em que se encontra no texto do respectivo título ou legenda, escrita de maneira clara e resumida e da fonte logo ao final da mesma.

Tabelas

As tabelas devem conter informações estatísticas presentes no texto e a sua apresentação têm de obedecer às normas reguladoras fornecidas pelo Instituto Brasileiro de Geografia e Estatística (IBGE).

Citações e Notas de Rodapé

As citações podem ser: direta, textual ou literal e indireta ou parafraseada. Elas podem aparecer dentro do texto, destacadas do texto e nas notas de rodapé. Toda e qualquer citação e as notas de rodapé precisam ser apresentadas de conformidade com a ABNT. No capítulo que trata desse assunto, são encontradas informações completas e detalhadas da formas de apresentação desses elementos no texto.

Prolegômenos ou folha de abertura

É uma folha que se coloca antes da abertura do capítulo ou seção do texto ou ao final da parte pré-textual contendo um pequeno texto de outro autor. Essa citação situa-se na parte inferior e à direita da malha do texto, ficando entre aspas e com a autoria ao seu final, essa folha não considerada e não numerada.

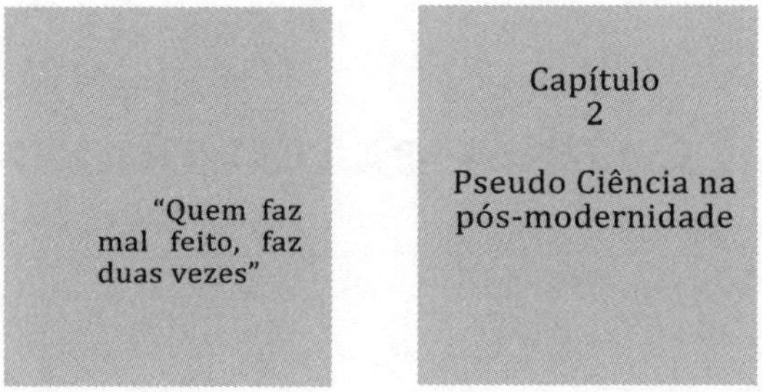

11.5 ESQUEMA DE MONOGRAFIA CONFORME A ABNT

PARTE EXTERNA

Capa (obrigatório)

Lombada (opcional)

PARTE INTERNA

ELEMENTOS PRÉ-TEXTUAIS:

- Folha de rosto (obrigatório)
- Errata (opcional)
- Folha de aprovação (obrigatório)
- Dedicatória (opcional)
- Agradecimentos (opcional)
- Epígrafe (opcional)
- Resumo na língua vernácula (obrigatório)
- Resumo em língua estrangeira (obrigatório)
- Lista de ilustrações (opcional)
- Lista de tabelas (opcional)
- Lista de abreviaturas e siglas (opcional)
- Lista de símbolos (opcional)
- Sumário (obrigatório)

ELEMENTOS TEXTUAIS:

- Introdução
- Desenvolvimento
- Conclusão

ELEMENTOS PÓS-TEXTUAIS:

- Referências (obrigatório)
- Glossário (opcional)
- Apêndice (opcional)
- Anexo (opcional)
- Índice (opcional)

11.6 DISPOSIÇÃO GRÁFICA DE MONOGRAFIA E TCC

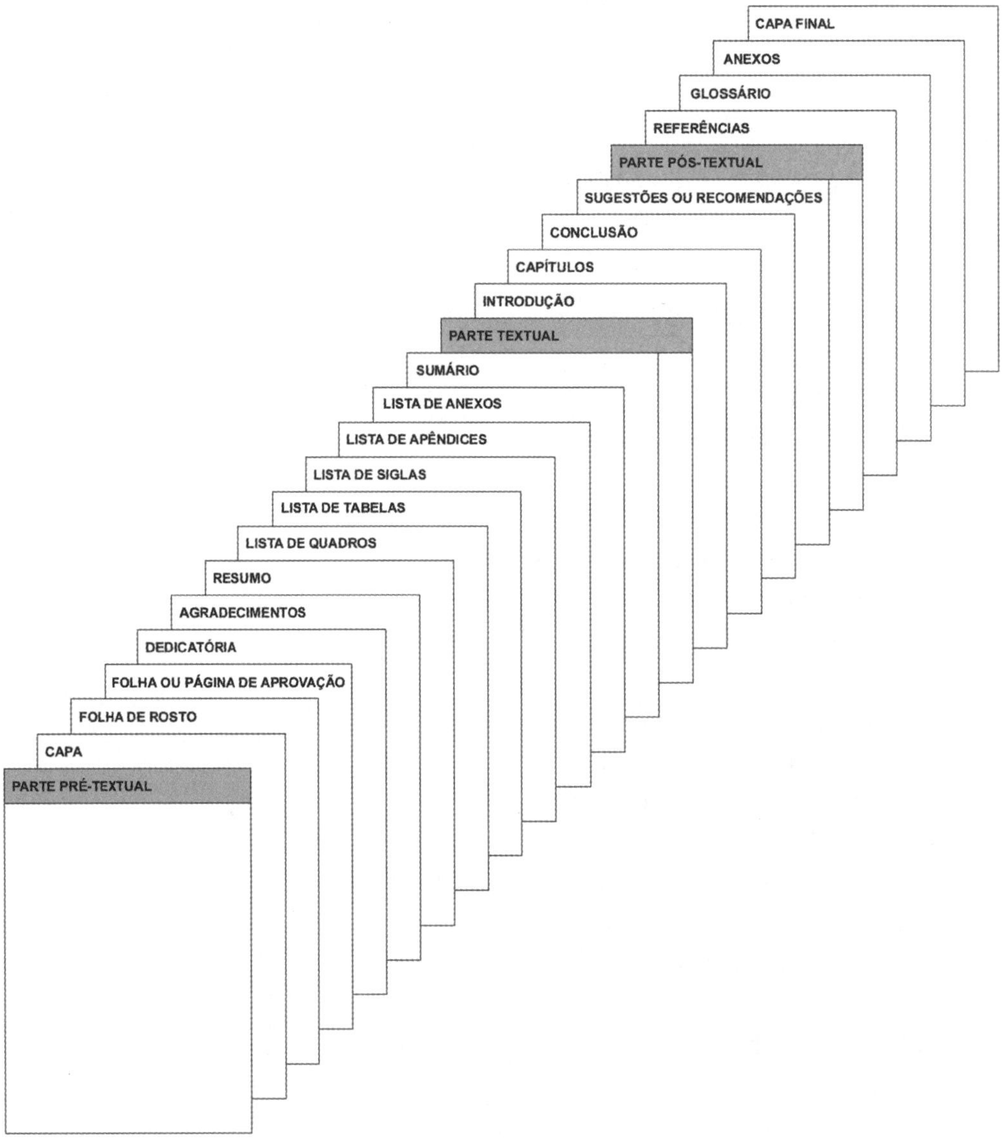

11.7 DEFINIÇÃO DOS ELEMENTOS DA PARTE TEXTUAL OU CORPO DA MONOGRAFIA E TCC

Como se sabe, o corpo do trabalho se compõe da introdução, do desenvolvimento e da conclusão e, conforme o caso, das recomendações ou sugestões. O texto que se segue traz detalhadamente e de forma resumida a descrição de cada uma dessas partes.

INTRODUÇÃO

O que é introdução?

- Descrição clara, simples e objetiva do tema ou problema da pesquisa.
- Apresentação sintética do problema que se quer resolver.
- Contém o objeto, a justificativa, os objetivos e a metodologia da pesquisa.
- Tem de conter uma rápida referência aos escritos existentes sobre o tema.
- Não é feita ao final do estudo. Ela precede as demais etapas de qualquer estudo, qualquer escrito ou trabalho científico.

Evitar fazer

- Introdução-histórica: contendo análise histórica muito extensa e sem objetivo prático para o assunto estudado.
- Introdução-eloquente: palavreado bonito e retórico mas sem sentido, sem objetividade e desviada do tema proposto.
- Introdução-exemplo: contém quantidade exagerada de exemplos do que é feito sem se fixar no corpo do trabalho.
- Introdução-solução: a solução é dada antecipadamente impedindo que o leitor a busque no trabalho por meio de estudo.

A introdução é antes de tudo

- Definição do tema: anúncio do assunto ou do problema a ser estudado.
- Delimitação do tema: extensão do tema, do prazo e dos aspectos a serem estudados.
- Localização tempo/espaço para permitir a condução e a conclusão do trabalho.
- Justificativa: relevância do assunto, existência de estudos anteriores, o que há escrito sobre o assunto escolhido.

- Objetivos do estudo: "geral", ideia central do estudo; "específicos", aspectos concretos do estudo, isto é, as etapas intermediárias para atingir os objetivos gerais.
- Definição de termos: quando necessário esclarecer termos e conceitos a serem usados.
- Metodologia: refere-se aos aspectos de como o trabalho será feito: tipo de pesquisa, tipo de método a ser usado, técnicas a serem usadas e as hipóteses.

DESENVOLVIMENTO

O desenvolvimento é sempre dividido em capítulos. No desenvolvimento é feita a explicação, a discussão e a demonstração. Sem isso, o estudo ou pesquisa ficará falha. Estes três elementos representam a fundamentação lógica do trabalho.

O desenvolvimento é antes de tudo

- A parte mais importante de um trabalho.
- Nele está a fundamentação lógica da pesquisa.
- Completamente diferente da introdução, conclusão e das recomendações.
- Independente da divisão em capítulos, ele contém três estágios: explicação, discussão, demonstração. Esses três estágios são o pano de fundo de cientificidade de qualquer estudo.

Explicação

- É o ato de tornar claro e explícito o que se apresenta duvidoso.
- É analisar e tornar compreensivo e sem ambiguidade o assunto descrito.
- A "alma da Ciência é a explicação científica" (Salomon).
- A explicação se dá quando o fenômeno é estudado em sua ocorrência, constância e consequências.
- Somente existe explicação quando há tratamento escrito do problema. É exigência do método científico.

Discussão

- Significa a fundamentação com base na pesquisa.
- É o exame detalhado em cima da explicação da pesquisa.
- É o anúncio de proposições por parte do profissional ou pesquisador.
- Na discussão, o autor da pesquisa é confrontado com ideias contrárias.
- O autor expressa com clareza as suas posições ou teses.

Demonstração

- É a dedução lógica do estudo ou pesquisa.
- Exige raciocínio e sequência lógica.
- Predomina a dedução por parte do pesquisador.
- Representa os fatos que comprovam as ideias do autor enunciadas na pesquisa.

CONCLUSÃO

- É a última parte do trabalho a ser escrita.
- Deve ser pouco extensa.
- Não contém citações, nota de rodapé, ela é a palavra do autor encerrando o seu trabalho.
- É diferente das recomendações.
- É o fecho do trabalho, contendo os resultados conseguidos na pesquisa.

RECOMENDAÇÕES/SUGESTÕES

- É importante, opcional.
- Não contém citação e nem nota de rodapé.
- Vem separada da conclusão.
- Deve ser feita em tópicos e é dirigida aos setores relacionados com a pesquisa.
- Nas recomendações/sugestões, o profissional que fez a pesquisa mostra a sua autoridade e competência na questão estudada e solucionada.

11.8 ESCOLHA DO TEMA DE PESQUISA

A escolha do tema pode ser feita pelo próprio aluno, pelo professor ou pelo autor. Quando se trata de trabalho monográfico em curso de graduação, o tema pode ser sugerido pelos alunos sob orientação do professor ou por este para que os assuntos não fujam aos conteúdos da disciplina. No caso de monografias em curso de especialização em geral, o aluno o escolhe livremente. Já nos cursos de mestrado e doutorado, a escolha do tema se dá obedecendo às linhas de pesquisa desenvolvidas nos referidos cursos.

Segundo Asti Vera (1989, p. 97), a escolha do tema "é uma dificuldade ainda sem solução que é mister determinar com precisão, para intentar em seguida, seu exame, avaliação crítica e solução".

O tema se faz necessário pelo que se depreende da definição, posto que o pesquisador, o estudante ou o cientista estão diante de questão ou dificuldade que precisa ser determinada e definida com precisão para que se possa, em seguida, promover o seu exame, estudo e avaliação reflexiva e analítica, para alcançar a síntese, ou seja, a resposta desejada.

Escolher um tema para elaboração de uma pesquisa que, ao final, produzirá como resultado um relatório apresentado como monografia, dissertação ou tese significa, antes de tudo, exercitar atividades de observação através de leituras, estudos, conversas, atenção e intuição para descobrir discrepâncias e analogias entre trabalhos, disciplinas, Ciência ou parte dela.

A primeira atividade decorre da perplexidade emergida no instante em que se depara com a notícia de que se terá de fazer um trabalho científico, seja monografia, dissertação ou tese. Em decorrência, há um estado emocional: pensa, calcula, lembra e relembra assuntos, problemas e temas que envolvem a sua realidade, particularmente no trabalho ou no curso que realiza. As primeiras ideias sugerem conversas, rascunhos, pesquisas iniciais e surgem os primeiros sinais da existência de um tema.

Certo é que o tema nasce das preferências pessoais que logo se envolvem com aspectos psicológicos, sociais e metodológicos. Precisa a escolha recair sobre assunto que mereça ser pesquisado, seja relevante e que possa ter tratamento metodológico.

Para Salomon (1994, p. 110), existem três critérios de relevância na escolha e estabelecimento de um tema que são: relevância operativa, relevância contemporânea e relevância humana.

A relevância operativa se refere aos aspectos de ser o tema passível de tratamento metodológico, ou ser investigado em quaisquer dos campos do saber puro ou teórico ou no âmbito da sua aplicação prática. Já a relevância contemporânea significa que é original, não no sentido visto pelos antigos centros de pesquisa, mas porque pode motivar a volta ao estudo, aos livros, ao princípio. Neste ponto a relevância permite ao tema ser atual, ser necessário e ser passível de aproveitamento pela sociedade quando investigado.

A relevância humana fundamenta-se no princípio de que qualquer problema proporciona benefícios. Também se refere ao aspecto de considerar a Ciência pura ou aplicada, pois que ambas são feitas com vistas a produzir algum tipo de resposta útil, ainda que não de imediato. Por isso todo saber organizado é necessário ao homem e se benefício não faz, não é Ciência.

É o tema que vai dimensionar a escolha do método, do tipo de pesquisa, dos procedimentos e dos instrumentos a serem usados pelo pesquisador.

A escolha do tema envolve alguns aspectos que devem ser respeitados e observados, e entre eles podem ser relacionados:

a) Estar ao nível intelectual das habilidades do estudioso, isto porque há uma tendência em escolher temas pomposos e gerais, mas que são de impossível estudo e solução. Qualquer tema obriga o seu autor a ter prática, habilidade e conhecimento razoável dos problemas que envolvem tal área.

Dessa forma, o pesquisador da área da Psicologia deverá ser possuidor de elevado equilíbrio emocional e de uma profunda intuição psíquica para dimensionar o que deseja investigar e a forma correta a seguir para alcançar o seu objetivo final. No campo da Pedagogia e da Educação o pesquisador precisará ter gosto pela Matemática, pela elaboração, aplicação e análise de instrumentos como formulários, questionários e entrevistas.

Aqueles que se propõem escolher temas nas áreas da Filosofia, Direito e religião terão de ter habilidades com a literatura relacionada com História Comparada, Teologia e Etnologia religiosa.

b) Não se sentir muito eufórico e, por inexperiência, escolher temas de valor retórico ou político, nem inventar temas tão simples que não permita ser determinado, preciso, específico e que se estudado não trará resultados nem mesmo para o seu autor.

c) Outro aspecto a ser observado é o da existência de bibliografia, não que seja proibido trabalhar tema sem bibliografia, mas porque o mundo de hoje praticamente desconhece tema, assunto ou problema que não tenha sido objeto de estudo. Mas se não existir, a tarefa do pesquisador será bem maior, pois terá de buscar toda informação em pesquisa de campo.

Envolvem o pesquisador ou estudante que vai escolher um assunto para investigar: tempo, para levar o estudo até uma conclusão; existência de local para coletar bibliografias, para que possa ter conhecimento do que foi produzido sobre aquele assunto; possibilidade e capacidade para consultar especialistas no assunto; ter acesso às fontes e outros materiais que sejam mais originais no trato do problema escolhido; perspicácia em não lançar mão de tema que tenha sido publicado; ter certeza absoluta de que dará uma contribuição pessoal à sociedade com o seu estudo; ter alguns atributos como autodisciplina, modéstia, humildade, equidade, espírito de renúncia, tranquilidade e capacidade de pensar refletidamente.

Resumo da escolha do tema

É importante que o estudante ou profissional que se veja na posição de ter de escrever algum trabalho de pesquisa deva atentar para alguns atributos que o pesquisador deve cultivar.

Atributos do pesquisador

- Aguçado espírito de curiosidade.
- Espírito de renúncia.

- Modéstia e simplicidade.
- Ser humilde e justo.
- Ter capacidade de pensar reflexivamente.
- Ser claro e objetivo nos seus planos de vida.
- Não ter preconceitos sobre nada que o cerca.
- Não ser pretensioso, soberbo e altivo.
- Fazer de todo pedido de ajuda uma troca de experiência.
- Ajudar para ser ajudado.

Posicionamento do pesquisador na escolha do tema

- Para a sua escolha, o pesquisador/profissional deve se colocar diante de uma questão ainda sem solução.
- O tema representa uma dificuldade ou um questionamento ainda sem resposta.
- O tema precisa ser determinado com precisão para ser examinado, criticado e resolvido.
- O tema pode ser formulado antes ou depois da descrição do problema.

Atitudes a serem tomadas antes da escolha do tema

- Observação organizada.
- Leituras e estudos.
- Conversas e consultas.
- Detida atenção entre conteúdos de disciplinas e trabalhos publicados.
- Intuição aguçada para descobrir discrepâncias entre uma Ciência ou parte dela.

Posicionamentos iniciais na escolha do tema

- De perplexidade traduzida por trauma, desânimo e pavor diante da tarefa.
- De incapacidade para realizar a tarefa.
- Muitos questionamentos e dúvidas.
- Pensar, lembrar e relembrar assuntos que envolvem a sua realidade de vida (seus reais limites de saber).
- Focalizar assuntos ligados a sua formação e ao seu trabalho.
- Conversar e trocar de ideias com colegas de cursos e de trabalho.

- Elaborar rascunhos onde é escrito apenas o que está na memória.
- Fazer consultas em grupos de estudos com colegas de curso.
- Pesquisar assuntos ministrados em disciplinas do curso.

Cuidados que devem ser tomados na escolha do tema

- Observar a relevância operativa - ser o tema passível de tratamento metodológico.
- Ter o tema relevância contemporânea - ser capaz de motivar a busca de algum saber novo.
- Possuir o tema relevância humana - trazer benefícios para a sociedade.

Na escolha do tema respeitar os seguintes aspectos:

- estar no nível intelectual do autor, nem acima e nem abaixo.
- não se sentir muito eufórico e escolher tema pomposo e retórico.
- verificar a existência de material bibliográfico para as consultas.
- não existindo material bibliográfico, verificar o tempo para a pesquisa. Nesse caso, gasta-se mais tempo e trabalho.
- ter certeza de que dará uma contribuição à sociedade com o seu trabalho.

11.9 FORMULAÇÃO DO PROBLEMA DE PESQUISA

Toda pesquisa tem seu início baseado em um problema que carece de solução. Não começa, portanto, com observação ou qualquer tipo de mensuração ou medida. É da perplexidade do estudioso ao perceber que tem uma necessidade, um problema que precisa ter resposta, que se inicia o processo ou ciclo da pesquisa. Em qualquer área do conhecimento ou de atuação do ser humano existem problemas que precisam de solução através de métodos, caminhos seguros para garantir afirmações corretas.

Um problema pode ser empírico se tem possibilidade de ser investigado para se chegar à verdade. Exemplo desse tipo de problema é o caso do cientista Carl D. Andersois que, em Pasadina, no ano de 1933, encontrou prova da existência de um elétron positivo. Até aquele tempo somente eram conhecidos elétrons de carga negativa e prótons de carga positiva. O cientista observou sinais de carga positiva nos elétrons quando trabalhava no laboratório e partiu para formular um problema por meio da seguinte indagação: "Será possível um elétron positivo?" A resposta foi afirmativa porque o problema foi pesquisado metodicamente.

Pode também ser o problema conceitual quando o cientista, por intuição, dá início à pesquisa em áreas onde são raros os estudos. Por outro lado, o problema conceitual busca argumentar afirmações conceituais sobre teses já aceitas apresentando novos pressupostos. Inserem-se aí os estudos de Copérnico descartando as teses de Aristóteles sobre o movimento dos corpos. No campo conceitual e reconhecendo o conflito, Galileu Galilei formulou um modelo que acabou por confirmar as ideias de Copérnico.

Na formulação do problema, antes de recorrer aos recursos metodológicos, indispensável é conhecer os aspectos lógicos e distinguir a lógica formal que serve para tratar da Teoria do Pensamento e do Conhecimento, embora se mostre estática, sem oferecer avanço para a explicação científica ou empírica da Lógica Dialética. Esta oferece elemento para a pesquisa ou investigação e serve de base para a formulação do problema. No campo da Lógica Material ou Dialética, podem ser vistos como princípios lógicos da formulação do problema: o princípio heterolítico e o princípio do trânsito dialético.

a) Princípio heterolítico: considera que o conhecimento e o pensamento, por serem realidades, são, na essência, dialéticos. Tudo pode ser e ao mesmo tempo não ser. A verdade vai depender da contraposição, da constatação e da contradição.

Por esse princípio, também chamado de heterotesis, duas regras podem facilitar a formulação do problema, conforme assevera Salomon (1994, p. 198): "a) fazer a formulação à maneira de pergunta ou proposição interrogativa, e b) fazê-la em função da contraposição ou simplesmente em contradição com o conhecimento anterior (o que existe até o surgimento do problema)."

b) Princípio dialético: está subentendido no primeiro princípio e se baseia nos pressupostos da Dialética, de que todo conhecimento implica em "saber" já adquirido anteriormente, sujeito a ser reestudado ou superado.

O problema pode ser formulado por perguntas dos tipos a seguir relacionados:

1. Pergunta genérica:

   Ex.: que tipo de crime pratica o corrupto?

2. Pergunta específica:

   Ex.: quais são os tipos de corruptos?

3. Pergunta de relação causal:

   Ex.: por que certos alunos têm fixação por colar?

4. Pergunta que obrigam respostas qualitativas:

   Ex.: é a corrupção realmente um crime?

5. Pergunta com respostas quantitativas:

   Ex.: quantos tipos de corruptos existem?

6. Pergunta com resposta de comparação:

Ex.: a corrupção é mais frequente em políticos da direita ou da esquerda?

7. Pergunta de definição ou de conceituação:

Ex.: O que é patriotismo?

Ao formular o problema por meio de perguntas, atentar para as observações:

a) fazer perguntas claras, espontâneas e em forma de descrição ou dúvida;

b) estabelecer confrontação e relação de fatos no âmbito da pergunta;

c) buscar transformar em perguntas claras a formulação do problema;

d) fazer para cada pergunta um esboço da resposta. De bom alvitre é não formular problema simplesmente por adivinhação ou palpite. Esta tarefa exige conhecimento da realidade a ser investigada, pesquisa bibliográfica e muita observação.

Qualquer que seja a área do conhecimento objeto de estudo, o problema formulado, para ter cientificidade, ou seja, para ser válido, tem de responder às seguintes indagações, segundo Lakatos (1990, p. 104):

a) Pode o problema ser enunciado por meio de perguntas?

b) Corresponde a interesses pessoais (capacidade), sociais e científicos, isto é, de conteúdo e metodológico? Esses interesses estão harmonizados?

c) Constitui-se o problema em questão científica, ou seja, relacionam-se entre si pelo menos duas variáveis?

d) Pode ser objeto de investigação matemática, controlada e crítica?

RESUMO DA FORMULAÇÃO DO PROBLEMA

O problema nas ciências formais

- Um problema pode ser empírico, ou seja, admite pesquisa quando ele tem possibilidade de ser investigado para se chegar à verdade.

Exemplo: "será possível um elétron positivo?" Pergunta feita por Carl D. Andersois quando em seu laboratório observou sinais de carga positiva nos elétrons.

- Um problema pode ser conceitual quando por intuição é iniciada pesquisa em áreas onde os estudos são raros ou quando as afirmações conceituais se firmam sobre teses já aceitas.

Exemplo: estudos de Copérnico descartando as teses de Aristóteles sobre o movimento dos corpos celestes. Depois Galileu Galilei formulou um modelo que confirmou as ideias de Copérnico.

O problema no campo da Lógica Material ou Dialética

- Princípio heterolítico: considera que o conhecimento e o pensamento, por serem reais, são, na sua essência, dialéticos. Tudo pode ser e ao mesmo tempo pode não ser. A resposta dependerá da contraposição, da constatação e da contradição.
- Princípio dialético: todo problema pode ser resolvido por meio do diálogo, da discussão. Cabe sempre um reestudo para superar os impasses. Está subentendido no princípio anterior.

Formulação do problema por meio de perguntas

Se o profissional ou pesquisador encontrar dificuldades para formular o problema a ser proposto para uma pesquisa, poderá fazê-lo por meio de perguntas desde que tenha ideia da questão que deseja resolver.

Tipos de perguntas

- Pergunta genérica. Exemplo: que tipo de crime pratica o corrupto?
- Pergunta específica. Exemplo: quais são os tipos de corruptos?
- Pergunta de relação causal. Exemplo: por que certos alunos têm fixação por colar?
- Pergunta que obriga resposta qualitativa. Exemplo: é a corrupção realmente um crime?
- Pergunta com resposta quantitativa. Exemplo: quantos tipos de corruptos existem?
- Pergunta com resposta de comparação. Exemplo: existem mais corruptos entre políticos da direita ou da esquerda política?
- Pergunta de definição ou de conceituação. Exemplo: o que é patriotismo? O que é ser cidadão?

Cuidados ao formular as perguntas

- Pergunta clara e espontânea.
- Escrever a pergunta em forma de descrição ou de dúvida.
- Estabelecer confrontação e relação de fatos no âmbito da pergunta.
- Fazer para cada pergunta um esboço da resposta mesmo antes de iniciar a pesquisa dentro da sua realidade.
- Fazer a pergunta em contraposição ou contradição com o conhecimento existente no âmbito do assunto eleito.

11.10 MODELOS DE ALGUNS ELEMENTOS DE MONOGRAFIA E TCC

Capa

Letras maiúsculas.
Times New Roman.
Espaço simples.
Tamanho: 12

UNIVERSIDADE DE TORDESILHAS (opcional)
FRANCISCO BIZANINO SCOVATTO MENDES (obrigatório)

VISÃO HISTÓRICA DO SER HUMANO NAS ORGANIZAÇÕES

ILHA DA MADEIRA - PORTUGAL
1986

Folha de rosto

Letras maiúsculas.
Times New Roman.
Espaço simples.
Tamanho: 12

UNIVERSIDADE DE TORDESILHAS (opcional)
SETEMBRINO RIBEIRINO DA SAPUCAIA DIAS (obrigatório)

CRIAÇÃO E EVOLUÇÃO PURAMENTE UMA QUESTÃO DE FÉ

Monografia apresentada po Setembrino Ribeirino Sapucaia Dias, como pré requisito para a obtenção do título de especialista em Estudo das Origens na Faculdade de Ciências da Universidade de Tordesilhas, sob a Orientação do Professor Sandro Gaurras.

COVILHÃ - PORTUGAL
1994

Folha de aprovação

Folha de aprovação

AUTOR:

____

TÍTULO DO TRABALHO:

____

SUBTÍTULO:

____

NATUREZA/TIPO:

____

OBJETIVO:

____

EXAMINADORES:	TITULAÇÃO:
__________________________________	________________________
__________________________________	________________________
__________________________________	________________________
__________________________________	________________________

PARECER:

____
____
____
____
____
____
____
____

NOTA/CONCEITO: __________

LOCAL: ____________________ DATA: ____/____/__________

ASSINATURA DOS EXAMINADORES:

____
____
____
____

MANAUS - AM

2009

Verso da folha de rosto

Ficha catalográfica

Observações:

1) É apresentada no verso da folha de rosto.
2) Para a sua elaboração verificar informações sobre formato, dados necessários existentes nesta obra.
3) Buscar ajuda de um profissional em Biblioteconomia.

S237t

Santos, Izequias Estevam dos
Manual de métodos e técnicas de pesquisa científica / Izequias Estevam dos Santos – 11. ed. rev. e atual. – Niterói, RJ: Impetus, 2015.
392 p.: 64 il.; 17 x 24 cm

ISBN: 978-85-7626-824-6
Inclui bibliografia.

1. Pesquisa-Metodologia 2. Redação Técnica.

CDD-001.42

Dedicatória

DEDICATÓRIA

Fonte 12
Caixa alta

Fonte 12
Caixa baixa

A Deus, princípio e fim de tudo, o Alfa e Ômega.

A todos que um dia me ouviram como professor.

Agradecimento

AGRADECIMENTO

Fonte 12
Caixa alta

Caixa baixa
Fonte 12

Agradeço aos meus alunos que com carinho e coragem aceitaram estudar os escritos deste livro e souberam com competência aprender o necessário para crescer profissionalmente. Agradeço também aos professores e profissionais em geral que adotaram este manual para suas consultas e estudos.

11.11 FOLHA-GUIA PARA DIGITAÇÃO

A folha-guia serve como norteador na formatação quando for fazer as margens superior, inferior, direita, esquerda e espaços entre linhas, entre capítulos e partes destacadas do trabalho.

Quanto ao tamanho da letra, fonte 12 para o texto, 16 para os títulos de capítulos, 14 para ítens e 12 para subítens. Nas citações e notas de rodapé são respeitadas as normas próprias. Recomenda-se fonte tamanho 10.

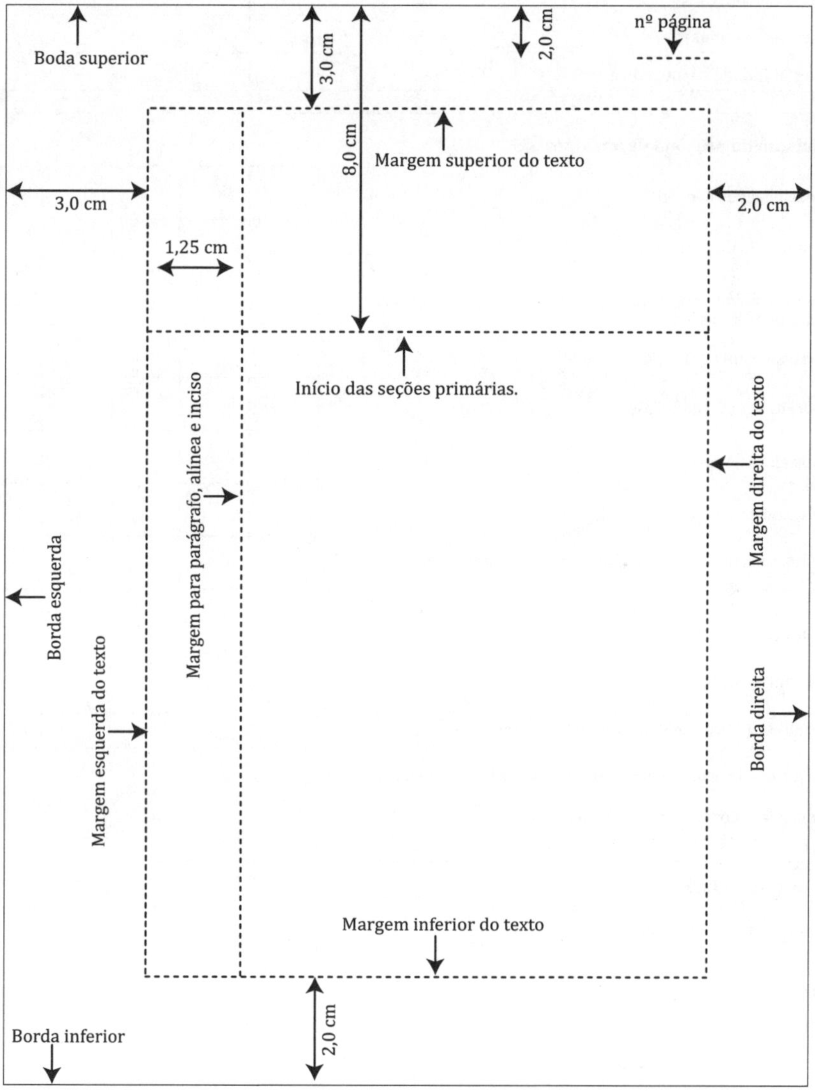

* O parágrafo se inicia a 1,25 cm ou 10 espaços simples da margem esquerda.

11.12 TABELA DE AVALIAÇÃO DE MONOGRAFIA DE ACORDO COM SALOMON (1994, P. 265-266):

	5.0	4.0	3.0	2.0	1.0	0.0
1. Escolha do assunto - revela						
1.1 - Relevância contemporânea:						
1.2 - Relevância operativa;						
1.3 - Relevância humana;						
1.4 - Adaptabilidade ao nível do autor.						
2. Formulação do problema e/ou hipótese						
2.1 - Especificações bem feitas.						
2.2 - Formulação de posições.						
2.3 - Hipótese formulada em termos claros, precisos, de acordo com a técnica metodológica.						
2.4 - Variáveis bem definidas.						
2.5 - Conceituações e definições.						
2.6 - Indicadores e categorias.						
2.7 - Referência empírica.						
2.8 - Relações entre variáveis (causalidade, correlação, alternância etc.)						
3. Introdução						
3.1 - Fez a introdução.						
3.2 - É equilibrada em relação às demais partes.						
3.3 - Elaborada de acordo com os requisitos da Metodologia.						
3.4 - Aplicou as "normas da documentação".						
4. Estrutura do trabalho						
4.1 - Revela elaboração de plano.						
4.2 - Apresentação das três partes distintamente: introdução; desenvolvimento; conclusão.						
4.3 - Organização lógica das partes.						
4.4 - Evitar repetições e digressões desnecessárias.						

	5.0	4.0	3.0	2.0	1.0	0.0
5. Pesquisa Bibliográfica						
5.1 - Extensão (completa a bibliografia?).						
5.2 - Atualização.						
5.3 - Fidedignidade.						
5.4 - Consulta às fontes.						
5.5 - Revela pesquisa bibliográfica na referência, nas citações, notas de rodapé.						

6. Crítica bibliográfica						
6.1 - Revela-se explícita ou implicitamente.						
6.2 - Revela critério na seleção.						
6.3 - Discernimento entre fonte e bibliografia.						
6.4 - O leitor será capaz de orientar-se entre bibliografia básica e secundária.						

7. Documentação						
7.1 - Revela documentação.						
7.2 - Revela assimilação e síntese.						
7.3 - Revela independência da documentação (soube evitar complicação).						

8. Crítica da Documentação						
8.1 - Revela análise crítica do material documentado.						
8.2 - Citações oportunas e fiéis.						
8.3 - Revela inteligência e finura na "extração dos documentos.						
8.4 - Resumos bem feitos para evitar frequentes citações.						

	5.0	4.0	3.0	2.0	1.0	0.0
12. Relação e apresentação do trabalho						
12.1 - Linguagem correta.						
12.2 - Linguagem objetiva.						
12.3 - Linguagem clara.						
12.4 - Linguagem direta.						
12.5 - Movimento na exposição.						
12.6 - Apresentação material ou gráfica.						

	5.0	4.0	3.0	2.0	1.0	0.0
13. Observâncias das normas da ABNT - IBBD						
12.1 - Observância de todas de um modo geral.						
12.2 - Observância do emprego de sinopses.						
12.3 - Observância do emprego de sumários.						
12.4 - Observância das normas de citação e notas de rodapé.						
12.5 - Observância das normas de referência bibliográfica.						
TOTAL						

11.13 TÁBUA SIMPLIFICADA DE AVALIAÇÃO DE MONOGRAFIA / TCC

TÁBUA DE AVALIAÇÃO DE MONOGRAFIA/TCC

1) ALUNO:
____

2) CURSO:
____

3) TÍTULO:
____

4) QUESITOS CONSIDERADO: Conceito / Nota Atribuído:

4.1 Consistência do Projeto (Problema, justificativa, objetivo, metodologia) (1,0) ________
4.2 Conteúdo:.. ________
4.2.1 Consistência (2,0).. ________
4.2.2 Clareza e Objetividade (1,0).. ________
4.2.3 Escrita e Estilo: (1,0).. ________
4.3 Relação Teoria – Realidade: (2,0).. ________
4.4 Normatização Metodológica:.. ________
4.4.1 Padronização (1,0).. ________
4.4.2 Organização e Arrumação (1,0).. ________
4.4.3 Bibliografia pertinente ao Tema (1,0).. ________
4.5 Conceito / Nota Final:.. ________

5) APROVADO ( ) CONCEITO / NOTA: ( ) REPROVADO ( ) CONCEITO / NOTA ( )

6) SUGESTÃO PARA O APRIMORAMENTO / REFORMULAÇÃO:
____
____
____
____
____

7) BANCA EXAMINADORA:

Nome: Assinatura:
______________________ ____________
______________________ ____________
______________________ ____________

Local: ______________________ Data:___/___/________

11.14 CONSTRUÇÃO E APRESENTAÇÃO DO TCC

Esta seção descreve a dinâmica que deve ser adotada para que o TCC possa ser elaborado e apresentado por alunos que estejam concluindo seus cursos de graduação. Ressalta algumas especificidades desse tipo de trabalho em relação aos demais tipos de trabalhos acadêmicos.

Projeto de TCC

Por projeto entende-se, segundo os mais conceituados dicionários, que é: fazer projeção, delinear, redação provisória, delinear plano de ação. Dessa forma o vocábulo "projeto" não se encaixa na dimensão de ser usado como trabalho em si em quaisquer áreas do conhecimento humano, nível de ensino ou tipo de curso.

Esta obra descreve "projeto" e trata dele como nos termos em que se preconiza uma ação coordenada no sentido de planejar um trabalho futuro, a ser elaborado de forma sistemática e ordenada com uso de métodos e técnicas apropriados para alcançar as metas desejadas. Dentro desse raciocínio, o projeto de TCC e qualquer tipo de trabalho como a tese, a dissertação, e a monografia, requer um projeto. Sem o projeto prévio o trabalho final não tem certo grau de cientificidade, consistência, legalidade e legitimidade.

O TCC requer projeto, exigindo-se do estudante o planejamento prévio do estudo a ser feito. Devem ser ministrados ensinamentos teóricos e práticos de como delinear um projeto de TCC e a forma correta de anotar os dados, escrever, organizar, apresentar e defendê-lo. É de se supor que o aluno concludente da graduação tenha, no decorrer do curso, recebido conhecimento sólido sobre métodos e técnicas de pesquisa e, se assim aconteceu, não haverá dificuldades maiores.

Destinário

Todo trabalho escrito e apresentado tem um destinatário e uma finalidade. Com o TCC ocorre o mesmo. O destino dele é a instituição a qual o autor pertence e a finalidade dele é a obtenção do título de graduado, seja bacharel, licenciado ou tecnólogo. O TCC é o primeiro trabalho escrito elaborado de maneira mais formal e sob orientação de um professor.

Fases da construção

De várias fases compõe o processo de construção e apresentação do TCC, abrangendo desde a capacitação do estudante, a proposta, a construção sob orientação de um professor, até a escrita, apresentação e defesa.

Capacitação do estudante

Não se concebe o estudante cursar todas as disciplinas de sua graduação, sem receber ensinamentos sobre as práticas de pesquisas e, ao final dos seus estudos, receber a incumbência de escrever um TCC, apresentá-lo e defendê-lo.

Necessário é que lhe seja dado ensinamento de como escolher o tema, como formular o seu projeto de pesquisa/trabalho, como escrevê-lo, como apresentá-lo e defendê-lo perante uma banca examinadora ou simplesmente um professor.

Assim, é de bom alvitre que haja aulas de Teoria em Pesquisa, além de aulas de Prática de Pesquisa. Por outro lado, a disciplina que irá servir de referência para esse fim deve ser ministrada no início, no meio e ao final do curso, nunca somente em uma dos três momentos indicados. Quanto a denominação da disciplina, poderá ser: Métodos e Técnicas de Pesquisas, Introdução à Pesquisa, Metodologia Científica, Metodologia da Pesquisa Científica e outras.

Tema/Assunto

O TCC tem de versar sobre temas ou assuntos constantes do currículo escolar do curso. Entre as formas de escolha do tema ou assunto está a organização de uma relação geral, partida do diretor da unidade, coordenador de curso, chefe de departamento, orientador ou coordenador de TCC e professores ligados ao ensino de Técnicas de Pesquisas. Mais indicado é que o próprio aluno eleja o seu tema a partir de orientação, mas qualquer que seja a forma de escolha do tema ele deve ser discutido com orientadores e professores, sendo essa estratégia mais acertada para o TCC.

Proposta

O TCC é um trabalho individual. A proposta do TCC tem de ser consistente, bem justificada e com objetivos claros e bem elaborados, deve também conter cronograma de trabalho com distribuição de Proposta de TCC

Uma proposta de TCC deve conter, entre outras, os seguintes elementos:

a) identificação da instituição do curso e da direção do setor encarregado de coordenar os trabalhos de conclusão de curso (TCC), inclusive local e ano de depósito;

b) título do trabalho e subtítulo, se houver;

c) informações sobre o trabalho que deseja fazer, em uma descrição cujo texto tenha no máximo 100 palavras, incluindo nele a relevância (justificativa); objetivo e estratégias a serem usadas para sua elaboração (Metodologia);

d) cronograma contendo as etapas ou fases por trimestre, semestre ou anual, dependendo do tempo destinado para a sua elaboração;

e) folha para apreciação e parecer;

f) identificação da instituição do aluno, título do trabalho e subtítulo, se houver; banca examinadora ou coordenador de TCC e orientador de tarefas para o período entre a pesquisa e a entrega.

Orientação

O ideal é que cada aluno possa escolher o seu orientador, contudo esse ideal nem sempre é alcançado ou observado pelos responsáveis da instituição. Assim sendo, a instituição poderá ter um grupo de professores que tenha horários preestabelecidos para atender os alunos, devendo participar desse grupo os docentes que atuam nas disciplinas de investigação e pesquisa. A figura do co-orientador, embora seja dispensável, é muito bem vinda. A forma mais adequada é a escolha pelo alunado a partir da relação de professores disponíveis.

Tipo de pesquisa

Desaconselha-se solicitar ou aceitar propostas de pesquisas complexas e de prazo muito longo. Considerando-se o nível de habilidades do aluno, o nível do ensino ministrado e o objetivo do TCC, as propostas devem ser de estudos e pesquisas simples, objetivas e de realização fácil. Dessa forma o TCC deve ser elaborado com base em pesquisa bibliográfica, pesquisa documental, pesquisa de levantamento, pesquisa de estudo de caso, devendo ser apresentadas em relatórios sob a forma de TCC. Os esquemas das pesquisas aqui relacionados podem ser localizados nesta obra. Outros tipos de pesquisa podem ser desenvolvidos, inclusive aqueles que obrigam o estudante fazer trabalhos de campo e/ou laboratório, todavia poderá o aluno de graduação, por outros fatores particulares, ter dificuldade em atingir os objetivos propostos em tais trabalhos.

Apresentação de Referências

Capítulo 12

Apresentação de Referências

INTRODUÇÃO

As referências servem para dar maior cunho de credibilidade e legitimidade ao trabalho e ao autor, além de conferir certo grau de cientificidade e permitir ao leitor consultar as obras indicadas. Toda referência bibliográfica deve ser apresentada de forma técnica para permitir pronta identificação. A forma de apresentação das referências é regulada pela ABNT.

Aplicam-se no que couber ao presente capítulo as normas reguladoras relacionadas com título de periódicos e publicações seriadas, citações e notas de rodapé, abreviação na descrição bibliográfica e o Código de Catalogação Anglo-Americano, última edição.

Em toda e qualquer descrição de uma referência bibliográfica devem ser acrescentados outros elementos além dos mencionados nas normas reguladoras, desde que venha a facilitar ao leitor melhor identificar e localizar o documento mencionado.

12.1 OCORRÊNCIA NO TEXTO

As referências bibliográficas podem aparecer em um texto das seguintes formas:

a) encabeçando resumos, resenhas ou recensões;

b) no meio do texto, em citações;

c) em notas de rodapé ou ainda em referências;

d) no final de cada parte ou capítulo do texto, como bibliografia básica ou bibliografia consultada;

e) no final do texto ou do trabalho, como bibliografia geral ou simplesmente bibliografia.

12.2 ORIENTAÇÃO GERAL

Na entrada, para referenciar documentos, prevalece em grande escala a entrada pelo nome do autor nos seguintes tipos de documentos, obras e publicações: livro, tese, dissertação, monografia, dicionário, almanaque, enciclopédia, artigo de jornais, artigo de revista e jornais on-line, trabalhos apresentados em eventos científicos, fotografias, desenho técnico, entrevista gravada, cassete, CD, partituras, esculturas, guia, manual, folheto, doutrina, sentença, *habeas corpus* etc.

a) Obra com mais de um local de publicação:

Em obra que aparece mais de um local de publicação, cita-se o mais destacado ou o primeiro.

b) Obra com mais de um editor:

Existindo mais de uma editor, indicar o que estiver mais destacado na folha de rosto da obra referenciada.

c) Obra citada no texto:

Toda obra usada na elaboração de um documento, mesmo que apareça no texto, no rodapé ou no final de capítulo, tem de ser colocada na bibliografia do final do trabalho.

d) Título da obra em mais de um idioma:

Se o título da obra aparecer em mais de um idioma, cita-se o primeiro e, se quiser, cita-se o segundo ou o que estiver em destaque.

e) Ordenação de referência em citação:

Na ordenação de referências de documentos citados, os sistemas mais usados são: o numérico e o alfabético. A numeração deve ser sequencial da primeira citação até a última, cujas notas devem ser colocadas no rodapé das páginas ficando o final do capítulo para a colocação das referências bibliográficas específicas de capítulo.

f) Abreviatura de título e subtítulo de obra:

O título e o subtítulo da obra podem ser abreviados se não perderem o sentido, devendo ser indicado por reticência.

g) Pontuação nas referências:

Nas referências de documentos, a pontuação segue normas internacionais e deve ser uniforme em todo o trabalho. Também quanto às abreviaturas, devem ser obedecidas as normas da ABNT.

h) Alinhamento das referências:

As referências bibliográficas em qualquer documento devem ser registradas com alinhamento pela esquerda. Nesta obra, adotamos o alinhamento justificado.

Exemplo:

SHEDD, Russell. **Teologia do desperdício: A plenitude de uma vida que glorifica a Deus.** Rio de Janeiro: Shedd Publicações, 2001, 160p.

i) Abreviatura do nome da editora:

A editora é escrita de forma abreviada e o número da edição se escreve com algarismos arábicos seguido de ponto e a palavra edição abreviada.

Exemplo.:

Ed. Européia, 12. ed.

j) Local de publicação:

Nas obras sem local de publicação coloca-se a expressão "*Sine loco*" abreviada e entre colchetes [S.l.] antes do órgão que editou a obra.

Exemplo:

KNELLER, G. F. **A Ciência como atividade humana**. Tradução de Antônio José de Souza. [S.l.] Zahar Editores, 1980. 310p.

k) Editor não identificado:

Quando o editor não puder ser identificado, escrever a expressão "*sine nomine*" abreviada, em minúscula e entre colchetes [s.n.].

Exemplo:

KOSCHE, José Carlos. **Fundamentos de metodologia científica: teoria da ciência e prática de pesquisa**. 14. ed. [s.n.]. 1997. 180 p. ISBN 85.326.1804-9.

l) Local e editor não identificados:

Se o local e o editor não forem identificados, utilizar a expressão "*Sine loco*" e "*sine nomine*", abreviadas e entre colchetes, separadas por dois pontos [S.l.: s.n.].

Exemplo:

JÚNIOR, Frank Ross. **Novos mundos da ciência: história da pesquisa científica**. Tradução de Raul de Polillo. [S.l.: s.n.], 1999. 211 p.

m) Títulos das obras:

O título da obra ou do documento pode ser negritado, sublinhado ou itálico. Escolhido o padrão a ser usado, o mesmo deve ser uniforme em todas as referências de um mesmo documento. O nome da obra é escrito com letra maiúscula apenas a primeira letra e dos demais vocábulos se forem substantivo ou adjetivo, caso contrário serão escritos com minúsculas.

Exemplos:

SANTOS, Agostinho Soares dos. **Tudo nos mostra que Deus existe...**

DURANT, Will. **História da filosofia...**

JASTROW, Robert. **Até que o sol se apague...**

n) Homônimo:

Havendo homônimo de local (cidades) acrescenta-se a sigla do estado ou país entre parênteses após cada denominação.

Exemplo:

Palmas (PR). Palmas (TO).

o) Trabalho traduzido:

Sendo o trabalho traduzido, após o título do trabalho escrever o nome do tradutor na forma nominal. O título original pode ser indicado ao final da referência.

Exemplo:

Título original:

... Frames of Mind.

p) Obra sem nome da cidade de publicação:

Caso não tenha no documento o nome da cidade onde foi publicado mas é de conhecimento do referenciador, coloca-se o nome dela entre colchetes, no lugar indicado.

Exemplo:

[Palmas de Mallorca]

q) Data de publicação:

A data é de suma importância em uma referência, por isso deve ser colocada qualquer uma que esteja na obra (de impressão, *copyright* ou outra). Se nenhuma data for localizada registra-se uma data aproximada, entre colchetes, no lugar indicado. A data é sempre escrita em números arábicos.

Exemplo:

... [1970].

r) Obras com vários autores:

Quando na obra existirem vários autores, deve-se indicar a responsabilidade (coordenador, organizador, compilador, editor), após o nome entre parênteses de forma abreviada ou por extenso.

Exemplo:

SCHNEIDER, Theodoro (Org.)...

ESTEVÃO, Camilo (Coord.)...

s) Pseudônimo:

Obras publicadas sob pseudônimo: este é citado e se o verdadeiro nome for conhecido deve ser escrito a seguir e entre colchetes.

Exemplo:

ALEMÃO [Oscar Schneider].

t) Separata de obras:

Sendo a obra referenciada, uma separata: devem constar todos os dados que aparecerem na publicação, sendo assentadas após a data, o termo "separata", seguido de dois pontos, título, editor, local, data e número de páginas.

Exemplo:

ALVES-MAZZOTI, Alda Judith e GEWANDINAJDER, Fernando. **As ideias de Popper**. Separata de: O método nas ciências naturais e sociais: pesquisa quantitativas e qualitativas. 2. ed. São Paulo: Pioneira, 1999. 203 p.

u) Trabalhos para graus escolares:

Tese, dissertação, monografia e trabalhos acadêmicos: citar o assunto, título, ano, número de folhas, o tipo do trabalho e entre parênteses o grau ou nível (especialização, mestrado, doutorado), unidade acadêmica, instituição, mês e ano.

Exemplo:

... **A falência da tese da geração expontânea**. Tese (Doutoramento em história da Ciência)...

v) Mesmo autor com obras de várias edições:

Sendo obra do mesmo autor com várias edições: citar a primeira integralmente e as outras, colocar dois traços de seis (6) toques separados por ponto, um referente ao autor e outro referente a seguido de dois pontos e os demais dados.

Exemplo:

COLLARES, Milene Santos. **Poemas para minha vó**. Niterói, RJ: Impetus, 1999. 30p.

___.___ 2.ed. São Paulo: Domingues, 2000. 40 p.

w) Mesmo autor com várias obras:

Mesmo autor citado com várias obras: deve ser referenciada integralmente a primeira e as seguintes no lugar do nome do autor, colocar um traço com seis (6) toques seguido de ponto e mais um seis (6) toques relativos ao nome da obra, ponto e os demais dados do documento.

Exemplo:

MAXIMILIANO, Antonio Cesar Amaru. **Administração de projetos: Como transformar ideias em resultados.** São Paulo: Editora Atlas, 1997, 281p.

______.______ 2. ed. – 8. Reimpressão. São Paulo: Editora Atlas, 2007, 281p.

x) Obra indicada em parte ou capítulo de trabalho:

Quando a bibliografia é indicada em um capítulo do trabalho, é necessário citar o capítulo ou parte que foi consultada, além de destacar o nome da obra.

Exemplo:

REY, Luís. **Como redigir trabalho científico**. São Paulo: Edgard Blücher, 1978. cap. 5, item 5.8.

y) Forma de escrita da data de publicação:

A data de publicação da obra ou documento deve ser indicada em algarismos arábicos.

Exemplo:

...1995.

z) Indicação das ilustrações nas referências:

Nas referências de obras e documentos as ilustrações são indicadas pela abreviatura "il" em minúsculas, e se forem coloridas usam o termo "color" após a abreviatura da ilustração. Deve ser assentada após a indicação do número de páginas.

Exemplos:

COLLARES, Giordano Bruno dos Santos. **Porque amo a minha pátria**. Natal, RN: Criador, 1992. 25p. il.

SANTOS, Josete R. Resinente dos. **Vida e poesia**. Ilustração de Mateus Guilherme dos Santos Collares, Magé, RJ: Vida, 1995. 30p. il. Color.

aa) Indicação dos meses nas referências:

Os meses são indicados no idioma oficial e abreviados, não devendo ser abreviados aqueles com quatro ou menos letras.

Exemplo:

...jun/ago. 2001

...maio/set. 2000

bb) Documento publicado em mais de um volume:

Sendo documento publicado em mais de uma unidade ou volume, indicar a quantidade seguida da letra "v" minúscula, após o ano de publicação, precedido do número do volume.

Exemplo:

...1994. 5 v.

cc) Paginação irregular ou não paginado:

Se a paginação do documento for irregular ou não for paginado no lugar próprio, devem ser colocadas as expressões: "paginação irregular" ou "não paginado" após o ano de publicação.

Exemplo:

...1500. Paginação irregular.

...1627. Não paginado.

12.3 FORMAS DE ENTRADA

a) Entrada pelo nome do autor:

Último sobrenome do autor: separado por vírgula do restante do nome, ponto e espaço. Título e subtítulo da obra: seguidos de ponto, edição e local de publicação seguido de dois pontos; editora, ano da publicação, ponto. Número total de páginas, números de volumes, se houver e, ao final, o ISBN (International Standart Book Number).

Exemplo:

SALOMON, Délcio Vieira. **Como fazer uma monografia: elementos de metodologia do trabalho científico**. 3. ed. São Paulo: Martins Fontes, 1994. 294 p. ISBN 85-227-0369-9.

b) Obras com um autor:

Obra com um autor: citar todos os dados necessários para uma boa identificação da obra.

Exemplo:

KOYRÉ, Alexandre. **Estudos de história do pensamento científico**. Tradução de Márcio Ramalho. 2. ed. Rio de Janeiro: Forense Universitária, 1991. 388 p.

c) Obras com dois autores:

Obras com dois autores: citar os dois autores separados por ponto-e-vírgula.

Exemplo:

SANTOS, William Douglas Resinente dos; PRADO, Geraldo Luiz M. **Comentários à lei contra o crime organizado** (lei nº 9034/95), Belo Horizonte: Del Rey, 1995. 125 p.

d) Obras com três ou mais autores:

Obra com três ou mais autores: citar o primeiro e usar a expressão latina "*et alii*", abreviada "*et al*".

Exemplo:

SANTOS, William Douglas Resinente dos *et al.* **A Vida da Democracia: ensaios críticos sobre direito penal e direito processual penal.** Rio de Janeiro: Lumen Juris, 1995. 137 p.

e) Tese, dissertação, monografia e TCC:

Tese, dissertação, monografia e trabalhos acadêmicos: entrada pelo autor, título, trabalho, ano, número de folhas, tipo de trabalho, nível entre parênteses, unidade intermediária e instituição maior, ano de publicação.

Exemplos:

Tese:

SANTOS, Izequias Estevam dos. **Tendências do ensino de 1º e 2º grau no Brasil: um estudo dos índices quantitativos e qualitativos.** 1985. 342 f. Tese (doutorado) - Facultad de Letras, Departamento de Ciências de La Educación. Universidad Autônoma de Barcelona, Espanha, 1985.

Dissertação:

COLLARES, Ângelo Éder Amoras. **TV Escolar: os efeitos da teleducação no imaginário escolar**. 2000. 84 f. Dissertação (Mestrado) - Universidade Salgado de Oliveira, 2000.

Monografia:

SANTOS, Izete Pauer R. dos. **Telejornal: informativo ou formativo**. 2000. 50 f. Monografia (Especialização). - Escola de Educação. Universidade de Tordesilha, 2000.

f) Dicionários:

Dicionário: entrada pelo nome do autor, título, local, ano, edição, editora e outros dados que julgar importante.

Exemplo:

BARBOSA, Osmar. **Grande dicionário de antônimos e sinônimos**. Rio de Janeiro, RJ, 1994. Ed. Tecnoprints S/A. 568 p.

12.4 OBRAS PUBLICADAS POR ENTIDADES E ÓRGÃOS GOVERNAMENTAIS

As obras de responsabilidade de entidade (órgãos governamentais, empresas, associações, congressos, seminários etc.) têm entrada de modo geral pelo seu próprio nome, por extenso.

12.4.1 Catálogo

Catálogo: instituição, local, título, local, dois pontos, catálogo, ano de publicação, número de páginas e outros dados constantes de documentos para permitir melhor localização.

Exemplo:

MUSEU DA REPÚBLICA (Rio de Janeiro, RJ): **Catálogo de obras raras**. Rio de Janeiro, 1990. 20p.

12.4.2 Manual

Manual: instituição responsável (órgão, país, estado), órgão intermediário, título, espécie, local, ano, número de páginas. Indicar se for coletânea ou série.

Exemplo:

RIO DE JANEIRO (Estado). Fundação Estadual de Meio Ambiente. Diretoria de Planejamento. **Relatório de impacto ambiental na ocupação dos manguezais – RIMA**: manual de orientação. Rio de Janeiro, RJ, 1990. 60p. (Série Manuais).

12.4.3 Almanaque

Almanaque: autor, título, local, órgão a que pertence, ano, autor, setor de origem, o que contém.

Exemplo:

ABRIL Cultural – Editora (Brasil): **Almanaque Abril para 1999**: primeiro semestre. Abril. São Paulo, 1999. Contém informações gerais sobre todas as áreas do conhecimento e atividades. 833 p.

12.4.4 Folhetos

Folheto: órgão de autoria, título, edição, local, ano e número de páginas.

Exemplo:

SIAMAR-PERSONAL. **Indicadores de habilidades**. 2. ed. São Paulo: São Paulo, 1999. 7 p.

12.4.5 Guias

Guia: autoria, título, local, editor, ano, número de páginas, tipo de pesquisa (etc.)

Exemplo:

CORREIOS. (Brasil): Guia Postal Brasileiro. Brasil. Empresa Brasileira de Correios e Telégrafos, 1993. 1313 p.

12.5 PARTE DE DOCUMENTOS

A entrada se dá pelo nome do autor, seguido do título e subtítulo da parte, segue o vocábulo "*in*", autor de toda obra com a indicação. Se tiver organizador, compilador ou coordenador, citar entre parênteses e quando for possível citar o local, editor e as páginas da separata.

Exemplo:

COLLARES, Izete Pauer dos Santos. Fenômenos atmosféricos físicos. In: SANTOS, Agostinho Soares (autor). **Tudo nos mostra que Deus existe**. 2. ed. Porto, Portugal: CPAD, 1987. cap. 6.

12.6 MATÉRIAS OU ARTIGOS PUBLICADOS EM JORNAIS

Entrada pelo autor, título do artigo ou matéria, nome do jornal em negrito, local da publicação, data (dia, mês e ano), página, seção, caderno, coluna, folha ou encarte etc.

Exemplo:

CEZIMBRA, Marcia. Fale a verdade. **O Globo**. Rio de Janeiro, 5 janº 2003. Caderno da família, p. 1-2.

12.7 DOCUMENTOS RELACIONADOS COM EVENTOS

12.7.1 Documentos de eventos como um todo

Quando a referência tratar do evento como um todo: a entrada é pelo título de evento, inclusive o número se houver, ano, local da realização. Pode ser citado título e subtítulo se houver (<u>anais</u>, <u>atlas</u>, <u>tópico temático</u>), seguido da editora ou órgão que publicou, data da publicação.

Exemplo:

ENCONTRO DE INICIAÇÃO CIENTÍFICA FAMINAS ZONA DA MATA, III, 2006, Muriaé-MG: Anais: Faculdade de Minas – Faminas. Muriaé-MG: Faculdade de Minas, 2006.

12.7.2 Trabalhos apresentados em eventos

A entrada pelo nome do autor, título do trabalho seguido da expressão "*in*", título e tipo de evento (anais, resumos) local, editora, data da publicação, página inicial e final da parte referenciada.

Exemplo:

ABRANCHES, Maria Alice e BARBIERI, Roberto Santos. Aulas de prática de ensino para turma integrada de licenciatura em Química e Música: Um estudo de caso. In: ENCONTRO DE INICIAÇÃO CIENTÍFICA FAMINAS ZONA DA MATA, III, 2006, Muriaé-MG. **Anais.** Faculdade de Minas - FAMINAS, Muriaé, Estado de Minas Gerais, 2006. CET 026.

12.8 PATENTES

Registrar entidade responsável, jurisdição, autor, título, número da patente e datas (período de registro).

PESAGRO. Unidade de pesquisa cítrica (Macaé, RJ). Diamantino Gomes. **Medidor pluviométrico localizado em cultura de cítricas.** BR n. PI3392501-8, 27 set. 1980, 22 out. 1992.

12.9 DOCUMENTOS JURÍDICOS

a) Legislação:

Enquadram-se nestes tipos de documento: constituição, emendas constitucionais, medidas provisórias, textos legais (leis, decretos, resoluções do Senado Federal), além de normas baixadas por entidades públicas e privadas (portaria, resolução, parecer, ordem de serviço, ato normativo, instrução normativa, aviso, circular, decisão administrativa etc.).

A entrada se dá pela entidade coletiva como autora, título do documento, numeração, data, ementa (do que se trata) e dados da publicação (órgão, página, seção), órgão que publicou, local e ano.

Exemplos:

Constituição:

BRASIL. Constituição (1988). **Constituição da República Federativa do Brasil.** Brasília, DF: Senado Federal, 1988.

Medida Provisória:

BRASIL. Medida Provisória nº 1477-44, de 12 de dezembro de 1997. Dispõe sobre o valor total anual das mensalidades escolares e dá outras providências. **Diário Oficial [da] República do Brasil**, Poder Executivo. Brasília, DF, 2 janº 1998. Seção 1, p. 31541.

GOIÁS (Estado). Decreto nº 45.662, de 20 de março de 1960. Dispõe sobre pensão alimentícia dos militares. **Diário Oficial do Estado**. Poder Executivo. Goiânia, GO. 3 junº 1960, Seção 1, p. 2255.

b) Decisões Judiciais:

São as súmulas, acórdãos, enunciados, sentenças, *Habeas Corpus* e qualquer outra decisão judicial. A entrada se dá pela autoria, jurisdição ou órgão competente, título bem discriminado ou ementa, número, partes envolvidas (se houver), relator, local, data e dados da publicação.

Exemplos:

Mandado de Segurança:

CORRÊA, José Osvaldo Filho e HEIDIMAN, Mançano Ximenes. Seção Judiciária do Rio de Janeiro, 4ª Vara Federal de Niterói: Mandato de Segurança nº 990208033-2. Apelante: Viação Mauá Ltda. Apelada: Delegacia da Receita Federal de Niterói, RJ, 17 out. 2000. Sem dados de publicação.

***Habeas Corpus*:**

KOSHIBA, Maria E. G. RUPELO. Juiz de Direito da Comarca de Bauru, São Paulo: *Habeas Corpus*. Réu: Basílio dos Santos, autoridade: Delegacia de Polícia Sigismundo Antunes. São Paulo. 18 jul. 1993. Sem data de publicação.

Agravo de Instrumento:

SANTOS, William Douglas Resinente dos. 4ª Vara Federal de Niterói, RJ. Agravo de Instrumento, nº 980246317-5. Agravante: INSS. Agravada: Bag-Rio Artefatos de Couro Ltda. Relator: Desembargador Federal Sérgio Feltrim Corrêa. Niterói, RJ. 16 dez. 1998. Sem dados de publicação.

Sentença:

TASSARA, Carlos Eduardo Bançada. Juiz de Direito da Vara Cível da Comarca de Magé, RJ. Sentença homologatória de inventário. Inventariante Izequias Estevam dos Santos. Processo nº 11360/1986. Magé, RJ. 7 out. 1986. Sem data de publicação.

c) Doutrina:

São discussões técnicas sobre questões legais baseadas em documentos convencionais ou eletrônicos como livros, artigos de jornais, de revistas, congresso, papéis (comunicação) etc. Segue as regras da referenciação de monografias completas. A entrada é pelo nome do autor, título do trabalho, veículo de publicação, local, volume, número de exemplar, páginas, onde se encontra e ano da publicação.

Exemplo:

BUZANELLO, José Carlos. **Cartilha dos direitos do cidadão**. 2. ed. Rio de Janeiro: Unigranrio, 1999. 75 p.

12.10 IMAGENS EM MOVIMENTO

São consideradas imagens em movimento para efeito de referenciação: filmes, fitas de vídeo, DVD (Disco Versátil Digital) além de outros. A entrada é pelo título, subtítulo (se houver), autor e responsável (diretor, produtor, roteirista, realizador etc.) e local, produtora, data, unidades físicas e duração.

Exemplos:

Filme:

LOGÍSTICA Integrada: Fundamentos para melhoria do desempenho empresarial. BTC/Suma Econômica. São Paulo. BTC/Suma Econômica (s.d.); (8 horas), son., color.

Videocassete:

GRANDES Impérios e Civilização. Edições Delgrado, [S.l]: Primetimé, 1996. Parte 1: O nascimento da civilização. 1 fita de vídeo (30 min.): VHS, son., color.

12.11 DOCUMENTOS ICONOGRÁFICOS

Referem-se às exigências ou reprodução de obras de arte, fotografias, desenho técnico, diapositivo, diafilme, material estereográfico, transparências, cartazes entre outros. A indicação bibliográfica se dá pelo nome do autor, título (se houver), caso contrário dar uma denominação ou apor a expressão [sem título] entre colchetes, data e características físicas. Acrescentar outros dados existentes que julgar pertinente.

Exemplos:

a) **Fotografias:**

NASA. **A Terra vista do Espaço**. 1999. Fotografia da Terra tirada pelos astronautas da NASA. color. 50 x 40cm.

b) **Fotografia publicada em jornal:**

UCHÔA, Fernando. **Menores de ruas: a quem recorrer**. Jornal Reviver, São Paulo, 15 a 30 out. 2000. Seção Debates, p. 5-6. Fotografias publicadas.

c) **Gravura:**

BASTOS, Carlos: 20 maio 2000, 2 grav.: guache, color., 50cm x 40cm. Coleção particular.

d) **Imagem em arquivo eletrônico:**

NASA. Croqui da nave Lightoraft. Disponível em: <www.science. nasa.gov/ nehome/headliner/prop.SF1.html>. Acesso em: 20 abr. 1999.

e) **Desenho Técnico:**

POMPEU, Nélio. **Mansão dos Santos de propriedade de Josete R. R. dos Santos, na sua praia, Município de Arraial do Cabo**,1999. 10f. Plantas diversas. Originais em papel vegetal.

f) **Diapositivos (slides):**

O RIO Oiapoque. Fotografia de Josete R. R. dos Santos. Gravação de foto Cervante. Macapá, AP 1979. 3 diapositivos: color. + 1 cassete sonoro (20 min).

g) **Pintura a óleo:**

COLLARES, Jônatas Levi Santos. **Paisagem da Serra dos Órgãos e Dedo de Deus**. 1990. 1 original, óleo sobre tela, color., 45 cm x 60 cm. Coleção particular.

h) **Transparências:**

O PROBLEMA da Pesquisa. Niterói, RJ: SANTOS, Izequias Estevam dos, 1997. 8 transparências: color., 25 cm x 20 cm.

12.12 DOCUMENTOS CARTOGRÁFICOS

Referem-se aos mapas, globo, fotografias aéreas, além de outros. A entrada se dá pela entidade coletiva como autora. (País, Estado, Município, Órgão), local, entre parênteses, título do documento, local, editora, ano, descrição técnica, inclusive escala.

a) **Mapa:**

SÃO PAULO (Governo de São Paulo): mapa contendo o Brasil e parte da América do Sul. Elaborado em 1657. São Paulo: Imprensa Oficial do Estado de São Paulo, 2000. 1 mapa.

b) **Atlas:**

ATLAS da Educação no Brasil. Rio de Janeiro, RJ: MEC-FAE. 1995. 156 p.

c) **Fotografia aérea:**

FUNDAÇÃO PARA O DESENVOLVIMENTO DA REGIÃO METROPOLITANA DO RIO DE JANEIRO (Rio de Janeiro, RJ). **Municípios da Baixada Fluminense e Grande Rio:** foto aérea. Rio de Janeiro, 1976, f. 219. Escala 1:5000.

12.13 DOCUMENTOS SONOROS NO TODO

Referem-se aos discos *"compact disc"* (CD), fita cassete, fita magnética de valor, partituras e outros. A entrada se dá pelo autor ou autores, título, subtítulo (se houver), outras indicações como: intérprete, entrevistador, local, gravadora ou equivalente e data. Pode ser acrescida de outros dados julgados úteis.

Exemplos:

a) **CD:**

MENDONÇA, Léa. **Eternamente sua**. Léa Mendonça *et al.* Rio de Janeiro. Sony Music. Entertainament (Brasil). Distribuição M. K. Publicitá, 1999.

b) **Long Play:**

VANGELIS *et al.* **Golpe de Mestre**. Sound Track v. 2. São Paulo: RGE nº 320.7087, p1991. Faixas A e B.

c) **Entrevista:**

CONSENZA, Carlos Alberto. **Unigranrio: números em crise**. Entrevistadora: Cátia Guimarães. Duque de Caxias, RJ: Unigranrio, 2000. Entrevista concedida ao Reitor da Unigranrio Hoje, RJ, set. 2000. p. 6-7.

d) **Cassete:**

BTC/Suma Econômica. **Administração do tempo**. Coordenação Técnica BTC. São Paulo. (s.d), v. 3, (30 min).

- Nas referencias de documentos sonoros em parte, os elementos mais necessários são: autor da parte (ou faixa de gravação), título e subtítulo (se houver), responsabilidade de intérprete, produtor, arranjadores: seguir com a expressão "In", autor do documento como um todo, título geral, subtítulo (se houver) local, gravadora (ou equivalente), data, especificação, técnica, além de outros dados existentes e julgados pertinentes.

Exemplos:

Faixa de CD:

AZEVEDO, Levi de. Razão de Louvor. In: Edilmar Brito. **Um só Senhor**. (s.d). Faixa 3.

MARQUES B. Verônica e al. In: **Vocais**. Manaus, AM: Microservice Tecnologia Digital da Amazônia Ltda, 1999. 1 CD.

Partituras:

Os dados mais necessários são o autor, ou autores, título, local, editora, data e descrição dos aspectos técnicos e físicos.

Exemplos:

SCHINEIDER, Willy. **Die Klavier-Fibel**. Amsterdam, Holanda: Heinrichshofen's Verlag, 1959. (35 p.).

MANCEBO, Marilza de A. **Cantando a Bíblia da garotada**. Porto Alegre, RS: Edição do autor, 1999. Il., color. (30 p.).

12.14 DOCUMENTOS TRIDIMENSIONAIS

Estão incluídos como documentos tridimensionais: esculturas, maquetes, objetos e suas representações como fósseis, esqueletos, peças de museu, animais empalhados, monumentos e outros. Nestes documentos os elementos indispensáveis são: nome(s) do(s) autor(es), se possível criador artístico, título e subtítulo (se não tiver, dar um título que permita identificar o objeto), proprietário, colecionador, data e características físicas e técnicas.

Exemplos:

Escultura:

ANDREA MANTEGNA (Italiano, 1431-1506): **São Sebastião**, Tamanho 68 cm x 30 cm. Museu, Viena.

Peça de Museu:

ESTATUETA ajoelhada. Cultura Nayarit, Estilo Chinesco Plotássio, 100 a.C. -250. Terracota, 30,3 cm x 17 cm x 16 cm.

12.15 DOCUMENTOS ANÔNIMOS

a) Parcialmente Anônimo:

Se o documento ou obra tiver editor e demais dados, a entrada se dá pelo título.

Exemplo:

O TRABALHO escravo no Tocantins. São Paulo: Verdes Mares, 1992.

b) Totalmente Anônimo:

Segundo a ABNT, nas obras de autoria desconhecida, o vocábulo "anônimo" não deve ser aposto. No entanto, em trabalhos de autores consagrados o termo "anônimo" é colocado.

Exemplos:

A MORTE dos políticos. (segundo a ABNT)

ANÔNIMO. **A morte dos políticos**. (segundo outros autores).

12.16 OBRAS CLÁSSICAS E BEM CONHECIDAS

Nas obras clássicas e bem conhecidas, registrar o documento, ou obra, pelo título em letra maiúscula, sem autor. Se quiser pode colocar o nome do autor entre colchetes após o título da obra e outros dados.

Exemplo:

A BÍBLIA SAGRADA [Tradução Ferreira de Almeida].

O PRÍNCIPE [Maquiavel].

O DISCURSO DO MÉTODO [René Descartes].

12.17 DOCUMENTO BIBLIOGRÁFICO EM MEIO ELETRÔNICO

Modernamente, quem produz conhecimento organizado tem uma nova forma para pesquisar e, portanto, documentação para ser indicada. São os chamados meios tecnoeletrônicos da informática.

Na Internet, são as incontáveis *homepages* que oferecem um forte acervo para coleta de dados e informações, mas que obrigam os estudiosos a obedecer normas para registrar o documento pesquisado. Tais fontes documentais podem ser citadas desde que produzidas de forma pública e disponíveis na *Internet*. As particulares não podem ser citadas.

Dessa forma todo e qualquer documento, ou obra de qualquer tipo, origem ou espécie, pode ser colocado em rede e, assim sendo, poderá ser acessado por quem necessitar registrar uma referência. Esquematicamente, os elementos que devem constar em uma referência bibliográfica de fonte eletrônica aparecem no computador da seguinte forma:

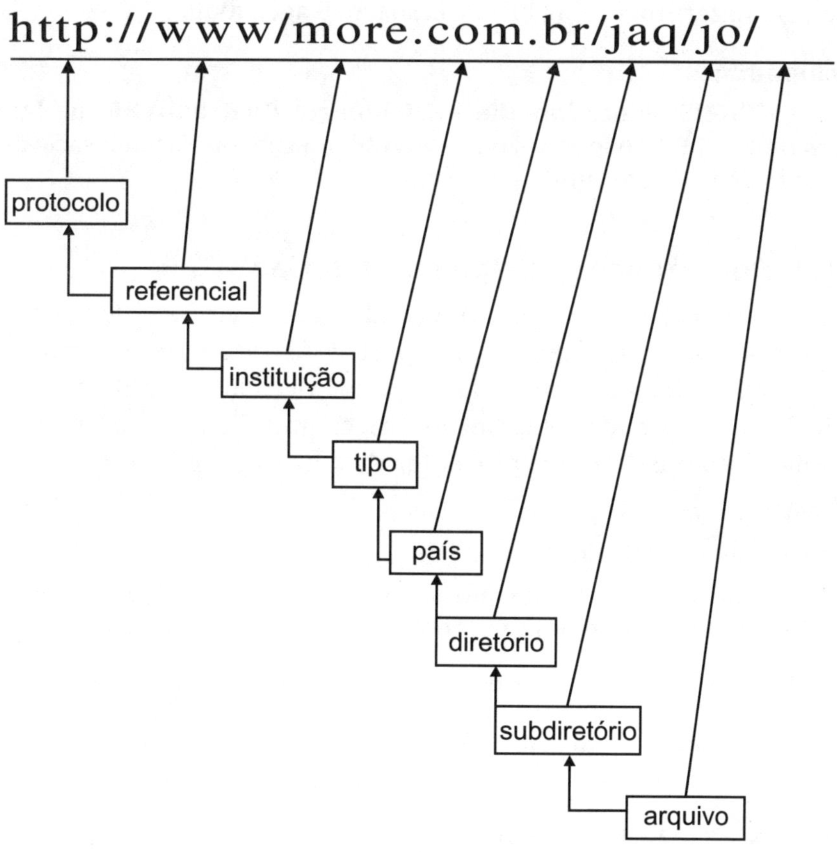

12.17.1 Documento em meios eletrônicos

12.17.1.1 Parte de documento

Documento de uma só parte, referenciada no todo ou em parte, como livros, dicionários, teses, dissertações e outros: entrada pelo nome do autor, título, subtítulo da parte ou da obra como um todo, local, editora, data. Acrescentar os dados conseguidos *on-line* entre os sinais < > precedido pelo termo "Disponível em", data de acesso precedida pelo vocábulo "acesso em". Materiais de curta duração encontradas nas redes não devem ser referenciados.

Exemplos:

CD-ROM:

Sociedade Bíblica Brasileira. **Bíblia *online***. São Paulo: SBB, 1999. Disponível em: <www.sbb.org.br >. Acesso em: 9 set. 2000.

Livro:

SANTOS, William Douglas Resinente dos. **Como passar em provas e concursos**, 7. ed. Rio de Janeiro. Ed. Impetus Desenvolvimento Educacional. Disponível em: <www.comofazerprovas.com.br>. Acesso em: 8 ago. 2000.

Enciclopédia:

KOOGAN HOUAISS. **Enciclopédia e Dicionário ilustrado**. Rio de Janeiro. RJ: Edições Delta, 2000. Disponível em: <www.delta.com.br – e mail: sac@delta.com. br> Acesso em: 10 ago. 2000.

12.17.1.2 Reportagens, artigos e matérias

Artigos, matérias, reportagens publicadas em revistas e jornais via meio eletrônico. A entrada se dá pelo autor pessoa física ou autor pessoa jurídica, (órgão, editor), título, local, mês e ano, setor do veículo de publicação onde foi publicado. Seguem os dados eletrônicos antecedidos da palavra "disponível em" e da data de captura do arquivo precedida da palavra "acesso em".

Exemplos:

Artigos de jornal (*Online*)

NISKIER, Arnaldo. Conhecendo nossos escritores. **O Dia**, Rio de Janeiro, nov. 2000. Disponível em:< www.odia.com.br.>. Acesso em: 8 nov. 2000.

GERAQUE, Eduardo. Cursos *online* revolucionam ensino à distância. **Gazeta Mercantil**, São Paulo, junº 2000, gazeta Grande São Paulo, p. 1. Disponível em: <www.gazeta.com.br/redir.asp? URL.>. Acesso em: 10 nov. 2000.

12.17.1.3 Eventos em parte

Eventos no todo ou em parte, conseguidos por meios eletrônicos. A entrada é pelo título do evento, subtítulo, numeração, local da realização, tipo (anais, atas, tópico temático etc.), local de publicação, editora, data da publicação. Segue o endereço eletrônico, antecedido da expressão "Disponível em" e data de acesso precedida do termo "acesso em".

Exemplos:

Resumo de Encontros:

REUNIÃO SEMESTRAL DA ASSOCIAÇÃO DOS AMIGOS DA TERRA, 2., 1995, Vitória da Conquista. O uso de agrotóxico e o envenenamento do solo: livro de resumos, Salvador: Associação dos Amigos da Terra, 1995. Disponível em: <http //:www.aaterra.reuniao.br>. Acesso em: 15 janº 1996.

Anais de Congresso:

JORNADA CAPIXABA DO CACAU, 5., 1996, Vitória, ES. **Anais eletrônicos**. Vitória. Governo do Estado, 1996. 1 CD-ROM. Disponível em: <http://www.jornadas.upes.br/anais>. Acesso em: 20 nov. 2000.

12.17.1.4 Documentos conseguidos unicamente por meios eletrônicos

Caso os documentos tenham sido conseguidos por meio eletrônico seguem os dados do endereço eletrônico.

Exemplos:

Trabalho de Congresso:

JUSTO, Constantino. Os paradigmas e limites da avaliação na educação especial. In: CONGRESSO DE EDUCAÇÃO ESPECIAL DA FAC. IDEAL, 3., 1999, Macapá, AP. **Anais eletrônicos**. Macapá, AP: Faculdade Ideal, 1999. Disponível em: < http//: www.propesq.fac.ideal.br/anais/anais/ideal/html >. Acesso em: 22 ago. 2000.

Jornada Científica:

JORNADA DA INICIAÇÃO CIENTÍFICA DA IUNI, 20; 1993. Campina Grande, PB. **Anais eletrônicos**. Campina Grande, PB: IUNI, 1993. Disponível em: < http//:www.cordesp.iuni.br/anais/anais/html >. Acesso em: 20 jul. 1994.

12.17.2 Documento exclusivo em meio eletrônico

De forma já vista, há os documentos que também podem ser acessados em meio eletrônico. Contudo, existem documentos de acesso exclusivo em meio eletrônico que incluem base de dados, lista de discussão, BBS (*site*), arquivos em disco rígido, programas, conjuntos de programas e mensagens eletrônicas entre outros.

Os elementos essenciais são: autor(es), título do serviço ou produto, versão (se houver) e de visão física do meio eletrônico. Quando se tratar de obras consultadas *on-line*, também são essenciais as informações sobre o endereço eletrônico, apresentando os sinais < >, precedido da expressão "Disponível em:", e a data de acesso ao documento precedida da expressão "Acesso em:", opcionalmente acrescida dos dados referentes à hora, minutos e segundos e, quando necessário, acrescentam-se elementos complementares à referência para melhor identificar o documento.

Exemplos:

E-Mail:

ASSUMPÇÃO, Fernanda. **Publicação eletrônica**. Trabalho na área de Direito Tributário. Mensagem recebida por <collares@wac.com.br> em 13 nov. 2000.

Software Educativo CD-ROM:

WINDOWS Selection 3. Lisboa, Portugal: Águia Informática Ltda, [2000].1 CD-ROM. Windows 95/98.

Brinquedo Interativo CD-ROM:

CANON Creative for Windowns.Versão 1.4. Canon Computer Systems, 1996. Copyright (c) 1995. 1 CD-ROM. Windows 3.1/95.

Programa (Software):

REVISTA do CD-ROM: Informática prática e descomplicada.[S.l]: Ed Multimedia Europa, [2000]. nº 23. Conjunto de programas. 1 CD-ROM. ISSN 0104-8732.

Base de Dados:

MINISTÉRIO DA JUSTIÇA. Base de Dados jurídico-documentais, notícias, fórum e links. Disponível em: <URL: http://www.min-jus.pt/>. Acesso em: 20 maio 2000.

Arquivo em disquete:

MINISTÉRIO DA FAZENDA. Secretaria da Receita Federal. 03735311.f0c. 1 disquete, 3 1/2 pol. IRPF2000. Disponível em: <http://www.receita.fazenda.gov.br/pessoa física>. Acesso em: 10 out. 2000.

***Homepage* Institucional:**

PSI – REVISTA DE PSICOLOGIA SOCIAL E INSTITUCIONAL. Programa Institucional de Bolsas de Iniciação Científica (PIBIC) entre estudantes de Graduação, mediante sua participação em projetos. Disponível em: <URL:http://cnpq.br/pibic>. Acesso em: 14 nov. 2000.

PROGRAMA Institucional de Bolsas de Iniciação Científica. Programa Institucional de Bolsas de Iniciação Científica (PIBIC) entre estudantes de Graduação, mediante sua participação em projetos. Disponível em: <URL: http://www.cnpq.br/pibic>. Acesso em: 14 nov. 2000.

Catálogo Comercial em *Homepage*:

CATÁLOGO DE LIVROS. Direito Comercial. Disponível em <URL: http://www.lumenjuris.com.br/htdocs/LJ-livros-Come.html>. Acesso em: 15 fev. 2000.

Lista de Discussão:

LISTA. BR. O guia das listas de discussão. MP3. Disponível em: <URL: http://listas.actech.com.br/>. Acesso em: 16 nov. 2000.

Banco de Dados:

BEESCIENSE Brasil: banco de dados sobre trabalhos produzidos no Brasil e Pesquisa. Disponível em: <URL: http://rgm.fmrp.usp.br/beesciense>. Acesso em: 10 set. 2000.

TERRA Vista: banco de dados contendo 25.000 endereços e-mails. Disponível em: <URL: http://terravista.pt/Albuferia/3888/banco.htm>. Acesso em: 20 ago. 2000.

Citações, Notas de Rodapé e Abreviaturas

Capítulo 13

Citações, Notas de Rodapé e Abreviaturas

INTRODUÇÃO

Citar com precisão e clareza a documentação usada e sugestões inseridas no texto. Não copiar: é errado, é crime. Citar é lícito, desde que sejam respeitadas as regras básicas. Mencionar sempre a fonte de onde tirou a citação. Citar para enriquecer o trabalho, esclarecer, questionar ou concordar com o texto.

Citações são os conceitos, ideias, informações tiradas de outras fontes e assentadas no texto de um outro trabalho escrito que poderá ser: monografia, dissertação, tese, artigo científico, resenha, ensaio, relatório técnico e/ou científico ou qualquer outro tipo de trabalho produzido de forma sistemática. Assim, citações são, no entender de Nahute Ferreira (1989, p. 68), "elementos retirados de documentos pesquisados e indispensáveis para comprovar as ideias desenvolvidas pelo autor".

Toda citação deve ser comentada. Não se deve fazê-la excessivamente, ela objetiva fundamentar as afirmações e as teses do autor, dar legitimidade e autenticidade ao que o autor defende.

As citações e notas de rodapé são normalizadas pela ABNT e sobre o uso e importância delas nos trabalhos escritos de forma organizada, existe uma ampla bibliografia à disposição do público leitor.

Todos os textos, com os seus respectivos autores citados num trabalho escrito, têm de ser incluídos nas referências bibliográficas de forma exigida pelas normas da ABNT, no sentido de permitir que o leitor possa localizar a obra e autor citados.

13.1 CITAÇÕES

INCORREÇÃO NOS TEXTOS CITADOS

Se encontrar incorreções no texto que vai citar, como lapso ou erros, colocar entre colchetes a expressão latina [sic] onde ocorreu o fato e continuar a citação. Alguns autores indicam o uso de parênteses ao invés de colchetes (ANDRADE, 1993, p. 82).

Exemplo:

"O Brasil foi descoberto no final do ano de 1500 [sic] pelo português Pedro Álvares Cabral."

13.1.1 Supressão nas citações feitas

Se a citação é longa e tem algum trecho que não diz respeito ao trabalho que está sendo escrito, esta poderá ser suprimida, bastando indicá-la com reticências entre colchetes no início, no meio ou no fim.

Exemplo:

> "[...] então a Metodologia responde à pergunta: como vou fazer a minha pesquisa? [...] e nela são relacionadas todos os elementos necessários para completa resposta à questão investigada [...]".

13.1.2 Ênfase/Destaque na citação

Ao fazer uma citação, é possível dar alguns destaques quando ela é literal ou copiada, devendo ser colocada entre colchetes a expressão [sem grifo no original], mas precedida do destaque escrito em itálico ou negrito.

Exemplo:

> "citação, no texto de uma informação colhida em outra parte pode ser uma **transcrição ou paráfrase, direta ou indireta** [sem grifo no original], de parte escrita ou oral" (NBR nº 10.520/2002).

13.1.3 Numeração das citações

A indicação de numeração das citações pode ser feita de três formas após a citação: entre parênteses, entres colchetes ou sobrescrita, sendo esta última a mais indicada.

É inadequado utilizar, em lugar do número, asteriscos ou letras do alfabeto.

A sequência da numeração das citações deve ser constante e contínua até o final do trabalho.

Ocorrendo algum caso mencionado neste item deve ser colocado entre colchetes [ ].

13.1.4 Citação de um mesmo autor, em um mesmo ano

Nas citações de diversos documentos de um mesmo autor em um mesmo ano, é acrescido de letras minúsculas após a data e sem espaçamento.

Exemplo:

(TOCANTINO, 1995a)

(TOCANTINO, 1995b)

13.1.5 Obra citada várias vezes

Quando a mesma obra é citada várias vezes, pode ser referenciada cada uma por si só, ou de forma abreviada, pelas expressões latinas:

a) *apud* - citado por, conforme, segundo;

b) *ibidem* ou *ibid.* - na mesma obra;

c) *idem* ou *id.* - igual a anterior;

d) *opus citatum* ou *op. cit.* - obra citada;

e) *passim* - aqui e ali;

f) *sequentia* ou *seq.* - seguinte ou que se segue.

Exemplo:

João, *op. cit.*, p. 20.

Conceição *apud* João, 1993, p. 17.

13.1.6 Informação verbal nas citações

Quando a citação é proveniente de dados obtidos por meio de palestras, conferências, debates, comunicações etc., colocar entre parênteses a expressão (informação verbal), dando maiores esclarecimentos em nota de rodapé.

Exemplo:

No texto:

Ao definir quem é o seu presidente, você define que função terá o maior agente econômico do país. (informação verbal).[1]

Em letra 10, espaço 1.

Na nota de rodapé:

---

[1] Informação obtida por meio de palestra do economista George Vidor na Unigranrio em set./2002.

13.1.7 Citação em outro idioma

Traduzir o texto a ser citado porque todo o trabalho deve ser escrito em um só idioma, colocando entre parênteses ao final do texto citado a expressão (tradução nossa). O texto no idioma original pode ser colocado em nota de rodapé.

13.1.8 Citação de até três linhas

Ficam dentro do texto, entre aspas duplas. São escritas no mesmo espaçamento entre linhas e tamanho de letras. As aspas simples são usadas para indicar citação dentro da citação. Exemplo:

a) "Eu sou o cerrado e falo com você moço" (SANTOS, 1992, p. 7).

b) Santos (1991, p. 20) afirma: "Se eu fosse poeta não seria [...]."

13.1.9 Citação direta com mais de três linhas

Escrever sem aspas, recuando quatro centímetros a partir da margem esquerda do texto e sem alterar a margem direita. Escrever com letra tamanho 10 e com espaço entrelinhas simples. A autoria é apresentada ao final da citação em letras maiúsculas e entre parênteses, com ano e página separados por vírgula. Nos trabalhos datilografados deve ser observado apenas o recuo.

13.1.10 Nome do autor na citação

- Quando o nome do autor estiver incluído na frase ou sentença, é escrito em letras minúsculas seguido apenas do ano da publicação entre parênteses.

  Exemplo:

  De acordo com Santos (1986), "os políticos em geral são corruptos".

  Esta regra é constante das normalizações bibliográficas da ABNT, não permitindo a identificação pelo leitor da página onde se encontra o texto citado.

- Segundo a ABNT, quando é necessário indicar página(s) ou seção(ões) do texto citado, a referência bibliográfica é apresentada pelo nome do autor em maiúscula seguida de vírgula, ano da publicação, seguido de vírgula, a página, abreviada em minúscula e o número da página entre parênteses, após o texto citado.

  Exemplo:

  O planeta Terra é um sistema que está passando pelo processo de entropia (IZETE, 1999, p. 108).

Embora sejam estas normalizações oficiais, autores renomados usam para indicar textos citados as seguintes formas:

Para COLLARES (1990: 178-179) ou (ÍCARO – 1989: 13)

- Mais de um autor, seguir as normas já mencionadas. Para citações feitas no corpo do texto, organizar sobrenomes em ordem alfabética e conferir um número para cada. No texto, cita-se apenas o número correspondente, um pouco acima da última letra.

Exemplo: "existe informação[2] de que..."

13.1.11 Autoria nas citações indiretas

Nas citações indiretas ou parafraseadas o nome do autor é apresentado no final, com letras maiúsculas e entre parênteses, acrescidos do ano e página separados por vírgula.

13.1.12 Autores com mesmo sobrenome

Em citações em que existam autores com sobrenomes iguais, deve ser acrescentado as iniciais do nome após o sobrenome e se a coincidência continuar escrever os nomes por extenso.

Exemplos: (CARDOSO, P., 1902)
(CARDOSO, H., 1910)
(COLLARES, Santos, 2001)
(COLLARES, Souza, 1991)

13.1.13 Citações indiretas de mesmo autor

Nas citações indiretas de vários documentos de mesmo autor, publicados em anos diferentes mas mencionados simultaneamente, devem ter as datas separadas por virgula.

Exemplo:

(CASTRO, 1920, 1925, 1942)

13.1.14 Citações Indiretas de Vários Documentos ou de Vários Autores

Estas citações simultâneas devem estar entre parênteses, separadas por ponto-e-vírgula o autor e a data, e colocadas em ordem alfabética.

Exemplo: (FLORIANO,1930; LOPES, 1930; PEREIRA, 1930).

13.1.15 Sistemas de Chamada

São dois os sistemas de chamada das citações nos textos: o de autor-data e o numérico.

13.1.15.1 Sistema numérico de chamada

É feito por numeração única e consecutiva do início ao fim do trabalho em algarismos arábicos. A numeração é remetida à lista de referências do final do capítulo, final do trabalho ou a notas de rodapé, sendo neste sistema desaconselhado a nota de rodapé. A colocação da numeração pode ser entre parênteses, alinhada ao texto ou acima da linha do texto em "expoente à linha do mesmo" depois do final da citação.

Exemplo:

a) De acordo com Albert Einstein, "não se pode ensinar tudo a alguém [...]".[2]

b) Segundo William Douglas, "a diferença entre o sonho e realidade é a quantidade certa de tempo e trabalho" (5).

13.1.15.2 Sistema autor-data de chamada

a) Pelo sobrenome do autor ou pela instituição responsável até o primeiro sinal de pontuação, acrescida de data da publicação e página da citação. Se direta, separado por vírgula e entre parênteses.

Exemplos:

- No texto:

  "A leitura pode ser oral ou silenciosa, técnica e de informação" (SALOMON, p. 59).

- Na lista de referências:

  SALOMON, Décio Vieira. **Como fazer uma monografia**. 2. ed. Belo Horizonte: Interlivros, 1972.

b) Pela primeira palavra do título seguida de reticências quando for obra sem indicação de autoria, data de publicação, página da citação. Se direta, separadas por vírgula e entre parênteses.

Exemplos:

- No texto:

  "Os municípios não podem gastar todos os recursos provenientes de impostos com remuneração de pessoal" (ANTEPROJETO..., 1953, p. 23).

- Na lista de referências:

ANTEPROJETO de lei: Estudos e Debates. Brasília, DF, nº 10, p. 20-35, fev. 1996.

c) Se o título iniciar por artigo (definido ou indefinido) ou monossílabo, este deve ser incluído na indicação da fonte.

Exemplos:

- No texto:

E eles disseram... (A FLOR..., 1995, p. 4).

- Na lista de referências:

A FLOR Prometida. **Folha de São Paulo**, S.P., p. 4, 2 abr. 1995.

13.1.16 Chamada de citação nas notas de rodapé

Deve ser usado o sistema autor-data para citações feitas no texto e o sistema numérico para as notas explicativas. Devem ser alinhadas à esquerda, dando-se um espaço após o expoente.

A apresentação da nota de rodapé se inicia colocando um traço de 3cm de comprimento para separá-la do texto. A fonte das notas de rodapé é menor que 12, podendo ser 11 ou 10 e o espaço entrelinhas é simples.

Exemplo:

---

[1] Observar a abordagem feita por Lopes (1940) sobre evolução.
[2] "A paz nas ruas somente será possível se os jovens quiserem", Saulo (1993).

13.1.16.1 Notas de Referências

A numeração deve ser em algarismos arábicos, única e consecutiva para cada capítulo ou parte.

a) Na primeira citação de uma obra em nota de rodapé, a referência deve ser completa e as seguintes da mesma obra-autoria, usar abreviaturas como: idem, id.

- Exemplo no rodapé da página:

---

[2] SANTOS, William Douglas Resinente. **Como passar em provas e concursos**. 13. ed. Rio de Janeiro: Impetus, 2002.

b) Em citações subsequentes da mesma obra e mesmo autor podem ser referenciadas de maneira abreviada usando as expressões:

- Várias obras de mesmo autor: idem: mesmo autor.

Exemplo:

---

[3] COLLARES, Izete Pauer dos Santos, 1999, p. 15. (1ª citação)
[4] Id., 2000, p. 29. (citação seguinte)

- Mesmo autor, várias obras:

  Exemplo:

---

[5] HERDY, 1966, p. 125.
[6] Ibid., p. 195.

- Quando se deseja se referir a obra citada anteriormente:

  Op. cit., opus citatum, opere citato = obra citada.

  Exemplo:

---

[20] COSTA, 1925, p. 39.
[21] SERPA, 1960, p. 51.
[22] COSTA, *op. cit.* p. 55.

- Quando a citação se refere a várias partes da obra:

  Passim = aqui e ali, em diversas passagens.

  Exemplo:

---

[30] ESTEVAM, 1907, *passim*.

- No lugar citado = *loco citato* = *loc. cit.*

  Exemplo:

---

[4] TRUMAN, 1942, p. 33-36.
[5] TRUMAN, *loc. cit.*

- Confira, confronte = cf.

  Exemplo:

[2º] Cf. SCHNEIDER, 1941.

- Seguinte ou que se segue = *et seq.*

  Exemplo:

---

[2] REIS, 1992, p. 3 *et seq.*

13.1.17 Citação de citação

Ao usar a expressão *apud,* que significa citado por, conforme, segundo, pode ser usada no texto:

- Uso no texto:

  Exemplo:

  Segundo Macieira (1900 *apud* PEREIRA, 1939, p. 62)...
- No rodapé da página:

---

[2] MACIEIRA, 1900 *apud* PEREIRA, 1939, p. 62.

13.2 NOTAS DE RODAPÉ

As notas de rodapé servem: para indicar fontes e textos existentes no trabalho; fazer comentários posteriores; indicar ao leitor outras partes do trabalho; dar validade, crédito e legitimidade à declaração feita.

Havendo citação de obra ou autor, ou qualquer outro elemento julgado necessário para legitimar, dar legalidade e cientificidade ao que o escritor defende, exige nota de rodapé e registro na referência bibliográfica final. Todavia, se na citação for colocado nome do autor, ano e página de onde foi tirada, não há necessidade da nota de rodapé. Somente na referência final.

13.2.1 Tipos de notas de rodapé

a) Notas explicativas – quando dá explicações sobre a citação.

b) Notas bibliográficas – quando se faz comentários ou revelações sobre as bibliografias citadas ou usadas.

13.2.1.1 Notas explicativas

a) Notas pequenas: colocá-las no rodapé da página a qual se refere.

b) Notas mais extensas: colocá-las no final do capítulo correspondente.

c) Se puder colocar no rodapé da página é mais prático.

d) As notas do editor vêm sempre no rodapé da página.

e) Se no final do capítulo: devem ser notas e referências.

f) As notas explicativas não devem ser longas e devem-se evitar abreviaturas como: *op. cit., loc., id., ibid.* no final do capítulo; se usá-las, fazer no rodapé.

13.2.1.2 Notas de rodapé bibliográficas

As notas de rodapé desse tipo servem para referenciar obras e autores citados no texto. Estas notas observam as mesmas regras indicadas para referência bibliográfica, isto é, entrada pelo último sobrenome do autor, nome da obra em negrito, itálico ou sublinhado e demais informações disponíveis.

Exemplo:

---

[25] BEVERIDGEN, I. B. **The art of scentific investigation**. N. York: Vantage Book. 1953, p. 17.

Toda obra e autor citados no texto de um trabalho, mesmo que sejam colocados em nota de rodapé, obrigatoriamente têm de constar da bibliografia final.

13.2.1.3 Nome do autor nas notas de rodapé

a) Citar o nome completo do autor, na forma técnica.

b) Título da obra também na forma técnica.

c) Separar os diversos dados por vírgula.

d) Citar o número do capítulo e número da página da citação.

Exemplo:

SANTOS, Izequias Estevam dos. **Os símbolos do Estado do Amapá**. cap. 2, p. 10.

e) quando o nome do autor precede a citação, não precisa repeti-lo no rodapé.

Exemplo: Para Castelo,[11] "A nação precisa de viver".

Nas citações de obra com um autor, seguir as normas da técnica de referência bibliográfica. Com dois autores, separar os nomes por ponto-e-vírgula. Em caso de obras de mais de dois autores, citar o primeiro autor e depois a expressão *et alii*, podendo abreviar *et al.* em citações sucessivas, sendo na mesma página e do mesmo autor:

a) no rodapé: na primeira citação se faz completa, nas demais citações colocar id. ou ibid. no lugar correspondente ao nome do autor, seguido do nome da obra e demais dados (p., capítulo).

b) nas várias referências: quando de um mesmo autor na mesma obra, desde que na mesma página.

Exemplo:

1. DEMO, Pedro. **Metodologia Científica em Ciências Sociais**, p. 78.

2. Ibid ou id., p. 99.

c) <u>citações abrangendo duas ou mais páginas</u>: usa-se o número da primeira página e o da última, separadas por hífen.

Exemplo:... p. 71-78. -... p. 110-220.

d) nas notas de rodapé não é citado subtítulo da obra, somente o título. Quando a obra citada tem vários volumes, a indicação precede o número de páginas.

Exemplo:... v. 5 p. 100-115.

e) quando a citação se encontra em várias passagens da obra: se for possível, indicar os números das páginas ou colocar a expressão "*passim*" entre aspas no lugar reservado ao número da página.

13.3 ABREVIATURAS ADOTADAS PELA ABNT

As abreviaturas adotadas pela Associação Brasileira de Normas Técnicas (ABNT), estão reguladas pela NBR nº 6.032/1989 e são utilizadas em quaisquer trabalhos acadêmicos e científicos.

13.3.1 Abreviaturas de títulos de periódicos e publicações seriadas

As abreviaturas são normalizadas pela ABNT e objetiva enfocar normas para abreviar títulos de periódicos e publicações seriadas, para facilitar a indicação de referências bibliográficas, citações e legendas bibliográficas.

Abrevia-se uma palavra suprimindo o final dela e substituindo-a por um ponto. Não é correto abreviar palavras com menos de cinco letras, exceto aquelas listadas na relação constante deste trabalho. De forma excepcional suprime-se letras do meio da palavra, isto é, por contração.

Exemplo:

companhia = cia; Doutor = Dr.

Os substantivos em cujo final constam os sufixos "logia", "grafia", "nomia", ou seus derivados são abreviados escrevendo-se até as letras "l", "gr" e "n" que iniciam os sufixos.

Exemplo:

morfologia = morfol.; historiografia = historiogr.; autonomia = auton.

Nas abreviaturas só se indica o plural em caso de necessidade, devendo acrescentar à abreviatura do singular um traço de união e a seguir escrever a última letra da forma plural, sem usar o ponto no final da abreviatura.

Exemplo:

Revista da Federação dos Sindicatos de Transporte de S. Paulo = R. da Fed. dos Sindi-s de Transp. de S. Paulo.

Da mesma forma são abreviados os termos de línguas diferentes que tenham a mesma raiz e sentido idêntico desde que a ortografia permita. Palavras compostas têm cada elemento abreviado como se isolado estivessem, unindo-os por um traço de união.

Ex.:

Boletins médico-sanitários = B. med.-sanit.

Não são abreviados os títulos com uma única palavra, simples ou composta, com ou sem artigo.

Exemplo:

Canárias, O princípio, O lambe-lambe.

Respeita-se a ordem dos vocábulos do título original nas abreviações, observando que a primeira palavra é escrita com maiúscula, quando se tratar de substantivo, e em minúscula quando adjetivo, excetuando quando se tratar de títulos de organizações públicas e privadas. Em geral, nos títulos todas as palavras são abreviadas, devendo ser suprimidos todos os artigos, conjunções, preposições e locuções similares. Constitui exceção dessas supressões quando são necessários para a compreensão do texto. As conjunções "und" e "och", quando forem mantidas devem ser abreviadas por "u" e "o", respectivamente. Constitui ainda exceção quando existe conjunção entre duas palavras compostas que tenha na segunda parte em comum.

Exemplo:

Problemas norte-coreanos e sul-coreanos = Probl. norte e sul cor.

Tendo um título uma sigla ou sendo constituído por ela, deve-se conservá-la abreviando-se o restante do título, se for o caso.

Exemplo:

Caderno da Cepal = Cad. Cepal

Caso dois ou mais periódicos tenham o mesmo título genérico, abreviado ou não, e mesmo local de publicação, é obrigado incorporar ao título o nome do editor entre colchetes e a sigla se houver.

Exemplo:

Boletim Estatístico [Fundação Getúlio Vargas] = B. Estat. FGV.

Boletim Estatístico [Administração da Porto do Rio de Janeiro] = B. Adm. Porto – RJ.

Quando o título contém nomes de pessoas, estes são conservados na íntegra e os demais vocábulos são abreviados.

Exemplo:

Memorial da Casa de Rui Barbosa = Mem. Cas. Rui Barbosa.

13.3.2 Listagem brasileira de abreviaturas adotadas pela ABNT, por meio da NBR nº 6.032/1989

A

Abdominal - Abdom.
Academia - Acad.
Aclimatação - Aclim.
Açúcar - Açúc.
Açucareiro - Açuc., açuc.
Acústica - Acúst.
Administração - Adm.
Advocacia - Adv.
Advogado - Adv.
Aeroespacial - aeroesp.
Aeronáutica - Aeron.
Aeroplano - Aeropl.
Aglomeração - Aglom.
Agrária - agr.
Agrícola - agríc.
Agricultura - Agric.
Agrimensura - agrim.
Agropecuária - agropec.
Alergia - Alerg.
Álgebra - Álg.
Algébrico - Alg.
Alimentação - Alim.
Alimentos - Alim.
Almanaque - Alm.
Altitude - Alt.
Alumínio - Alum.
Anais - An.
Analgésico - Analg., analg.
Análise - Anál.
Analítico - anal.
Anatomia - Anat.
Anestesia - Anest.
Anestésico - Anest., anest.
Animal - Anim.
Anomalia - Anom.
Anormal - anorm.
Anotação - Anot.
Antártico - antárt.
Antibiótico - Antib.
Antiquário - Antiq.
Anuário - Anu.
Aparelho - Apar.
Apêndice - Apênd.
Apicultura - Apic.
Aplicação - Apl.
Aplicado - apl.
Aquático - aquát.
Arábico - aráb.
Arboricultura - Arboric.
Aromático - arom.
Arquiteto - Arquit.
Arquitetura - Arquit.
Arquivo - Arq.
Artigo - Art.
Assembleia - Assemb.
Assinatura - Assin.
Assistência - Assist.
Associação - Assoc.
Assunto -Ass.
Astronáutica - Astronáut.
Atividade - Ativ.
Atmosfera - Atm.

Atômico – atôm.
Atualidade – Atual.
Atualizado – atual.
Atuarial – atuar.
Automação – Aut.
Automático – aut.
Automatismo – Aut.
Automatização – Aut.
Automobilismo – Autom.
Automobilístico – autom.
Automóvel – Autom.
Auxiliar – Aux., aux.
Aviação – Av.
Avicultura – Avic.

B

Balanço – Bal.
Balística – Balíst.
Bancário – Banc., banc.
Barômetro – Barôm.
Beneficência – Benef.
Bibliofilia – Bibliof.
Biblioteca – Bibl.
Bibliotecário – Bibl., bibl.
Bienal – bien.
Bimensal – bimens.
Bimestral – bimest.
Boletim – B.
Botânica – Bot.
Brasileiro – bras.

C

Caderno – Cad.
Cálculo – Cálc.
Calendário – Cal.
Câmara – Câm.
Capital – cap., cap.
Catálogo – Cat.
Catolicismo – Catol.
Célula – Cél.
Celulose – Celul.
Central – Cent., cent.
Centro – Cent.
Cerâmica – Cerâm.
Cerebral – cereb.
Cibernética – Cibern.
Cidade – Cid.
Ciência – Ci.
Cimento – Cim.
Cinema – Cin.
Cinemática – Cinemát.
Cinética – Cinét.
Circular – Circ., circ.
Círculo – Círc.
Cirurgia – Cir.
Cívico – cív.
Civil – Civ., civ.
Civilização – Civiliz.
Classe – Cl.
Classificação – Classif.
Clínica – Clín., clín.
Código – Cód.
Colaboração – Colab.
Colaborador – Colab., colab.
Coleção – Col.
Colégio – Col.
Coletânea – Col.
Coletivo – Col., col.
Colônia – Colon.
Colóquio – Colóq.
Combinação – Comb.
Combustível – Combust., combust.
Comemoração – Comem.
Comentário – Coment.
Comércio – Com.
Comissão – Comis.
Companhia – Cia
Comparação – Compar.

Comparativo – compar.
Compêndio – Compênd.
Compensação – Compens.
Compilação – Comp.
Compilador – Comp.
Computação – Comput.
Comunicação – Comun.
Concentração – Conc.
Concreto – Concr.
Condensação – Condens.
Condição – Cond.
Confederação – Confed.
Conferência – Conf.
Congresso – Congr.
Conjuntura – Conj.
Conselho – Cons.
Conservação – Conserv.
Conservatório – Conserv., conserv.
Constituição – Const.
Construção – Constr.
Consultoria – Consult.
Contabilidade – Contab.
Contadoria – Contad.
Contemporânea – Contemp.
Continental – Cont.
Contribuição – Contr.
Convenção – Conv.
Convênio – Conv.
Cooperação – Coop.
Cooperativa – Coop.
Coordenação – Coord.
Corporação – Corp.
Correio – C.
Corrente – Corr., corr.
Correspondência – Corresp.
Cosmético – Cosmét.
Crédito – Créd.
Criação – Criaç.
Criança – Crian.
Criminal – crim.
Cristianismo – Crist.
Crítica – Crít.
Crônica – Crôn.
Cultura – Cult.
Curtição – Curt.

D

Decisão – Decis.
Decoração – Decor.
Decreto – Dec.
Defesa – Def.
Deficiência – Defic.
Deformação – Deform.
Delegação – Deleg.
Democracia – Democr.
Demostração – Demonstr.
Departamento – Depto.
Derivação – Deriv.
Descrição – Descr.
Desenho – Des.
Desenvolvimento – Desenv.
Destilaria – Dest.
Detergente – Deterg., deterg.
Diagnóstico – Diag., diag.
Diário – D.
Diário Oficial – D.O.
Didática – Didát., didát.
Dietética – Diet., diet.
Difusão – Dif.
Digesto – Dig., dig.
Dinâmica – Din., din.
Diplomacia – Dipl.
Direção – Dir.
Direito – Dir.
Diretoria – Diret.
Diretriz – Diretr.
Dirigente – Dirig., dirig.
Discriminação – Discr.
Discurso – Disc.

Dissertação	- Diss.
Distrito	- Dist.
Divisão	- Div.
Divulgação	- Divulg.
Documentação	- Doc.
Doméstica	- Dom., dom.
Doutor	- Dr.

Dissertação	- Diss.
Distrito	- Dist.
Divisão	- Div.
Divulgação	- Divulg.
Documentação	- Doc.
Doméstica	- Dom., dom.
Doutor	- Dr.

E

Eclesiástico	- Ecles., ecles.
Eclético	- ecl.
Edição	- Ed.
Editora	- Ed.
Educação	- Educ.
Efemérides	- Efem.
Eletricidade	- Eletr.
Elétrico	- elétr.
Eletrônica	- Eletr.
Eletrotécnica	- Eletrotéc.
Emigração	- Emigr.
Empresa	- Emp.
Enciclopédia	- Encicl.
Energia	- Energ.
Enfermagem	- Enferm.
Engenharia	- Eng.
Ensino	- Ens.
Equatorial	- equat.
Equipamento	- Equip.
Escola	- Esc.
Escrita	- Escr.
Escritório	- Escr.
Escritura	- Escr.
Escultura	- Escult.
Especial	- esp.
Especialização	- Esp.
Especificação	- Espec.
Esperanto	- Esper.
Espiritismo	- Espir.
Estado	- Est.
Estatística	- Estat., estat.
Estética	- Estét.
Estrada	- Estr.
Estrangeiro	- estrang.
Estudante	- Est.
Estudo	- Est.
Evangélico	- evang.
Evolução	- Evol.
Excepcional	- Excep.
Exemplar	- Ex., ex.
Exemplo	- Ex.
Exercício	- Exerc.
Existência	- Exist.
Existencialismo	- Exist.
Exótico	- exót.
Expansão	- Expans.
Expansionismo	- Expans.
Expedição	- Exped.
Experiência	- Exper.
Experimental	- exper.
Explanação	- Explan.
Exploração	- Explor.
Exportação	- Exp.
Exposição	- Expo.
Extensão	- Exten.
Exterior	- Ext., ext.
Extrato	- Ext.

F

Fábrica	– Fáb.
Faculdade	– Fac.
Família	– Fam.
Farmácia	– Farm.
Fascículo	– Fasc.
Fazenda	– Faz.
Federação	– Fed.
Federal	– fed.
Fermentação	– Ferm.
Ferroviário	– Ferrov., ferrov.
Filatelia	– Filat.
Filosofia	– Fil.
Finanças	– Fin.
Financeiro	– fin.
Física	– Fís.
Físico	– Fís., fís.
Floresta	– Fl.
Floricultura	– Floric.
Fluorização	– Fluoriz.
Folclore	– Folc.
Folha	– F.
Fomento	– Fom.
Forense	– For., for.
Formulário	– Form.
Fragmento	– Frag.
Fronteira	– Front.
Funcionário	– Func.
Fundação	– Fund.
Fundamento	– Fundam.
Fungicida	– Fung.

G

Gaseificação	– Gaseif.
Gastrintestinal	– gastrint.
Gazeta	– G.
Generalidade	– Gen.
Generalização	– Gen.
Genética	– Genét.
Geodésia	– Geod.
Geometria	– Geom.
Geriatria	– Geriat.
Governo	– Gov.
Gráfica	– Gráf., gráf.
Gramática	– Gram.

H

Hebdomadário	– Hebd., hebd.
Herbicida	– Herb.
Hereditariedade	– Hered.
Hereditário	– hered.
Hidráulica	– Hidr., hidr.
Higiene	– Hig.
Hipnose	– Hip.
História	– Hist.
Hospício	– Hosp.
Hospital	– Hosp.
Humanidade	– Hum.
Humano	– hum.

I

Identidade	– Ident.
Identificação	– Ident.
Ilustração	– Il.
Imigração	– Imigr.
Imobiliário	– imob.
Imóveis	– Imov.
Imperial	– imp.
Importação	– Import.
Imprensa	– Impr.
Imprenta	– Impr.
Impressão	– Impr.
Imunidade	– Imun.
Imunização	– Imun.
Inaugural	– inaug.

Incorporação – Inc.
Incremento – Incr.
Independente – Indep.
Indicador – Indic., indic.
Índice – Índ.
Indígena – Indíg., indíg.
Indigenista – Indig., indig.
Indústria – Indústr.
Industrial – Indust., industr.
Infecção – Infec.
Inferior – inf.
Informação – Inf.
Informador – Inf.
Informática – Inform.
Informativo – Inf., inf.
Informe – Inf.
Inscrição – Inscr.
Inseticida – Inset.
Inspeção – Insp.
Inspetoria – Insp.
Instabilidade – Instab.
Instalação – Instal.
Instrução – Inst.
Instrumento – Instrum.
Intelectual – Intelec., intelec.
Inteligência – Intelig.
Intercâmbio – Interc.
Interior – Int., int.
Intermediário – Interm., interm.
Internacional – Inter.
Intestinal – intest.
Introdução – Introd.
Invenção – Inv.
Inventário – Invent.
Investigação – Invest.
Investimento – Invest.
Ionização – Ioniz.
Ionosfera – Ionos.
Irradiação – Irrad.
Irrigação – Irrig.

J

Jardineiro – Jard.
Jornal – J.
Judiciário – Judic., judic.
Jurídico – jur.
Jurisprudência – Jurisp.
Justiça – Just.
Juvenil – juv.
Juventude – Juv.

L

Laboratório – Lab.
Laticínio – Latic.
Latim – Lat.
Lavoura – Lav.
Legalidade – Leg.
Legalização – Leg.
Legislação – Legisl.
Legislativa – legisl.
Leguminosa – Legum.
Leitura – Leit.
Leste – L[(2)]
Liberdade – Lib.
Limitado – Ltd.
Linguistica – Ling.
Líquido – Líq.
Literário – lit.
Literatura – Lit.
Livraria – Liv.
Livreiro – Liv.
Locomoção – Locom.
Locomotiva – Locom.
Logística – Logíst.
Logopedia – Logop.
Lubrificante – Lubr., lubr.
Lucrativo – Lucr.

M

Madeira – Mad.
Magazine – Mag.
Magnético – magn.
Manual – Man., man.
Manufatura – Manuf.
Manuscrito – Ms[2]
Máquina – Máq.
Marinha – Mar.
Marítimo – marít.
Matemática – Mat.
Matéria – Mater.
Maternidade – matern.
Mecânica – Mec.
Mecanização – Mecaniz.
Medicina – Med.
Médico – Méd., méd.
Memento – Mem.
Memorando – Memo.
Memória – Mem.
Mensageiro – Mensag., mensag.
Mensagem – Mensag.
Mensal – mens.
Mensário – Mens.
Mental – ment.
Mercado – Merc.
Mercadoria – Merc.
Mercante – merc.
Mercantil – merc.
Metabolismo – Metab.
Metálico – metal.
Metalurgia – Metal.
Metódico – met.
Método – Mét.
Metropolitano – metrop.
Migração – Migr.
Militar – Mil., mil.
Mineração – Min.
Mineral – Min., min.
Minério – Min.
Ministério – Minist.
Minuto – min.[2]
Miscelânea – Misc.
Moderno – mod.
Modificação – Modif.
Molécula – Mol.
Molecular – mol.
Momento – Mom.
Monitor – Mon.
Monopólio – Monop.
Montanha – Mont.
Monte – Mt.[2]
Mortalidade – Mortal.
Mosquito – Mosq.
Motivação – Motiv.
Movimento – Mov.
Mundial – mund.
Municipal – mun.
Município – Mun.
Música – Mús.

N

Nacional – nac.
Natural – nat.
Natureza – Nat.
Náutica – Náut.
Náutico – náut.
Navegação – Nav.
Negócio – Neg.
Nervoso – nerv.
Nomenclatura – Nomencl.
Nordeste – NE[2]
Nórdico – nórd.
Normalização – Norm.
Norte – N[2]
Notícia – Not.
Noticiário – Notic.
Novidade – Nov.

Nuclear - Nucl.
Numérico - Num.
Número - Núm.[3]
Numismática - Numism.
Nutrição - Nutr.
Nutritivo - nutr.

O

Observação - Obs.
Observador - Obs., obs.
Obstetrícia - Obst.
Ocasião - Ocas.
Ocidente - Ocid.
Ocular - ocul.
Oculista - Ocul., ocul.
Ocupação - Ocup.
Oeste - O[2]
Ofício - Of.
Operação - Oper.
Operário - Oper.
Opinião - Opin.
Oposição - Opos.
Óptica - Ópt.
Opúsculo - Opúsc.
Ordenação - Ord.
Ordenança - Orden.
Organismo - Org.
Organização - Org.
Organograma - Org.
Orientação - Orient.
Orientador - Orient., orient.
Oriente - Or.
Original - Orig., orig.

P

Pacífico - Pac., pac.
Página - Pág.[3]
Pan-americano - Panam.
Panfleto - Panfl.
Panorama - Panor.
Paraquedista - Paraq., paraq.
Parlamentar - Parl., parl.
Parnaso - Parn.
Paróquia - Paróq.
Partícula - Part.
Partido - Part.
Passatempo - Passat.
Pastoral - past.
Pastoril - past.
Patente - Pat.
Patrimônio - Patrim.
Patriota - Patr., patr.
Patriotismo - Patr.
Patronato - Patron.
Pavilhão - Pav.
Pavimentação - Pavim.
Pecuária - Pec., pec.
Pedágio - Ped.
Pedagogia - Pedag.
Pediatria - Pediatr.
Pediátrico - pediátr.
Penitenciária - Penit.
Pequeno - Peq.
Percentual - percent.
Percepção - perc.
Perfumaria - Perfum.
Pergunta - Perg.
Periódico - Per.
Permanente - Perm.
Perspectiva - Perspec.
Pesquisa - Pesq.
Pessoal - Pes., pes.
Pesticida - Pest.
Petróleo - Petr.
Pigmento - Pigm.
Piloto - Pil.
Pintura - Pint.

Planejamento – Planej.
Planetário – Planet.
Planta – Pl.
Plástico – Plást., plást.
Polímetro – Polím.
Política – Pol., pol.
Pontifício – pontif.
População – Pop.
Popular – Pop., pop.
Português – Port., port.
Positivismo – Posit.
Positivo – Posit.
Prática – Prát., prát.
Precisão – Prec.
Preliminar – Prelim.
Preparação – Prep.
Prescrição – Presc.
Preservação – Preserv.
Presidência – Pres.
Prevenção – Prev.
Previdência – Prev.
Previsão – Prev.
Primário – Prim., prim.
Principal – Princ., princ.
Princípio – Princ.
Privado – priv.
Probabilidade – Probab.
Problema – Probl.
Procedimento – Proced.
Processamento – Proc.
Processo – Proc.
Produção – Prod.
Produtividade – Produt.
Produto – Prod.
Produtor – Prod.
Professor – Prof.
Profissão – Prof.
Profissional – prof.
Programa – Progr.
Programação – Progr.
Progresso – Prog.
Projeto – Proj.
Proletário – Prolet.
Promoção – Prom.
Prontuário – Pront.
Propagação – Propag.
Propaganda – Propag.
Propriedade – Prop.
Pública – públ.
Publicação – Publ.
Publicitário – Publ., publ.

Q

Quadrienal – quadr.
Quadrimestral – quadrim.
Qualidade – Qual.
Qualificação – Qualif.
Quantidade – Quant.
Quantificação – Quantif.
Quarentena – Quar.
Questionário – Quest.
Química – Quím., quím.
Quinquenal – quinq.
Quinzenal – quinz.
Quotidiano – quot.
Questão – Qst.([2])

R

Racionalização – Racion.
Racismo – Rac.
Radialista – Radial.
Radical – Rad.
Radioativo – radiot.
Reabilitação – Reab.
Realidade – Real.
Realismo – Real.
Receita – Rec.
Recensão – Recen.

Recenseamento – Recens.
Reclamação – Recl.
Recomendação – Recom.
Recreação – Recr.
Recurso – Rec.
Redação – Red.
Redução – Reduç.
Referência – Ref.
Refinação – Refin.
Refinaria – Refin.
Reformatório – Reform.
Refração – Refr.
Refratário – refrat.
Refrigeração – Refrig.
Registro – Reg.
Regulamento – Regul.
Regular – reg.
Relatividade – Relativ.
Relatório – Rel.
Religião – Relig.
Religioso – Relig., relig.
Remédio – Rem.
Renovação – Renov.
Repartição – Repart.
Repertório – Repert.
Represa – Repr.
Representação – Represent.
República – Rep.
Requerimento – Req.
Resenha – Res.
Resistência – Resist.
Resolução – Resol.
Resposta – Resp.
Resultado – Result.
Resumo – Res.
Retrospecto – Retrosp.
Reumatismo – Reum.
Reunião – Reun.
Revista – R.
Rodovia – Rod.
Rodoviário – rod.
Roteiro – Rot.
Ruralismo – Rur.
Ruralista – Rur

S

Salineiro – Sal.
Salubridade – Salubre
Sanitário – sanit.
Santa, Santo – Sta., Sto. ([2])
São – S.([2])
Secretária – Secr.
Secundário – secund.
Sedimento – Sedim.
Segurança – Segur.
Seguridade – Seg.
Seguro – Seg.
Seleção – Sel.
Semana – Sem.
Semanal – sem.
Semanário – Sem.
Semântica – Semânt.
Semestral – semest.
Semestre – Semest.
Seminário – Semin.
Semiótica – Semiót.
Sensorial – sens.
Sentença – Sent.
Separação – Sep.
Série – Sér.([2])
Serviço – Serv.
Sessão – Ses.
Sexual – Sex.
Sexualidade – Sex.
Siderurgia – Sider.
Sífilis – Síf.
Sifilítico – sif.
Silicato – Silic.
Silicose – Silic.
Silvicultura – Silvic.

Simbólico – simb.
Símbolo – Símb.
Simpósio – Simp.
Sindical – sind.
Sindicato – Sind.
Sinopse – sin.
Síntese – Sínt.
Sistema – Sist.
Social – soc.
Socialismo – Social.
Socialista – social.
Sociedade – Soc.
Submarino – Submar., submar
Subsistência – Subsist.
Substância – Subst.
Subterrâneo – Subter.
Sudeste – SE([2])
Sul – S([2])
Sumário – Sum.
Superintendência – Superint.
Superior – Sup., sup.
Supervisão – Superv.
Suplemento – Supl.
Supremo – supr.

T

Tabela – tab.([2])
Técnica – Técn., técn.
Telefone ([2]) – Tel.
Temperatura – Temp.
Teoria – Teor.
Teórico – teór.
Término – Térm.
Terrestre – terr.
Território – Territ.
Têxtil – têxt.
Tipografia – Tip.([2])
Tópico – Tóp.
Trabalho – Trab.
Tradução – Trad.
Tráfego – Tráf.
Transferência – Transf.
Transmissão – Transm.
Transporte – Transp.
Tratado – Trat.
Tribuna – Trib.
Tribunal – Trib.
Trienal – Trien.
Trimestral – trim.
Trimestre – Trim.
Tropical – trop.
Trópico – Tróp.
Tuberculose – Tuberc.
Turismo – Tur.

U

Último – ult.
Ultramarino – ultramar
Universal – univ.
Universidade – Univ.
Universitário – Univ., univ.
Universo – Univ.
Urbanismo – Urb.
Utilidade – Util.

V

Variação – Var.
Variedade – Var.
Vascular – vasc.
Vegetação – Veg., veg.
Vegetal – Veg.
Veículo – Veíc.
Venérea – ven.
Ventilação – Vent.
Vertebrado – Vert.
Vertical – vert.

Vespertino - vesp.
Veterinária - Vet., vet.
Vibração - Vibr.
Visual - vis.
Vitamina - Vit.
Vocabulário - Vocab.
Vocação - Voc.
Volume - Vol([3])
Vulgarização - Vulg.

Z

Zootecnia - Zoot.

Observações:

(1) Foram omitidos desta lista os adjetivos cujas abreviações são idênticas as dos substantivos da mesma raiz. Para os termos com os sufixos "logia", "grafia" e " nomia", seguir as normas apresentadas nesta obra.
(2) Exceção.
(3) Não confundir com a abreviatura da mesma palavra para fins bibliográficos.

13.3.3 Abreviaturas dos meses

De acordo com a ABNT – Associação Brasileira de Normas Técnicas, os meses são abreviados da seguinte forma:

Português		Espanhol		Italiano	
janeiro	- jan.	enero	- enero	gennaio	- genn.
fevereiro	- fev.	febrero	- feb.	febbraio	- febbr.
março	- mar.	marzo	- marzo	marzo	- mar.
abril	- abr.	abril	- abr.	aprile	- apr.
maio	- maio	mayo	- mayo	maggio	- magg.
junho	- jun.	junio	- jun.	giugno	- giugno
julho	- jul.	julio	- jul.	luglio	- luglio
agosto	- ago.	agosto	- agosto	agosto	- ag.
setembro	- set.	septiembre	- sept.	settembre	- sett.
outubro	- out.	octubre	- oct.	ottobre	- ott.
novembro	- nov.	noviembre	- nov.	novembre	- nov.
dezembro	- dez.	diciembre	- dic.	dicembre	- dic.

Francês		Inglês		Alemão	
janvier	- janv.	January	- Jan.	Januar	- Jan.
février	- févr.	February	- Feb.	Februar	- Feb.
mars	- mars	March	- Mar.	März	- März

avril	- avril	April	- Apr.	April	- Apr.
mai	- mai	May	- May	Mai	- Mai
juin	- juin	June	- June	Juni	- Juni
juillet	- juil.	July	- July	Juli	- Juli
août	- août	August	- Aug.	August	- Aug.
septembre	- sept.	September	- Sept.	September	- Sept.
octobre	- oct.	October	- Oct.	Oktober	- Okt.
novembre	- nov.	November	- Nov.	November	- Nov.
décembre	- déc.	December	- Dec.	Dezember	- Dez.

Ética e Pesquisa Científica

Capítulo 14

Ética e Pesquisa Científica

INTRODUÇÃO

A preocupação com a forma de agir do homem em relação ao seu próximo vem desde os primórdios da história da humanidade, e inúmeros estudiosos cuidaram de estudar e aprofundar seus estudos sobre os temas que cuida de estabelecer regras ou padrão de comportamento, com vistas a conseguir dirimir dúvidas e conflitos no seio da sociedade.

A Ética é matéria circunscrita ao campo dos sistemas da Filosofia e envolve a própria Ética, a Política, a Lógica, a Gnosiologia, a Estética e a Metafísica. A Ética se encarrega de cuidar da conduta ideal do homem; ao passo que a **Política** estuda e explica a conduta ideal do Estado; já a **Lógica** se ocupa do raciocínio que guia o pensamento humano em todas as questões; a **Gnosiologi**a tem por objeto o estudo do conhecimento humano, com suas teorias, origem, métodos e divisão; a **Estética** trata da teoria das belas-artes, da música, do teatro e o belo; a **Metafísica** aprofunda os saberes relacionados com as teorias sobre a verdadeira natureza da existência.

A Ética precisa sempre de sanções ou castigos para os infratores dela, caso contrário ela se torna inócua. Não se tem Moral sem Educação. A consciência ética depende da capacidade humana de ter limites, de saber e vivênciar de que o seu direito termina quando começa o direito do outro, e ainda mais cada pessoa deve colocar em prática o ditado: "Não faça aos outros o que não quer que se faça com você".

Se a Ética permeia os seres humanos em todas sua ações e relações, então ela se faz necessária em todos os campos e aspectos da vida dentro de uma sociedade e termina por se envolver no dimensionamento de todas as relações e ações entre seres humanos. Assim, a Ética se faz indispensável às pesquisas nos campos de todas as ciências.

14.1 ÉTICA: ORIGEM NA RELIGIÃO

Antes da Filosofia, as religiões sempre buscaram pregar um código de ética, e isso pode ser verificado na Bíblia desde o Velho Testamento, com a chamada Lei Mosaica, e no Novo Testamento (desde as pregações de Jesus), além dos documentos básicos de Buda, Maomé e Confúcio, entre outros. Em estruturando as bases das religiões, trataram de Ética.

Até filósofos desvinculados de qualquer religião professaram uma Ética, como o grego ZENON, que defendia a idéia de que no Universo reinava o **logos** (divino), a polis (cidade, comunidade) precisava de uma **nomos** (lei) para existir em ordem e poder progredir. E o nomos de que falava Zenon não era um regulamento humano, mas a própria justiça do logos divino. CRISIPO, outro grego, acrescentou que o logos era o rei sobre todas as coisas divinas e humanas. Era ele que determinava o que era belo ou feio, era o guia de todos os seres que forma comunidades. No Dicionário Filosófico de François-Marie, mais conhecido como Voltaire, está escrito: "A Ética vem de Deus, assim como a luz".

Os seguidores dos ditames da Bíblia têm como base Ética todo o conteúdo sagrado, mas principalmente passagens como: "Amarás, pois o Senhor teu Deus de todo o teu coração, de toda a tua alma e de todo o teu entendimento." (Mt.22:38), primeiro grande mandamento, e "Amarás ao teu próximo como a ti mesmo" (Mt. 22:39), tido como segundo grande mandamento. Digno de verificação como Código de Ética na Bíblia são os dez mandamentos encontrados no Antigo Testamento (Êxodo 20) e reafirmados no Novo Testamento.

As raízes e os estilos de Moral, são diversos. Os códigos de ética, porém, têm semelhanças no mundo inteiro. É de Voltaire a afirmação: "A Moral é a mesma entre todos os homens que usam a razão".

14.2 ORIGEM NA RECIPROCIDADE

Existem algumas teorias que defendem a origem da Ética em concordância à linguagem, ou seja, a necessidade de regular a vida em sociedade. Assim os direitos alheios precisam ser respeitados para que haja paz e não lutas e desentendimentos. Tudo o que prejudica o grupo é considerado ruim.

É possível que os códigos de ética do homem antigo tenha surgido sob a forma de tabus. Sempre que um tabu não era respeitado o infrator recebia uma punição que poderia ser um castigo severo ou a morte. Os códigos de ética foram sendo melhor estruturados à medida que as sociedades foram se desenvolvendo.

A reciprocidade é encontrada largamente na Bíblia e nos documentos religiosos, nos tratados da Filosofia e demais áreas do conhecimento humano. O próprio Confúcio, perguntado se o caminho da Moral e da verdade poderia ser resumido em uma só palavra, respondeu rapidamente: "Reciprocidade". Voltaire disse que a única medida da boa ou má Moral é o bem da sociedade.

14.3 TIPOS DE ÉTICA

ÉTICA FORMAL. Também chamada de rigorista ou teísta. Prega que existem princípios eternos, imutáveis e divinos que controla e dirige tudo. A Ética é universal e os seus valores são inatos.

ÉTICA RELATIVA. Não é universal, depende da situação e está sujeita a mudanças. É, portanto, relativa. Leva em consideração as circunstâncias locais, regionais e os níveis de desenvolvimento das sociedades ou grupos humanos.

ÉTICA DOS VALORES. Prega o meio termo entre a Ética Formal e a Ética Relativa.

ÉTICA RELIGIOSA E RACIONAL. A Ética Religiosa se mistura frequentemente com a Ética Racional ou Filosófica. Na Ética Religiosa é aceita a verdade de que tudo é proveniente de Deus, que usa alguém para divulgar esses preceitos éticos e morais ao povo. Os princípios e normas éticas reveladas a um profeta são escritos em tratados religiosos como o Talmude, a Bíblia, o Corão e outros.

A religião foi extremamente importante para o estabelecimento dos princípios da Ética, contudo, se discute atualmente se não pode existir Ética sem religião. Pode sim, mas o que se vê é um deterioramento considerável da sociedade com o desleixe do povo em relação a Moral, a Ética e ao próprio Deus. É dado como exemplo os códigos e declarações de princípios éticos de entidades civis, organizações internacionais e empresas que têm independência no que diz respeito a religião. Existem bonitos códigos mas não são respeitados e nem considerados e a maioria desses códigos excluem completamente a possibilidade da existência de Deus.

ÉTICA E DEUS. Independente de ter religião ou não muitos filósofos da Antiguidade já falavam de algo divino a comandar tudo no mundo.

Modernamente é que o homem deixou Deus de lado e passou a resolver tudo sozinho. A exigência da Ética e de moral ilibada nas relações humanas atrapalha todas as ilegalidades que agradam o homem moderno. Sem Deus tem ficado mais fácil ultrapassar os limites da Ética e da Moral e o que se percebe é que as desigualdades e as injustiças estão dominando o cenário mundial.

14.4 A ÉTICA DE PENSADORES RELIGIOSOS

BUDA. Siddharta Gautama que viveu entre os séculos VI e IV a.C., em suas pregações dizia: "não mate nenhum ser vivo; não pegue o que não lhe deram; não minta; não tome bebida que embriague; seja casto".

HINDUISMO. Seu criador foi Krishna na Índia cerca de 1500 a.C., e cultua mais de 330 mil divindades Os seus dez mandamentos, criados por Manu, estão no livro dos Vedas e são: "força da alma; paciência; autocontrole; respeito pela propriedade alheia; pureza; domínio dos sentidos; inteligência compreensiva; sabedoria; verdade e controle da raiva".

CONFÚCIO. Criador do confucionismo entre os anos de 552 e 479 a.C., deu como sendo o ideal ético: "sabedoria; fé; benevolência; bondade e amor. É de Confúcio a frase: "O que não queres que te façam, não faças aos outros".

MOSAÍSMO. Dado por Deus por meio de Moisés no ano 1200 a.C., é a primeira adoção de um Deus único por meio do qual o mundo era dependente. Os gregos pregavam uma Moral Naturalista. Moisés deixava a natureza de lado e colocava tudo na dependência de Deus. A base da sua Ética era os Dez Mandamentos: Amar a Deus sobre todas as coisas. não falar o Seu Santo nome em vão; guardar o sábado; honrar pai e mãe; não matar; não furtar; não cometer adultério; não levantar falso testemunho; não desejar a mulher do próximo; não cobiçar as coisas alheias. (Êxodo 20).

CRISTIANISMO. Teve início com Jesus Cristo nos primeiros 33 anos da nossa Era. Jesus fez da Ética de Moisés a base de sua pregação, mas aperfeiçoou e abrandou o rigor da Lei trazendo o amor como sendo mais importante que a Lei. Todavia, aprofundou ainda mais os aspectos éticos ditados por Moisés.

ISLAMISMO. Fundado por Maomé no ano 600 d.C. Tem como Deus o mesmo dos cristãos e judeus. A Ética dos muçulmanos baseia-se em: preces, abluções (lavagens), esmola, jejum no Ramadã, peregrinação a Meca uma vez na vida, poder possuir até quatro esposas, cortar o braço do ladrão.

VOLTAIRE. "Se Deus não existisse, seria necessário inventá-Lo". Era agnóstico e questionava com vigor a fé religiosa, mas viveu sempre defendendo que existia um Ser Supremo sem conseguir defini-lo. O mal para ele era uma questão sem solução.

14.5 EVOLUÇÃO DA ÉTICA

A Ética veio desde a Grécia antiga conciliada com a religião, até que no século XIX Kant, Nietzsche e Kierkegaard começaram a desfazer essa união e dois fatos aprofunaram esse distanciamento. Uma declaração de Nietzsche em 1880 e a comprovação da Lei da Relativiade em 1919.

Friedrich Nietzsche, filósofo alemão em 1880, fez uma longa afirmação de que "Deus está morto". Para muitos foi uma declaração puramente com enfoque religioso-espiritual e para outros foi uma espécie de profecia em que traçava vários perfis da sociedade humana no futuro. O certo é que homens e mulheres em geral preferiram considerar que "Deus está morto" e sentiram-se livres Dele, passando a fazer tudo conforme suas vontades e desejos, inclusive abolindo a Moral e a Ética. Como esse filósofo previu desde a sua declaração, a sociedade humana, de maneira bem transparente, dispensa Deus, tido como um estorvo por preconizar a Ética no convívio entre pessoas.

Em 29 de maio de 1919 ocorreu um eclipse total do Sol, um dos mais longos já registrados. Seria apenas mais um eclípse, não fossem os experimentos previamente preparados na África (Ilha Príncipe) e no Brasil (Sobral-CE) com o intuito de comprovar a veracidade da Lei da Relatividade proposta por Albert Einstein. Na África a experiência não obteve êxito total por estar o céu nublado no momento da ocorrência do fenômeno. Todavia, em Sobral, com o clima favorável, o experimento teve êxito e a Teoria da Relativiade foi comprovada por experimento como convém em Ciência. Muitos estudiosos passaram a entender que tudo era relativo, inclusive a Moral e a Ética, desfigurando por completo a visão da Ética e da Moral como sendo absoluta. Esse fato, juntamente com a primeira ideia do Deus morto, vem prevalecendo cada vez com mais ênfase na sociedade pós moderna. Também, queira ou não, a desordem, as tragédias e vulgarização dos seres humanos está presente em todos os grupos quase que sem exceção.

14.6 EXIGÊNCIAS E COMPROMISSOS DO PESQUISADOR

Quem faz Ciência é o cientista, que se traduz em pesquisador ou investigador e que na atualidade deixou de ter uma certa conotação elitista em que poucas pessoas atuavam. Na atualidade, para atender exigências da sociedade que carece de respostas mais rápidas e objetivas dos seus problemas, aquele círculo fechado de pesquisadores se abriu e tornou o trabalho de produção do saber organizado mais comum e com um contingente bem grande de investigadores.

Entre tais exigências estão a racionalidade, a objetividade, a sistematização, a verificação, a comunicação, além de outras. Assim o pesquisador não pode trabalhar sem acatar essas exigências que irão, no desenrolar da pesquisa, interagir com as características da própria Ciência e as características individuais e coletivas do pesquisador, enquanto membro de uma sociedade, considerando--se que a Ciência se apoia no método, no controle, na exatidão, no objeto formal, no conhecimento pela causa, na finalidade social, na finalidade técnica, na profundidade e na generalidade das conclusões.

O pesquisador ciente do seu papel, da sua responsabilidade e do seu compromisso com a humanidade, terá de perseverar atento a estas exigências e características e, por conseguinte, seguir acatando e vivenciando as suas qualidades e características pessoais que se traduzem nos indicadores éticos de caráter individual e coletivo. Como escopo geral, o pesquisador terá de ter e desenvolver o chamado espirito cientifico, que se desdobra em espírito critico, espírito criativo, espírito de confiança na Ciência, espírito de busca da verdade, espírito de análise, espírito de indagação, espírito de apego a objetividade e outros. Diluindo ou discriminando essas peças correspondentes ao espirito cientifico e trazendo-as para a realidade individual, se descobrirão todos requisitos éticos que o pesquisador terá de possuir e aplicá-los para que os seus estudos possam ter credibilidade, legitimidade e cientificidade, para que a verdade ou resposta descoberta possa ser comunicada à sociedade e principalmente à comunidade cientifica.

Dessa forma, e observando os requisitos da Ciência, é possível decifrar e eleger alguns procedimentos éticos do pesquisador, tais como humildade, fidalguia, simplicidade, respeito ao que é alheio, apego à verdade e à justiça, sensibilidade, paciência, perseverança, curiosidade e autocrítica, atributos esses de caráter pessoal. Por outro lado o pesquisador precisa possuir qualidades técnicas para poder cumprir a tarefa investigativa. Essas qualidades estão representadas na competência intelectual, na capacidade para transpor obstáculos e administrar conflitos, em ter apurado rigor de organização e de disciplina, ter capacidade de busca, de análise, de síntese e de conclusão, não ter apego ao estrelismo, ter domínio próprio e ser despretensioso, ter profundo senso de seus limites pessoais e de justiça com equidade.

Resumindo, o pesquisador deve ser um sábio, ou seja, um indivíduo que saiba conduzir a si próprio e conduzir os outros.

O pesquisador tem compromisso com a verdade e não pode trazê-la para o público sem o uso de método e de técnica, além da observância de um número razoável de regras e aspectos editoriais, necessários à apresentação do relatório final da pesquisa ou mesmo os de relatórios parciais divulgados por meio de comunicação, artigo científico, resenha, bem como o relatório de pesquisa e o relatório técnico e/ou científico. Não pode o cientista ou pesquisador hodierno se valer de expedientes como a tradição, a autoridade, o bom senso e a intuição como fontes isoladas para comunicar uma descoberta ou uma verdade.

A pesquisa científica é tarefa de qualquer profissional liberal envolvido em quaisquer áreas do conhecimento humano que permeia o sistema produtivo. Todavia, sem descartar as exigências metodológicas que precisam ser conhecidas e respeitadas pelo pesquisador, a Ética nunca se fez tão necessária como na atualidade.

14.7 QUANDO A ÉTICA FOI ABANDONADA

A preocupação com a Ética na pesquisa e produção de saber organizado é geral e irrestrita de todos os profissionais que atuam nas universidades e centros de pesquisa de todos os países.

Ainda que bastante comuns no passado, tais formas de se buscar a verdade geraram controvérsias, erros e induziu a muitos a tomarem atitudes totalitárias, a cultivar a preguiça e a indolência em nome do respeito à tradição e à autoridade. No que tange ao bom senso e a intuição, ainda que algumas verdades tenham sido confirmadas posteriormente, são na atualidade aceitas como atributos indispensáveis ao pesquisador e não formas adequadas de buscar a verdade.

A Ciência Moderna, nascida nos primórdios do século XVII, é a forma adequada de buscar a verdade, pois ela exige o uso de método e processo, caminho obrigatório para o pesquisador dos dias atuais.

A literatura relacionada à História da Ciência está recheada de exemplos que, mesmo não colocando-se em dúvida o processo cientifico e a Ciência, mostram que quando cientistas foram movidos pelo egoísmo, pelas ideologias políticas e pela quase completa falta de apego à verdade e à justiça, o mundo conheceu erros que perduraram por algum tempo, até que outros estudiosos descobrissem a verdade por meio de estudos investigatórios com bases na simples aplicação dos princípios éticos, corrigindo os desvios sobre as verdades comunicadas sem o zelo metodológico.

Entre os exemplos de resultados de pesquisas divulgados de forma fraudulenta podem ser citados o das rãs parteiras e o do trigo da primavera. Vindo a público a mentira, provocou o suicídio do cientista que fora nomeado para a Universidade de Moscou como prêmio pela descoberta no primeiro caso. No segundo caso, houve um grande prejuízo na agricultura para o governo russo que acatou a tese do cientista e determinou que se plantasse trigo da primavera pelo processo fraudulentamente conseguido.

Sempre que resultados de pesquisas foram divulgados sem observância das exigências do método científico, sem respeito aos requisitos éticos, prejuízos foram debitados à conta da Ciência e, por conseguinte, houve desgaste para os pesquisadores. A sociedade que arcou com os recursos para as pesquisas ficou refém da irresponsabilidade de homens, cuja missão era promover o bem comum para a coletividade por meio de seus inventos.

A pesquisa praticada sem o rigor científico tem trazido grandes desalentos para o povo em benefício de uma minoria dominante. Seus resultados se mostram inconsistentes e incapazes de gerar o progresso, mantendo privilégios e estruturas políticas de domínio ditatorial.

14.7.1 A Teoria Genética de Trofim Lysenko

Um exemplo que se encaixa nesta realidade é o de Stalin, que a partir de 1929 quando passou a governar a União Soviética, determinou ao Comitê Central do Partido Comunista que adotasse a Teoria Genética de Trofim Lysenko porque ela se ajustava à prática Marxista. Lysenko (meados do século XIX), com suas pesquisas e ladeado pelos seus seguidores, combateu os geneticistas mendelianos e prometeu revolucionar a agricultura com o trigo de inverno que é impróprio para o plantio na primavera. Afirmava que esse trigo produziria espigas caso as sementes fossem molhadas até germinar e depois fossem resfriadas antes do plantio. O projeto não deu certo e a agricultura na União Soviética ficou ainda mais deteriorada. Ocasionou este fato a presunção de resultados dados como provados sem que na prática fossem confirmados.

Por outro lado, a pesquisa tomada como paradigma na sociedade contemporânea sem uso de pressupostos éticos e morais, isto é, baseada em comportamento pouco equilibrado do pesquisador, dos detentores do poder e dos usuários de seus resultados, tem propiciado uma visão distorcida da Ciência, e ao invés de trazer o bem comum, tem causado problemas quase insolúveis.

O errar ou negar-se, que é típico nas sociedades humanas, é o vilão de muitos dos descaminhos da pesquisa, e é motivado pela falta de perspicácia, de atenção, de intenção, distração dos pesquisadores frente às pressões políticas e ideológicas, à vaidade e à falta de zelo para com os princípios morais, a justiça e a equidade. Ao pesquisador se juntam o poder econômico e o político, os quais, pelos seus interesses escusos, se utilizam de maneira desastrosa da pesquisa.

14.7.2 A Teoria de Lamark sobre o pescoço da girafa

Jean Baptiste Lamark, que viveu entre 1744 e 1829, com base na Teoria dos Caractes Adquiridos, formulou varias teses e as defendeu. Entre elas está a de que a girafa teria adquirido pescoço longo por se alimentar de folhas que estavam nos galhos altos das árvores. Era a pesquisa sem critério e sem inferência, ao mesmo tempo voltada para apoiar os primados da evolução de Charles Darwin, que pregava a aquisição de características novas pela hereditariedade e ação do ambiente. Felizmente, pesquisas mais descomprometidas e livres derrubaram esta tese em 1930. A pesquisa deve ser vista sempre como uma expectativa de acumulação do saber organizado para o desenvolvimento de uma consciência crítica e isenta de vícios.

14.7.3 A pesquisa sobre as rãns parteiras

Já no século XX se pode encontrar pesquisadores e cientistas que se debruçaram na Teoria da Herança de Caracteres Adquiridos em Organismos Pluricelulares. Um exemplo bem conhecido é o do austríaco Paul Kammerer que viveu entre 1880 e 1926. Ele realizou alguns estudos com experimentos com a chamada rã parteira, aventando a ideia de que ela se desenvolveu a partir de aquática, que há muito tempo passou a viver fora d'água.

Nas rãs parteiras aquáticas, os machos tinham calos e "almofadas nupciais" nas suas patas e dedos que serviam para evitar que eles se soltassem das femeas durante o acasalamento e caissem. Essas características não eram encontradas nas espécies terrestres, porquanto não havia o risco de o macho cair na água durante o coito.

Em seus estudos, Kammerer disse ter identificado evidências de mudanças funcionais e estruturais proveniente de fatores ambientais que foram herdadas dos animais comuns nas águas. Formulada a sua hipótese, Kammerer coletou rãs terrestres e as colocou no ambiente aquático. Fez observações durante sete gerações, quando fez o primeiro acasalamento nesse ambiente. E segundo ele os machos introduzidos na água desenvolveram as denominadas "almofadas nupciais" nas suas patas e dedos.

Naquele tempo a Teoria da Herança de Caracteres Adquiridos estava fervilhando entre os cientistas. Dois outros cientistas conseguiram permissão de Kammerer para visitar e observar a sua experiência e Kammerer, por estar organizando um laboratório biológico na União Soviética, não esteve presente durante a visita.

Os naturalistas, o inglês William Bateson (1861-1926) e o norte-americano Gladwyn Kingsley Noble (1894-1940), autorizados, fizeram a visita e suas observações sozinhos. Encontraram apenas um espécimen do antigo experimento feito por Kammerer. Noble declarou que houve falsificação, com a pintura a nanquim nas patas dos machos para simular as "almofadas nupciais". Essas declarações foram publicadas na revista *Nature* em 1926.

Entre os muitos críticos ao experimento de Kammerer está o geneticista alemão Richard Bendedict Goldschmidt (1878-1958), enfocando, com outros, que a testagem da hipótese formulada deveria prever um tempo maior e com muito mais gerações. Mesmo assim foi contratado para ocupar a cadeira de Genética na Universidade de Moscou e, sem condições de se responder as críticas, terminou por praticar o suicídio.

14.7.4 Em Ciência e pesquisa não se cala

Ao mesmo tempo em que o cientista ou pesquisador precisa se pautar pela Ética em seus estudos, há sempre um apelo do mundo do conhecimento para que o estudioso não se cale ao se deparar com um problema, dimencioná-lo e dar a resposta. O mesmo deve comunicar a descoberta, seja ela completa, ou apenas parte da solução.

Outros bons exemplos de que quem produz conhecimento em Ciência ou tecnologia se obriga a comunicar tal descoberta, sob pena de não mostrar seu valor e o valor do seu trabalho, como não ajudar na solução completa do problema negando-se assim a contribuir com a comunidade científica, vêm de três cientistas: John Couch Adms (inglês), Le Varrier (francês) e Johann Gottfried Galle (alemão) no que diz respeito à descoberta do planeta Netuno.

Adams, com 24 anos de idade em 1845, ao estudar as perturbações na órbita de Urano, indicou que isso significava a existência de um planeta ainda mais distante do Sol. Ele, todavia, se calou e nada publicou. Para a Ciência sua contribuição foi pouco válida, muito embora seus estudos servissem aos outros estudiosos.

Le Varrier também descobriu os mesmos indícios do seu colega inglês, mas não prosseguiu nos estudos. Então nada de concreto para o desenvolvimento da Ciência, que permaneceu sem avanço nesse problema por alguns anos.

Na Alemanha, Galle, ainda estudante, deu andamento aos estudos iniciais de Adms e Varrier, que redundaram na descoberta do planeta Netuno em 1871.

Então, se calar, ao fazer alguma descoberta precedida de estudos ou por acaso, é praticamente se negar a contribuir para o desenvolvimento da Ciência.

Apêndice

APÊNDICE A
LEITURA PARA REFLEXÃO

ORIGEM E EVOLUÇÃO DA CIÊNCIA

A Ciência tem sido, desde o mais remoto passado da humanidade, um rastro silencioso e perene de aventuras das mentes daqueles que se atreveram, pela intuição, imaginar o mundo que os cercava. Consciente de ser possuidor de inteligência, razão e livre arbítrio, o homem se pôs a questionar sobre si próprio, sobre a sua natureza, ou seja, o homem se questionou e teve a curiosidade para descobrir de onde veio, onde estava e para onde iria, isto é, ele quis saber qual o seu fim último. Por outro lado, o homem, ao contemplar o Universo imenso, a natureza e, ainda experimentando a morte, se deu conta de que precisava conseguir respostas para tais indagações e, inicialmente por observações, depois por dedução, intuição e experimentação, buscou desvendar o que era, na totalidade, um mistério.

Pela intuição tentou explicar as verdades a respeito do seu mundo; pela observação e pela dedução, traçou comparações, formulou princípios, teorias e leis sobre a sua natureza, o Universo e a morte. E essa caminhada da Ciência na busca da verdade se estendeu desde os tempos pré-históricos até os dias contemporâneos.

A Ciência não aconteceu aqui ou ali. Ela esteve presente em todas as partes do planeta e em todas as culturas e sociedades, todavia em épocas e de formas diferentes. É a Ciência pura ou aplicada, transformada pela técnica ou tecnologia, uma imensa e, às vezes, arriscada aventura intelectual da mente humana, envolvida em uma constante força imaginativa, criadora e temperada por uma forte disciplina, denodo e apego à curiosidade. A Ciência teve suas origens, portanto, na Pré-História, embora alguns neguem este fato. Contudo, foi naqueles distantes tempos que o homem fez Ciência, técnica e tecnologia, embora tudo fosse de forma muito prática e rudimentar, como as atividades ligadas à Medicina, nos instrumentos de trabalho e de defesa. Foi também a partir da Pré-História que o homem se apercebeu que estava cercado de forças sobrenaturais, algumas visíveis e outras invisíveis. Assim, dentre as que podiam ser palpáveis, o homem primitivo conheceu o relâmpago, os terremotos, as enchentes e o explodir de um vulcão em erupção. Esse mesmo homem primitivo se voltou para o desconhecido e declinou a sua verdade sobre as pestes, doença e a morte como sendo obras dos espíritos do mal.

Foi no mundo primitivo que o homem sentiu uma certa relação entre o seu comportamento e o mundo natural, iniciando procedimentos elucidativos de que a natureza pode ser controlada e assim servir aos propósitos humanos em uma ação combinada e harmoniosa, através do controle das forças sobrenaturais. No Antigo Egito, os sacerdotes obtinham a posição de donos do conhecimento científico em algumas situações. Em outros lugares o saber, em nível de Ciência, estava intimamente ligado ao calendário, aos períodos de plantio e de colheitas. A posse dos conhecimentos científicos significava ter poder, superioridade perante o povo e, via de regra, tudo era guardado como segredo de Estado. Possuir conhecimento dava status social e intelectual. Já na Antiga Grécia, os filósofos caminhavam com orientação adversa à aceitação da magia e este pensamento proliferou no meio científico ocidental até os dias contemporâneos. Assim, a Ciência caminhou desde as primeiras contemplações e questionamentos, passando pelo período em que surgiram os magos, os feiticeiros, os sacerdotes--adivinhos, ou seja, todos os que procuravam explicar a natureza humana, o Universo e a morte por meio do contato com o sobrenatural.

MAGIA E CIÊNCIA

Os magos, adivinhos e místicos tiveram nos tempos antigos, e por certo período, algum papel de destaque na explicação dos fenômenos visíveis do mundo primitivo. Para a magia, o mundo era controlado por espíritos e forças supra-humanas que habitavam em animais, árvores, no mar, no ar e no vento. Para controlar as forças e fazer os espíritos cooperarem, os místicos inventavam todo tipo de magia como invocação, feitiços e oferendas, acreditando na possibilidade de subjugar a natureza e o Universo. Da mesma forma que a magia buscava provocar a chuva, entender e explicar os trovões, a erupção dos vulcões, os maremotos e outras intempéries visíveis no mundo físico, semelhantemente ela encarava a peste, as doenças e a morte, como fatos ocasionados pelos espíritos do mal. É bem verdade que, em nossos dias, esses modelos de formulação de teorias e explicação de fenômenos não são considerados como Ciência ou conhecimento científico. Contudo, nos remotos tempos vividos pela raça humana, praticamente quando dava seus primeiros passos, tais observações, codificação e explicação significavam, embora simploriamente, algum tipo de racionalização e a formulação de paradigma de definição de coisas, objetos ou fenômenos vividos pelo homem primitivo. Era, portanto, conceito corrente aquele do sacerdote ou do mágico, místico ou adivinho que, em tendo conhecimento do mundo físico, ou seja, da natureza e contato ou acesso aos deuses, demonstravam que o seu saber já possuía aspecto científico. Era a inexistência de antagonismos entre Ciência e religião; tudo se interligava e a Ciência era o elo ou o caminho para as explicações naturais e espirituais.

Foi essa vivência estreita entre Ciência e religião, ou puramente aspectos espirituais, que propiciou a correlação de fatos, compilação de algumas verdades, diminutas explicações e observações que, reunidas gradativamente, iniciou por afastar a magia como fonte de produção de Ciência, corroborando grandemente para esse fato o desenvolvimento filosófico e o surgimento do conhecimento religioso racional e fundamentado.

Os registros históricos estão a mostrar que tanto a Filosofia quanto a Ciência, em todos os tempos, sofreram a influência da magia, da feitiçaria e do misticismo. Contudo, foi durante a Idade Média, e de forma expressiva, que a indagação científica passou a portar-se como forma de expressar liberdade de ação, de pensamento e de culto. As causas são as mais diversas para esse fato. Entre elas está o fortalecimento da Igreja como único caminho, como estado militar e como estado econômico, além de se intitular dona de todo saber organizado ao dar, de forma exclusiva, todas as explicações acerca da vida e do mundo, impedindo questionamentos, pesquisa e produção de conhecimento novo. Assim, impedido de exercitar a razão, o livre arbítrio e a inteligência, por ordem da Igreja, o homem buscava formas mágicas e místicas para se completar como pessoa humana. A bruxaria foi tanto mais forte quanto mais acirrada era a perseguição aos seus adeptos. Enfraquecida a Igreja, permitida a consulta aos escritos de sábios da Antiguidade, além do surgimento de novas teses sobre o funcionamento do mundo, cessaram as feitiçarias e misticismos.

Permeou a Ciência em sua caminhada, o nascimento do conhecimento religioso, do conhecimento filosófico e, por fim, ultrapassou a barreira do que se convencionou chamar mundo velho para o mundo moderno e contemporâneo, fazendo surgir um conhecimento científico bem definido entre as demais formas de saber. Por certo, o modelo esposado hoje cederá lugar a outro paradigma mais completo e mais abrangente.

REVELAÇÃO E CIÊNCIA

Paralelamente aos mágicos e adivinhos que procuravam explicar os fenômenos da natureza por processos mágicos, acreditando e pregando a existência de vários deuses, existia um outro grupo que também buscava explicar o surgimento do mundo, seu funcionamento e seu destino por meio de contatos com o sobrenatural. Todavia, esse grupo não falava por magia e sim por revelação de um único DEUS, o qual era responsável por toda criação, controle destino do mundo e de tudo nele existente. Esse povo teve como berço inicial o Deserto da Arábia, ocupado em 1800 a.C., sob a liderança de Abraão, o qual estabeleceu-se outrora na região noroeste da Mesopotâmia. Foi por esse povo que todo o substrato da religião cristã relacionado com as origens do mundo, a criação, o dilúvio, o conceito de DEUS como onipresente, onisciente e onipotente, o culto monoteísta, além das concepções da moral e da teoria política passaram a influenciar as sociedades e, por certo, continuarão influenciando os destinos de toda a humanidade. Não consta que descobertas científicas e artísticas, feitas pelos hebreus, suas afirmações relacionadas com a Ciência e os demais ramos do conhecimento tenham sido por revelação de DEUS e registradas na Bíblia.

É legado primordial dos hebreus o culto a um único DEUS, isto é, o monoteísmo surgido entre os séculos IX e XII a.C., sob a liderança de Moisés. Embora não seja conhecida nenhuma investida hebraica nos campos da Ciência, da técnica e da tecnologia, as suas teses nos campos citados vêm sendo comprovadas à medida que são questionadas pelos cientistas. Por outro lado na atualidade, embora alguns estudiosos questionem de forma leviana e preconceituosa os escritos bíblicos, outros cientistas, atuando de forma responsável no campo da investigação científica, têm comprovado inúmeros dados bíblicos revelados. Quanto aos mágicos, adivinhos e místicos, no que tange à explicação do mundo, suas atividades tiveram fim, cedendo lugar às indagações propostas pela Ciência cujo nascimento teve início na Renascença, e se consolidou plenamente a partir do século XVII.

APÊNDICE B
RESENHA BIBLIOGRÁFICA

Izequias Estevam dos Santos[1]

Autor e Obra:

MAGALHÃES, José Vieira Couto de. **Viagem ao Araguaia**, Typografia A Vap. Espínola Siqueira e Cia., São Paulo, 1902. 294p.

Credenciais da Autoria

Nasceu José Couto Vieira de Magalhães no dia 1º de novembro de 1837 na cidade de Diamantina, então Província de Minas Gerais. Bacharelou-se em Direito em São Paulo aos 22 anos de idade e doutorou-se no mesmo curso aos 23 anos, em 1860. Em 1862, com a idade de 24 anos, foi nomeado presidente da Província de Goiás. Estando no Rio de Janeiro, quando nomeado pelo Imperador, empreendeu viagem partindo de Petrópolis (RJ), passando por Barbacena, Diamantina, Gouvêa, Curvelo, Vale do São Francisco, Bagagem, Rio Paranaíba, Catalão, Bonfim, Curralinhos, chegando, finalmente a Goiás Velho. Ele percorreu nesta empreitada cerca de 2.400 quilômetros. Um ano depois, com 25 anos de idade, era nomeado presidente da Província do Pará. No ano seguinte não aceitou ser presidente da Província de Minas Gerais, todavia com o recrudescimento da Guerra do Paraguai aceitou ser nomeado para administrar e ser o comandante militar da Província de Mato Grosso. Nesta função combateu, venceu e expulsou os invasores da cidade de Corumbá, distante 600 quilômetros da sede de seu governo. Essa vitória lhe valeu o título de general aos 26 anos de idade. O autor desta obra foi advogado, militar, administrador, político, historiador, empresário e escritor.

Escreveu *Os Guayanás, Destino das Letras no Brasil, O Estudante e o Monge, A Revolução de Minas em 1720, A Execução de Felipe dos Santos* e *O Selvagem*. Nesta última obra formulou, segundo o método Ollendorf, um curso para o ensino da língua tupi. Esse trabalho foi encomendado pelo Imperador D. Pedro II para figurar na Exposição Universal da Filadélfia, em 1876. A visão futurista do autor fez dele um homem fora do contexto de seu tempo. Foi criticado e deu as costas para os seus detratores. Sua vida e obra são exemplos clássicos para homens de quaisquer épocas contemplarem o Brasil Central e principalmente o Rio Araguaia. É olhar e divisar a imagem repleta de grandiosidade do autor. José Vieira Couto de Magalhães não foi longevo, mas viveu intensamente os seus 61 anos de vida. Morreu na cidade do Rio de Janeiro no dia 14 de setembro de 1898 no ostracismo imposto pela República aos homens que foram História e fizeram a História do Brasil.

Digesto

A obra contém, inicialmente, as seguintes partes: ao leitor, do Rio a Goiás, prefácio e dedicatória, distribuídos em 72 páginas. O corpo da obra propriamente dito, está dividido em duas partes com um título geral: considerações administrativas sobre o futuro de Goiás, contendo dois capítulos: o primeiro, discorre sobre a MUDANÇA DA CAPITAL e, o segundo, sobre o ARAGUAIA DEBAIXO DO PONTO DE VISTA COMERCIAL. A segunda e última parte da obra faz uma descrição da viagem e está subdividida em capítulos que são: de Goiás a Santa Rita, de Santa Rita a Leopoldina, de Leopoldina ao Porto de Piedade, de Piedade à Aldeia da Estiva. Subida do Rio: do Dumbá à Leopoldina, notícias sobre o Araguaia, Cachoeira dos Pacus, no Caiapó-Grande, sinais de Diamantes no Caiaposinho e Rio Claro, Viagem aos Araés, Volta a Goiás e Conclusão. Fora do contexto da obra e em continuação ao último capítulo consta um glossário de termos indígenas e os escritos a respeito do descobrimento dos Martírios pelo Padre José Manoel de Siqueira. Nas páginas 297 e 298 constam as erratas da obra "Os Guayanás".

Ao leitor

Inicia por informar que a obra foi editada em 1863 pela Typografia Provincial de Goiás e posteriormente em folhetins como "O Federalista" sem, contudo, constar desta última edição a relação de vocábulos indígenas que fez parte da publicação inicial. Esta parte da obra focaliza os cuidados que o autor, então governante da Província de Goiás, teve com os transportes. Expõe sobre a importância da ligação das bacias hidrográficas do Planalto Central e do Prata para propiciar a plena navegação para o Sul do país por meio do Rio Taquari, em conjugação com os Rios Tocantins e Araguaia, permitindo as ligações com o Nordeste e Norte. Nesse texto da obra constam dados sobre a mudança da capital de Goiás Velho para a cidade de Leopoldina; relata, inclusive, as medidas necessárias para esse fim, como: transferência de fazendeiros, abertura de estradas e mudança do povoado de Salinas do Jamimbu para São José. Para conhecer a região e efetivar a medida, foram percorridas 176 léguas em cerca de 35 dias. No corpo da apresentação está inserida a carta do Dr. Afonso Celso publicada na *Revista do Arquivo Público Mineiro* em dezembro de 1898, intitulada "O Viajante", cujo conteúdo enfatiza a importância lendária da vida do autor e do seu descrédito às críticas, bem como do seu desinteresse pelas honrarias. Finalizando esta parte, está a carta do secretário da Associação Comercial de São Paulo e ex-praticante de maquinista no Araguaia. O subscritante relata a tristeza e a saudade que tem de seu trabalho na experiência de navegar pelo Rio Araguaia. Compara Couto de Magalhães a Moisés pela grandeza de sentimentos e fala da promissão das terras do vale do Araguaia. Compara-o ainda o autor desta obra a Livingstone e a Stanley. Termina este trecho da obra com o edital para a venda da extinta Empresa de Navegação a Vapor do Rio Araguaia, em 1902.

Do Rio a Goiás

Constam nesta parte as justificativas para a não correção de textos para essa edição. Fala dos hábitos alimentares e das dificuldades dos habitantes do sertão, bem como das intempéries enfrentadas pelos viajantes que demandavam do Rio para Santos por mar e desta cidade para o interior, por terra. Enumera em sete ítens os grupos que, pelas suas atividades e interesses, partiam em direção ao interior em viagem que durava em média 14 a 16 dias para percorrer 70 a 80 léguas. É descrito o roteiro feito por Anhanguera, descobridor de Goiás e Mato Grosso; compara dados e fatos observados nas diversas regiões brasileiras, em especial do Planalto Central, do Centro-Oeste e da Amazônia. No trajeto entre o Rio de Janeiro e Goiás, cita a penetração desde Petrópolis pela Estrada União e Indústria até alcançar Barbacena, Ouro Preto, Diamantina, Gouvêa, Curvelo e as margens do Rio São Francisco, passando pelas localidades de Patrocínio e Bagagem, onde na altura do Rio Paranaíba (Porto da Mão de Pau) encontrou e conversou com o poeta Bernardo Guimarães, na época Juiz de Direito de Catalão. Prossegue viagem transpondo a Vila de Bonfim, Curralinhos e chega finalmente a Goiás Velho, capital da Província, cuja data julga o autor ser dezembro de 1862 ou janeiro de 1863. Na viagem são registradas as formas e tipos de transportes, de alimentação, do folclore, dos aspectos geológicos, geográficos, da fauna, flora e características do sertanejo. Nas páginas finais descreve o seu retorno ao Rio de Janeiro, a nomeação para presidir a Província do Pará, a sua exoneração e a nomeação para dirigir a Província de Mato Grosso. Tece comentários sobre a Guerra do Brasil com o Paraguai, o envolvimento da Bolívia e a ação naquela região do diplomata Lopes Netto e do Duque de Caxias, no Sul, para combater os inimigos. Escreve, por último, os seus contatos com os índios e seus costumes, que resultaram na produção da obra "O Selvagem". Encerra esta parte da obra com relato sobre a importância em não modificar o texto original.

Prefácio e dedicatória

São do próprio autor. O prefácio contém informações sobre o texto da obra, disserta os métodos utilizados para registrar as observações e apontamentos das viagens. Mostra que o leitor encontrará no livro dados sobre Geologia, Geografia, Mineralogia, flora e fauna, bem como sobre os habitantes dos sertões, os seus usos, costumes e tradições. Na dedicatória, é lembrado o povo goiano, contendo informações sobre a navegação do Rio Araguaia como fator de relevância no processo de desenvolvimento da Província de Goiás. É afirmado textualmente: "para ahí (sic) o goiano deve dirigir suas vistas como o israelita dirigiu para a coluna de fumaça que o guiava à terra da promissão". Finaliza enfocando que sem a navegação no Araguaia tudo era "rachítico e mesquinho" como o é até o momento.

Considerações administrativas sobre o futuro de Goiás

Desta primeira parte constam dois capítulos: a mudança da capital e o Araguaia, debaixo do ponto de vista comercial. Sobre a transferência da capital da província é analisada a queda sofrida por ela e a sua localização fora dos centros próprios para o entrosamento comercial. Relaciona, como condições básicas de Leopoldina para sediar a administração provincial, a posição geográfica, condições climáticas e a proximidade com pontos estratégicos em relação às demais regiões do país. Os principais requisitos para que a nova capital fosse Leopoldina foram os aspectos higiênicos, comerciais e administrativos. O capítulo II é o relatório apresentado à Assembleia Provincial e se reveste de uma profunda reflexão da importância da navegação do Rio Araguaia, com vistas a promover o desenvolvimento de toda a região do Brasil Central. Mostra a viabilidade da ligação fluvial entre as bacias hidrográficas, informa que as bacias do Planalto e do Prata estão separadas por apenas 40 léguas e visualiza a possibilidade de tornar o Brasil navegável fluvialmente em todos os seus quadrantes.

Viagem ao Araguaia

Esta é a segunda parte da obra, dividida em dez capítulos, os quais contêm a descrição pormenorizada da viagem de localidade a localidade. Neles são focalizados os aspectos da população, costumes, trabalho, sistema de produção, condições sanitárias e dados sobre a flora, a fauna, além de projeções a respeito das possibilidades de maior produção de bens de consumo na região. Após o último capítulo, consta uma extensa lista de termos comuns nas línguas dos Xavantes, dos Xerentes, Caiapós e Carajás. Este texto é de autoria do alemão Von Martius e serviu de ilustração aos estudos do autor. O corpo da obra serve de referência aos que a ela recorrem.

Memória a respeito do descobrimento dos Martyrios

Estes escritos estão na parte final da obra e são de autoria do padre José Manoel de Siqueira. Enfocam as investidas para a descoberta das minas de Urucu-Macuani, de Jayme e dos Martyrios, situadas na divisa de Mato Grosso com Goiás. Registra o ano de 1776 como marco inicial para a procura das minas dos Martyrios e de Araés por Luiz D'Albuquerque, mas sem êxito. Fala das lutas e roteiros seguidos na procura e exploração das citadas jazidas, comenta, inclusive, sobre as correspondências trocadas entre autoridades e exploradores. A obra fecha com a lista das "erratas" de seu romance "Os Guayanás".

Indicações do Resenhista

A obra é de interesse para estudantes em geral, nomeadamente os alunos de cursos superiores e cursos de pós-graduação *lato sensu* e *stricto sensu*. Será de real valor e importância para os estudiosos das raízes tocantinenses. Abrange ela as áreas de saber da História, da Geografia, da Antropologia, da Sociologia e outras. A obra serve a todos como exemplo de vida honrada e desprendida, voltada tão somente para o serviço da pátria, sem dela requerer quaisquer reparos.

Localização da Obra

Classificada como inédita, poderá ser localizada no Arquivo Nacional (RJ), Instituto Histórico e Geográfico Brasileiro (RJ), Biblioteca Nacional (RJ) e possivelmente em outros centros de consulta. Por deferência do resenhista, a Biblioteca da Universidade Luterana do Brasil, em Palmas do Tocantins, tem um exemplar fotocopiado desta obra.

Resenhista

[1]Izequias Estevam dos santos

Referências

REFERÊNCIAS

ACKOFF, R. L. **Planejamento da pesquisa social**. São Paulo: Herder, 1967.

ANDER-EGG, Ezequiel. **Introdución a las técnicas de investigación social: para trabajadores socieles**. 7. ed. Buenos Aires: Humanitas, 1978.

ANDRADE, Maria Margarida de. **Introdução à metodologia do trabalho científico**. São Paulo: Atlas, 1993.

ASSOCIAÇÃO BRASILEIRA DE NORMAS TÉCNICAS. **Normatização da documentação no Brasil**. 2. ed. Rio de Janeiro, 1964.

ASTI VERA, Armando. **Metodologia da pesquisa científica**. 8. ed. São Paulo: Globo, 1989.

AZEVEDO, Amilcar Gomes; CAMPOS, Paulo H. B. **Estatística básica**. 3. ed. Rio de Janeiro: Livros Técnicos e Científicos, 1978.

BAMBERGER, Richard. **Como incentivar o hábito de leitura**. Trad. de Octávio Mendes Cajado. São Paulo: Cultrix – INL, 1997. 118 p.

BARBOSA FILHO. **Introdução à pesquisa: métodos, técnicas e instrumentos**. 2. ed. Rio de Janeiro: Livros Técnicos e Científicos, 1980.

BARROS, Aidil Jesus Paes de; LEHFELD, Neide Aparecida de Souza. **Fundamentos de metodologia**. São Paulo: McGraw-Hill do Brasil, 1986.

BITTEL, Lester. **Supervisão eficaz**. São Paulo: McGraw-Hill do Brasil, 1987.

BUNGE, Mario. **La ciencia, su método e su filosofia**. Buenos Aires: Siglo Veintre, 1974a.

CASTAGNINO, Raul H. **Análise literária**. São Paulo: Mestre Jou, 1968.

CASTRO, Cláudio de Moura. **A prática da pesquisa**. São Paulo: McGraw-Hill do Brasil, 1977.

______. **Metodologia científica**. 2. ed. São Paulo: Atlas, 1991.

CLARK, Maria Angélica G. **La praxis del trabajo social en una direción científica; teoria, metodologia, instrumental de campo**. Buenos Aires: Ecro, 1973.

CORBISIER, Roland C. de A. **Introdução à filosofia**. 2. ed. Rio de Janeiro: Civilização Brasileira, 1991.

COHEN, Morris; NAGEL, Ernert. **Introdución a la lógica y al método científico**. 2. ed. Buenos Aires: Amorrotu, 1971. 2 v.

COLLARES, Izete Pauer dos Santos. **O hábito de ler como peça fundamental para a formação do cidadão**: Monografia: Unigranrio. Escola de Educação, Duque de Caxias, R.J, 2002.

COPI, Irving M. **Introdução à lógica**. São Paulo: Mestre Jou, 1974.

DEMO, Pedro. **Introdução à metodologia da ciência**. São Paulo: Atlas, 1983.

DURANT, Will. **História da filosofia**. Tradução de Godofredo Rangel. Lisboa: Livros do Brasil [s.d.].

ECO, Umberto. **Como se faz uma tese**. São Paulo: Perspectiva, 1983.

GALLIANO, A. Guilherme (Org.). **Método científico: teoria e prática**. São Paulo: Harper e Row do Brasil, 1979.

GALVÃO, Vilma Pereira. **Mathematical problema salvina** (mimeografado). Califórnia, Los Angels, 1980. Tese de doutorado – Escola de Graduação em Educação – Universidade da Califórnia.

GIL, Antonio Carlos. **Projeto de pesquisa**. 2. ed. São Paulo: Atlas, 1989.

HEGENBERG, Leônidas. **Explicações científicas: introdução à filosofia da ciência**. 2. ed. São Paulo: EPU/Edusp, 1973.

HÜHNE, Leda Miranda. **Metodologia científica**. 4. ed. Rio de Janeiro: Agir, 1990. 263 p.

JOLIVET, Regis. **Curso de filosofia**. Tradução de Eduardo Prado de Mendonça. 4. ed. Rio de Janeiro, 1982.

KOYRÉ, Alexandre. **Estudos de história do pensamento científico**. Tradução de Márcio Ramalho. 2. ed. Rio de Janeiro: Ed. Forense Universitária, 1991.

LAKATOS, Eva Maria; MARCONI, Marina de Andrade. **Metodologia científica**. 2. ed. São Paulo: Atlas, 1991. cap. 1.

______. **Metodologia do trabalho científico**. 3. ed. São Paulo, 1990.

LASSO DE LA VEGA, J. **Manual de documentacion**. Madrid/Barcelona: Labor, 1969.

LEITE, José Alfredo Américo. **Metodologia de elaboração de teses**. São Paulo: McGraw-Hill do Brasil, 1978.

MAGRO, Maria Celeste. **Estudar também se aprende**. São Paulo: EPU, 1979.

MANZO, Abelardo J. **Manual para la preparación de monografias**. Buenos Aires: Humanitas, 1971.

MARIAS, Julian. **Introdução à filosofia**. São Paulo: Duas Cidades, 1960.

MARTINS, Gilberto de Andrade. **Manual para elaboração de monografias**. São Paulo: Atlas, 1990.

MASON, S. F. **História da ciência**. Porto Alegre: Globo, 1962.

MONDOLFO, Rodolfo. **O pensamento antigo**. 2 v. São Paulo: Mestre Jou [s.d.]

MORGAN, Clifard; DEESE, James. **Como estudar**. São Paulo: Freitas Bastos, 1967.

NIELSEN NETO, Henrique. **Filosofia básica**. 3. ed. São Paulo: Atual Editora, 1986.

NÉRICE, Imídio G. **Metodologia do ensino superior**. 2. ed. São Paulo: Atlas, 1994.

POPPER, Karl Raymond. **A lógica da pesquisa científica**. 2. ed. São Paulo: Cultrix, 1975.

REHFELD, Gládis Knak. **Monografia e tese: Guia prático**. Porto Alegre: Sulina, 1980.

ROCHA E SILVA, Maurício. **A evolução do pensamento científico**. São Paulo: Hucitic, 1972.

RONAN, Colin A. História Ilustrada da Ciência. Tradução de Jorge Enéas Fortes. 2. Ed. Rio de Janeiro: Jorge Zahar Editores, 1991, v.1.

ROSEMBERG, Morris. **A lógica da análise de levantamento de dados**. São Paulo: Cultrix, Edusp, 1976.

RUDIO, Franz Victor. **Introdução ao projeto de pesquisa científica**. 9. ed. Petrópolis, Rio de Janeiro: Vozes, 1983.

RUMMEL, J. Francis. **Introdução aos procedimentos de pesquisa em educação**. 3. ed. Porto Alegre: Globo, 1977.

SALOMON, Délcio Vieira. **Como fazer uma monografia**. 3. ed. São Paulo: Martins Fontes, 1994.

SANTOS, William Douglas Resinente dos. **Como Passar em Provas e Concursos**. 15. ed. Rio de Janeiro: Impetus Desenvolvimento Educacional, 2002.

SCIACCA, Michele F. **História da filosofia**. São Paulo: Mestre Jou, 1966. v 3.

SELLTIS, C. *et al*. **Métodos de pesquisa nas relações sociais**. 2. ed. São Paulo: Helder, EDUSP, 1967.

SEVERINO, Antonio Joaquim. **Metodologia do trabalho científico**. 6. ed. São Paulo: Cortez, 1982.

SILVA NETO, Christiano P. **A criação**. Belo Horizonte: Editorial Origens, 1992.

SOARES, Ricardo. **Leitura dinâmica e memorização aplicada**. Rio de Janeiro: Impetus Desenvolvimento Educacional, 1999.

SOUZA, Aluísio José M. de *et al*. **Iniciação à lógica e à metodologia da ciência**. São Paulo: Cultrix, 1976.

SOUTHER, J. W. **Technical report writing**. N. York, 1957.

VAN DALEN, Deobald B.; MEYER, William J. **Manual de técnica de la investigación educacional**. Barcelona: Ediciones Omega, 1971.

WITT, Aracy. **Metodologia da pesquisa: questionário e formulário**. 2. ed. São Paulo: Resenha Tributária, 1973.

Anotações

EDITORA IMPETUS

Rua Alexandre Moura, 51
24210-200 – Gragoatá – Niterói – RJ
Telefax: (21) 2621-7007
www.impetus.com.br

Esta obra foi impressa em papel offset 75 grs./m²